水下盾构隧道双层衬砌结构力学特性

王士民 刘 畅 著

科学出版社

北京

内 容 简 介

随着我国水下盾构隧道建设的蓬勃发展，盾构隧道双层衬砌结构体系开始受到重视并逐渐在工程实践中得到应用和推广。本书以广深港客运专线狮子洋隧道为工程背景，通过相似模型试验较为系统地研究了水下盾构隧道双层衬砌结构的力学特性，揭示了管片衬砌结构与二次衬砌间的荷载传递与相互作用机制，探讨了地层条件、结构参数及施工方式等因素对水下盾构隧道双层衬砌结构力学特性的影响，研究结果可为盾构隧道双层衬砌的设计与施工提供指导。

本书适合土木工程、结构工程、建筑工程专业在校学生，以及工程技术人员和研究人员参考阅读。

图书在版编目(CIP)数据

水下盾构隧道双层衬砌结构力学特性 / 王士民, 刘畅著. -- 北京：科学出版社, 2025. 3. -- ISBN 978-7-03-080785-4

Ⅰ. U459.5

中国国家版本馆 CIP 数据核字第 2024PC9414 号

责任编辑：朱小刚 / 责任校对：陈书卿
责任印制：罗 科 / 封面设计：陈 敬

科 学 出 版 社 出版
北京东黄城根北街16号
邮政编码：100717
http://www.sciencep.com

四川煤田地质制图印务有限责任公司 印刷
科学出版社发行 各地新华书店经销

*

2025 年 3 月第 一 版 开本：B5 (720×1000)
2025 年 3 月第一次印刷 印张：12 1/2
字数：250 000

定价：**148.00 元**
(如有印装质量问题，我社负责调换)

序

    广深港客运专线狮子洋隧道是国内第一条高铁水下盾构隧道，也是国内首条在洞口段采用双层衬砌的交通盾构隧道。这本专著所开展的研究便是从狮子洋隧道的建设开始，之后作者受国家自然科学基金项目的资助，历经十余年的努力，终于付梓出版，这是一件好事。

    盾构隧道是否应该设置二次衬砌(有时也称内衬、套衬等)是一个具有争议的问题，应该从地质条件、使用要求、耐久性、施工质量等多方面综合考虑，没有绝对的"对"与"错"。该书正是对盾构隧道在设置了二次衬砌后结构性能发生的变化开展针对性研究，研究采用了相似模型试验等多种手段，较为系统地研究了水下盾构隧道双层衬砌结构不同类型接触面的力学特性，探明了管片与二次衬砌之间的荷载传递机制，揭示了不同地层条件、二次衬砌结构参数对盾构隧道双层衬砌力学特性的影响，基于管片衬砌与二次衬砌的协调变形与受力特性探讨了二次衬砌的合理施作时机，最后还分析了施工过程中可能产生的二次衬砌缺陷对盾构隧道双层衬砌结构力学特性的影响。书中相关研究结论第一次较为明确地回答了盾构隧道在什么情况下应该设置二次衬砌、管片与二次衬砌相互作用的机制是什么、外部水土荷载的传递机制是什么、二次衬砌是否配筋、二次衬砌如何合理设置厚度、如何确定二次衬砌最佳施作时机等一系列关键技术问题，对盾构隧道二次衬砌的设计与施工具有实际指导意义。

    近年来，随着我国"交通强国""能源强国"等国家战略的深入开展，盾构隧道建设迎来了一个高速发展期，并逐步呈现出高水压化、大断面化、地质条件复杂化的发展趋势。为了保障盾构隧道的高质量建设与结构长期安全，双层衬砌结构开始在大直径盾构隧道建设中得到应用和推广，武汉长江公铁隧道、武汉地铁 8 号线越江隧道、浙江甬舟铁路金塘海底隧道等便是近几年采用双层衬砌结构的代表性工程。其中，在武汉地铁 8 号线越江隧道工程的建设中，该书的研究成果得到了应用，并在实践中得到了检验。在复杂地质条件下大直径盾构隧道的建设中，使用双层衬砌结构的情况也会增加，希望作者能够结合工程实践，继续深化盾构隧道双层衬砌的研究，不断提升、不断完善，更好地服务于工程实践。

西南交通大学首席教授

中国工程院院士

前　言

　　盾构隧道作为一种重要的基础设施,在城市连接、促进区域经济发展方面发挥着至关重要的作用,大量跨江海水下盾构隧道得以建设实施,截至目前,我国已成为世界上水下盾构隧道工程建设最多的国家。近年来,水下盾构隧道建设呈现出大断面化、高水压化及地质条件复杂化等特点,传统的单层管片衬砌已无法满足复杂营运环境对结构长期安全日益增长的需求,鉴于此,双层衬砌结构型式开始在国内盾构隧道建设中被采用并有逐渐推广的趋势。

　　盾构隧道双层衬砌结构是在管片衬砌拼装完成后再进行混凝土浇筑,使管片衬砌与二次衬砌共同组成的一种支护体系,该结构主要通过内外两层衬砌的协调作用,显著提高隧道的承载能力与防水性能,保障隧道结构的长期安全,延长隧道的使用寿命。但截至目前,针对盾构隧道双层衬砌结构的研究较少,尚未形成统一的认识与较为成熟的理论体系。

　　在此背景下,作者团队开始着力于盾构隧道双层衬砌结构方面的研究。本书所涉及的相关研究始于国内首座采用双层衬砌的大直径水下盾构隧道——广深港客运专线狮子洋隧道,之后依托于国家自然科学基金面上项目“大型水下盾构隧道双层衬砌相互作用机理研究”(51278424)。

　　本书由王士民制定大纲并组织撰写,刘畅在文稿整理校核方面做了大量工作,最终由王士民统一修改,始成此书。书中的主要内容是团队成员多年来积累的相关成果,于清洋、姚加兵、申兴柱、阮雷、鲁茜茜、蹇蕴奇、王先明、陈兵、彭小雨、王亚、何绪虎、刘畅、马晓斌等人先后在试验准备、试验开展、数据分析、成果整理等方面做出了诸多贡献,聚沙成塔,集腋成裘,本书的完成离不开他们的辛苦付出,在此深表感谢。

　　本书的出版同时得到了国家自然科学基金重大项目“不良地质段跨海隧道多源信息智慧感知与性能分析”(51991394)的资助,在此表示感谢。

　　鉴于作者的水平及认识的局限性,书中如有不足之处,敬请有关专家及读者批评指正,提出宝贵意见。

目　　录

第 1 章　绪　　论

1.1　研　究　背　景

1971 年 6 月，我国第一条大直径盾构公路隧道——直径 10.22m 的上海黄浦江打浦路隧道建成通车，实现了中国盾构法隧道建设零的突破，由此开始了我国大型盾构隧道建设的历史[1,2]。截至目前，我国的盾构隧道建设已从发展起步阶段(2001~2010 年)、快速跨越式发展阶段(2011~2020 年)，进入高质量智能化发展阶段(2021 年至今)，我国已经成为世界上盾构隧道数量最多、规模最大、发展最快的国家[3]。

在大量修建盾构隧道的同时，与之相伴的是，不少已建甚至在建的盾构隧道开始出现不同程度的病害问题。目前国内外盾构隧道的修建普遍使用单层管片衬砌作为支护结构，在管片衬砌制造、施工及运营阶段，不可避免地会出现错台、开裂破损、接缝渗漏水、混凝土腐蚀老化、甚至剥落掉块、钢筋锈蚀等不同病害，如图 1.1 所示。在极端荷载作用下盾构隧道还可能出现管片衬砌严重损毁，甚至出现衬砌结构整体失稳的情况，除此之外，在营运过程中还可能受到列车撞击、火灾及地震的威胁。这些病害在给盾构隧道的安全营运带来极大威胁的同时，也增加了营运期加固维修的难度和费用，并暴露出盾构隧道单层管片衬砌结构自身的不足之处。

盾构隧道结构的重要性和当前部分既有盾构隧道在采用单层装配式管片衬砌上暴露出的问题及其结构自身的局限性，设计、建设的风险性和结构自身的耐久性问题越来越多地引起了广大盾构隧道设计、建设及科研人员的重视[4]。尤其在国内盾构隧道日趋深埋化、超长化、大断面化及高水压的形势下[5]，目前普遍采用的单层管片衬砌已经难以满足其对衬砌结构安全性和耐久性越来越高的要求。此外，盾构隧道所处的水文地质条件千差万别，经常遭遇各种复杂地质情况，在洞口段形成的阶梯状错台、地层变异及水位变化等因素造成的隧道蛇形和纵向不均匀沉降等问题，都是单层管片衬砌结构无法解决的。基于此，盾构隧道双层衬砌结构应运而生，国外相关研究与试验结果验证了双层衬砌的受荷性能要优于单层管片衬砌[6-9]。国内著名地下工程学者王梦恕院士在论述水下交通隧道发展现状和技术难题时也指出，薄管片衬砌+二次模筑(素混凝土或者钢筋混凝土)衬砌结构形式耐久性好，结构强度高，适用于铁路隧道或者重要隧道[10]。

（a）管片衬砌错台　　　　　　（b）管片衬砌开裂　　　　　　（c）接缝渗漏水

（d）管片衬砌区域性破损　　　　　　　（e）管片衬砌结构破坏失稳

图 1.1　盾构隧道单层管片衬砌结构病害现象

　　然而，以往我们一直将二次衬砌的作用定位为管片衬砌补强、防蚀、防渗、校正中心偏离、防振、使内表面光洁和隧道内部装饰等，国内早期建设的绝大多数盾构隧道均未施作二次衬砌，所以迄今对盾构隧道双层衬砌结构的研究较少，对于盾构隧道双层衬砌的结构计算理论尚没有统一的方法。但是，随着大量基础建设对盾构隧道双层衬砌结构需求的增加，围绕盾构隧道双层衬砌结构相互作用机理展开深入系统的研究，对今后盾构隧道设计、施工及长期安全具有重要的理论价值和实际意义，同时对已建盾构隧道的维护加固也具有一定的指导作用。

1.2　盾构隧道双层衬砌结构体系

　　盾构隧道双层衬砌结构体系通常由一次衬砌和二次衬砌组成。一般情况下，一次衬砌是将预制混凝土管片衬砌在接头处通过螺栓连接而成，二次衬砌则是在盾构管片衬砌内侧现浇混凝土而成，如图 1.2 所示。盾构隧道双层衬砌结构是管片衬砌与二次衬砌(现浇混凝土内衬)共同形成的一种支护体系，通常是在管片衬砌难以满足隧道的某些特定使用要求时使用[11]。

　　日本的高速铁路、城市干道、城市地铁及输水隧洞中较早地应用了双层衬砌这种结构形式，如日本东京湾海底隧道、市政输水管道等都是采用双层衬砌施工[12]。我国的盾构隧道双层衬砌结构早期多见于输水隧道，由于输水隧道反复承受内部水压作用，为提高隧洞的内压承载力、耐腐蚀性及耐久性，采用了双层衬砌结构形式，但在交通隧道领域，早期鲜见盾构隧道双层衬砌结构应用的报道。近年来，随着盾构隧道建设需求的增多，大埋深、超长化、大断面化及高水压化成为盾构隧道修建的常态，抗疲劳、耐久性等方面的要求也在逐渐提高，越来越多的盾构隧道选择采用双层衬砌结构，也相应出现了成功应用的工程案例，如广深港客运专线狮子洋隧道、武汉地铁 8 号线越江隧道、沪通铁路吴淞口长江隧道等。国内外典型盾构隧道双层衬砌工程如表 1.1 所示。

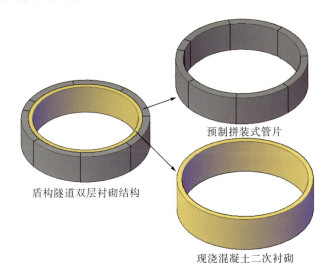

预制拼装式管片

现浇混凝土二次衬砌

盾构隧道双层衬砌结构

图 1.2 盾构隧道双层衬砌结构体系

表 1.1 国内外典型盾构隧道双层衬砌工程

项目名称	隧道属性	双层衬砌类型	管片衬砌外径/m	运行/年份
意大利圣菲奥里诺调压井	水工隧道	封闭式	9.8	1973
瑞士格里姆塞尔尾水洞	水工隧道	封闭式	8.0	1978
营团地铁 8 号线	铁路/地铁隧道	封闭式	6.84	1987
日本东京湾海底隧道	公路隧道	封闭式	13.9	1996
南水北调中线穿黄隧道	水工隧道	封闭式	8.90	2010
广深港客运专线狮子洋隧道	铁路/地铁隧道	封闭式	10.8	2011
台山核电越海盾构隧道	水工隧道	封闭式	8.70	2011
武汉地铁 8 号线越江隧道	铁路/地铁隧道	封闭式	12.1	2017
武汉地铁 7 号线武汉长江公铁隧道	公轨合建隧道	非封闭式	15.2	2018
济南黄河隧道	公轨合建隧道	封闭式	15.2	2021
大连地铁 5 号线	铁路/地铁隧道	封闭式	11.8	2023
沪通铁路吴淞口长江隧道	铁路/地铁隧道	封闭式	10.3	2024
甬舟铁路金塘海底隧道	铁路/地铁隧道	封闭式	14.0	在建
海太长江隧道	公轨合建隧道	封闭式	16.2	在建

盾构隧道按照是否承受荷载，将二次衬砌的作用分为两大类，如表 1.2 所示。根据二次衬砌的作用，现阶段形成了以下三种设计方法：①以表 1.2 中第一大类情况为例，将管片衬砌作为隧道的主体结构，将二次衬砌考虑成在加强管片衬砌的同时，为了防腐蚀、防水、装饰或修正蛇形而利用的构件；②将二次衬砌作为结构的主体，一次衬砌作为某一特定时期使用的临时结构物考虑；③将二次衬砌和管片衬砌共同作为隧道的主体结构，二者协同受力。

表 1.2　盾构隧道二次衬砌的作用

考虑受力类型	作用	说明
不考虑承载	管片衬砌的加固	从长期角度防止管片衬砌变形与老化
	管片衬砌的防腐	
	隧道的防水和止水	隔离管片衬砌内外环境
	隧道内表面平整	降低糙率、装饰
	隧道的蛇形修正	使用要求
	减小隧道振动	铁路隧道应考虑
	防碰撞、防火	重要隧道特殊考虑
考虑承载	承担内压	输水、油等隧道
	修建附属结构承载	输水隧道岔道 交通隧道联络通道
	分担后期新增荷载	有内压隧道
	分担局部荷载	—
	增加隧道轴向刚度	防止不均匀沉降抗震

第一种观点认为，管片衬砌拼装完成后，二次衬砌并没有及时跟进，两者之间修建时间间隔较久。依据监测数据和施工经验的判断，这一期间来自地层的外荷载很有可能已经达到最终稳定的状况(围岩的蠕变与流变暂不深究)。此时修建的二次衬砌在隧道力学的观点上是不用考虑分担外荷载的，只需承担自身的自重荷载即可。

第二种观点认为，一次衬砌只是二次衬砌施工前这一段时间内的临时结构物，也就是说，一次衬砌只是在某一个有限期间内使用的构件。在这种情况下，土层对结构的作用荷载尚没有达到最大值，因此可以将荷载进行部分折减，或者可增加初期支护的容许应力。

显然，这两种方法是根据经验类比山岭隧道复合衬砌受力而得出的，但与目前管片衬砌的设计思想及受力情况存在较大差异，因而也难以将其用于实际设计。

第三种观点认为，内衬是在管片衬砌之后施工的，此时，外荷载趋于稳定，若在内衬浇筑后管片衬砌上的荷载没有发生变化，则可以认为内衬不受力。事实上，由于各种原因，管片衬砌的荷载尚未达到峰值。例如，上覆土体的填挖或者流失、水位的升降等都会使管片衬砌产生荷载变化，此时应该将管片衬砌和内衬一同视为隧道承受荷载的主体。可以说这种设计思想是比较符合当前盾构隧道使用二次衬砌的受力状况的。但是，在这种情况下，管片衬砌和二次衬砌二者之间接触形式的评价、管片衬砌与二次衬砌联合作用机理，以及对后期增加荷载的分担关系的确定，都是极其复杂的新课题。

1.3　盾构隧道双层衬砌结构研究现状

1.3.1　盾构隧道双层衬砌结构力学性能

盾构隧道双层衬砌结构力学性能的研究始于输水隧道。由于输水隧道在运行过程中需要承担内部水压，出于安全考虑，在设计时选择管片衬砌+二次衬砌的结构形式，因此双层衬砌结构在输水隧道中的应用相对广泛，如小浪底排沙隧洞、南水北调中线穿黄工程、珠江三角洲水资源配置工程等。输水隧道发展至今，运输能力在逐渐增大，其衬砌结构也在逐渐更新，如管片衬砌+预应力混凝土衬砌、管片衬砌+自密实混凝土复合衬砌。有别于水工隧道，交通运输盾构隧道双层衬砌结构具有不一样的结构形式，力学边界条件亦有所区别，因此既有的研究结论难以为目前大量在建及拟建的盾构隧道双层衬砌的设计提供有力的理论支撑。目前，国内外已有学者对盾构隧道双层衬砌结构展开研究，主要研究方法为模型试验、数值模拟及理论分析。

1. 模型试验

模型试验是一种重要的研究手段，主要用于分析外部荷载作用下的结构内力分布规律和变形情况，为盾构隧道双层衬砌结构设计、优化及参数分析提供数据支撑。目前，大量学者采用模型试验对输水隧道的双层衬砌结构力学性能进行了研究，通过设计能够模拟输水隧道双层衬砌结构运行环境的试验装置，探究了双层衬砌结构的承载机理、破坏模式、结构优化及风险预防措施[13-18]。近年来，随着输水隧道运输能力的提升，二次衬砌形式也得以不断优化，为了充分探究这些新型结构的力学特性，国内开展了大量大型原位试验和足尺试验[19-25]。

有别于输水盾构隧道，交通运输领域的模型试验不必考虑内部水压的作用，Nasri 和 Michael[8]、村上博智和小泉淳[9]分别开展了盾构隧道双层衬砌的整环试验和多环轴向模型试验，探讨了二次衬砌对管片衬砌结构承载能力的提升补强作用。柳献等[26,27]进行了整环、半环加固工法下盾构隧道双层衬砌结构足尺试验，发现加固的双层衬砌结构相较于单层衬砌结构强度与刚度都有明显提升，且加固后结构的破坏以管片衬砌与二次衬砌间接触面的黏结破坏为主。Feng 等[28]结合相似模型试验和现场测试，探究了水下盾构隧道单层衬砌和双层衬砌结构力学性能之间的差异，揭示了盾构隧道使用双层衬砌结构的可靠性和合理性。张永冠[29]采用相似模型试验探究了外部水压力变化对双层衬砌结构受力的影响，并在拱腰出现围岩弱化的情况下对不同双层衬砌进行了破坏试验，得出了双层衬砌的破坏失稳模式。周济民[30]开展了盾构隧道双层衬砌结构横向、纵向力学特性及相互作用机理的模型试验，研究了地层条件、二次衬砌施作时机等因素对双层衬砌结构的影响规律。于清洋[31]采用相似模型试验对双层衬砌结构管片衬砌和二次衬砌之间的横向相互作用机理及荷载分配模式进行了研究，同时探明了二次衬砌施作时机对双层衬砌结构力学性能的影响。姚佳兵[32]通过相似模型试验，系统研究了地层、水压大小、结构形式、二次衬砌厚度及缺陷等因素对盾构隧道双层衬砌结构横向力学特性及破坏特征的影响规律。申兴柱[33]提出采用接头片模拟管片衬砌纵向接头，并分别采用"双层薄膜+润滑剂"等效复合衬砌的防水隔离层、"粗糙化处理"等效叠合衬砌的咬合作用，开展了考虑管片衬砌纵向错缝拼装效应的三维相似模型试验。王俊淞等[34]采用离心模型试验的方法，针对盾构隧道单双层衬砌结构的长期受力特性进行了探究，并对双层衬砌的功能进行了总结。

模型试验在一定程度上可以帮助研究人员深入了解结构复杂力学行为，验证结构理论与设计方案，但不可避免地也会面临许多难以解决的问题，后续研究可围绕这些问题展开：①现阶段的模型试验中，相似试验对于细部结构的模拟大多简化，可能导致试验结果与实际存在偏差，尤其对于结构的复杂力学行为研究，但采用足尺试验常面临造价高昂、耗时长及运输不便等问题，可采用多尺度模型试验与数值模拟技术相互验证，使试验更准确地模拟结构的行为；②盾构隧道是修建于地层中的构筑物，在试验中很难完全再现其面临的复杂地层环境，因此大多模型试验是基于荷载-结构法展开的，后续可结合地质学、材料科学、结构工程等多学科知识，开发更全面的试验方法，更综合考虑实际应用中面临的复杂因素；③模型试验中选择的材料往往经过了简化与替代，可从先进材料和制造技术出发，寻找更好模拟实际工程中使用的材料和构件；④大多数模型试验忽略了隧道实际施工过程，后续可在模型试验中结合双层衬砌施工过程的影响，以更好地了解双层衬砌力学性能发展。

2. 数值模拟

数值模拟技术因其简便性、可重复性及高度的可视化能力，被广泛应用于盾构隧道结构力学分析，大量学者从力学分析模型出发，对盾构隧道双层衬砌结构受力性能进行了研究。堀地纪行等[35]对具有二次衬砌的隧道圆管轴向刚度进行了研究，采用弹簧来模拟衬砌圆环间的接头，该模型考虑了环间压缩刚度和剪切刚度。何川等[36]采用等效刚度模型，结合模型试验与数值计算对盾构隧道双层衬砌的纵向力学特性进行了研究。吴林[37]引入中厚板壳理论建立了荷载-结构模式下的双层衬砌壳-弹簧计算分析模型，并依托黄浦江隧道开展了数值模拟研究，探究了关键结构构造参数对内力的影响，进一步结合现行国家规范探讨了复合衬砌和叠合衬砌结构的防排水构造措施。郭文琦等[38]结合武汉地铁 8 号线越江隧道工程，建立纵向三维壳-弹簧力学分析模型，结合工程实际探讨二次衬砌厚度对盾构隧道双层衬砌力学性能的影响。李雨强等[39]依托武汉地铁 8 号线越江隧道工程，采用盾构隧道双层衬砌三维壳-弹簧力学分析模型，研究了不同工况下二次衬砌强度及厚度对双层衬砌内力及变形的影响，并对二次衬砌是否应当配筋的问题进行了探讨。刘洋等[40]为探究变荷载条件下的双层衬砌结构力学特性演变规律，依托武汉地铁 8 号线越江隧道工程，结合盾构隧道双层衬砌施工特点，采用数值模拟对水土荷载作用变化时双层衬砌结构的力学特性进行深入探究。

此外，部分学者考虑火灾、地震荷载、撞击、腐蚀及不良地质的影响对盾构隧道双层衬砌结构力学进行了研究。邱月等[41]采用两种火源曲线对盾构隧道衬砌结构的变形和损伤特性进行了分析，证明了施作二次衬砌对提高隧道耐火性的可行性。曹翔鹏等[42]探究了有无双层衬砌、双层衬砌不同施作方式（复合、叠合）对盾构隧道横向抗震性能的影响，建立了盾构隧道双层衬砌三维精细化模型，并考虑了隧道材料与接触面的非线性行为，采用隐式动力时程法进行了抗震性能研究。李茂然[43]通过数值模拟研究了横向、纵向地震作用下盾构隧道单/双层衬砌、管片衬砌与二次衬砌不同接驳方式及不同变形缝间距的双层衬砌地震响应规律。晏启祥等[44-46]建立了列车脱轨撞击隧道衬砌的三维数值模型，对比分析了在列车撞击荷载作用下双层衬砌和单层管片衬砌两种盾构隧道衬砌结构形式下管片衬砌的应力、速度、加速度、损伤因子和损伤面积，揭示了盾构隧道二次衬砌对管片衬砌的防护效果，进一步研究了双层衬砌在不同列车撞击速度和撞击角度下的管片衬砌动力响应。罗泽军等[47,48]针对大连地铁 5 号线跨海段盾构隧道双层衬砌结构，考虑了围岩压力、地震荷载作用、溶洞及施作方式对结构的影响，通过数值模拟计算分析了不同工况下盾构隧道双层衬砌中管片衬砌结构的变形及受力特征。何一韬等[49]以大连地铁 5 号线跨海段盾构隧道为背景，探究了构造参数在腐蚀劣化条件下对盾构隧道双层衬砌受力性能的影响，得到了管片衬砌接头刚度和内层衬砌厚度改变时双层衬砌的力学性能与腐蚀劣化程度的变化规律。邓亚虹等[50]以西安地铁 2 号线为工程依托，采用数值计算的手段研究了地裂缝上下盘错距、内衬厚度和强度等因素对复合衬砌受力及变形的影响规律。

随着计算机科学的进步，数值模拟技术也在不断地发展和完善，结合现阶段双层衬砌结构力学性能数值模拟研究现状发现，目前的研究中存在模型简化、本构单一的问题，不能完全准确地描述材料的非线性、时变特性及各向异性，与此同时也忽视了结构界面行为及施工参数的影响，后续可从以上角度出发，开发新型材料本构、完善界面接触计算方法，更准确地模拟混凝土、土体等材料的力学行为。

3. 理论分析

Takamatsu 等[11]采用试验和理论分析对盾构隧道双层衬砌的纵向力学效应进行研究，通过评价衬砌结构的纵向力学行为，提出了一种较为合理的双层衬砌结构设计方法。高波和王帅帅[51]基于傅里叶-贝塞尔(Fourier-Bessel)级数展开法，给出了半无限空间内平面 SV 波(垂直横波)入射下浅埋圆形复合衬砌隧道动应力集中系数级数解析解，分析了 SV 波入射角和入射频率参数对衬砌动应力集中系数的影响。王华宁等[52]针对水平和竖向地应力不相等的一般地应力条件下双层衬砌圆形隧道施工问题，推导了开挖和支护全施工过程任意时刻围岩、衬砌的位移和应力理论解答，进一步给出了围岩压力分担的简便计算法。李浩[53]根据平截面假设，将双层衬砌简化为叠合梁结构，推导了双层衬砌弯矩分配规律，并采用数值模拟验证了理论推导的正确性。王志云等[54]考虑盾构隧道双层衬砌结构中二次衬砌的结构性功能，推导了弯矩分配比例的解析表达式，并与有限元数值模拟结果进行对比验证了解析解的正确性。张迪等[55]在对广义纵向等效连续模型简化的基础上，推导双层衬砌盾构隧道纵向等效弯曲刚度的表达式，分析得到了双层衬砌盾构隧道纵向刚度随环缝影响系数、内衬变形缝间距及内衬厚度的变化规律。Zhao 等[56]提出了一种简化的双层衬砌非线性数值分析模型，该模型可以充分反映混凝土管片衬砌的非弹性响应、管片衬砌与二次衬砌间的非线性相互作用及管片衬砌纵向接头的非线性响应。陈秋杰等[57,58]基于欧拉曲梁理论，提出了一种考虑层间滑移的盾构隧道双层衬砌结构解析计算方法，在此基础上引入了土与结构的相互作用，建立了适用于深浅埋、软土中的盾构隧道双层衬砌结构分析模型，研究了不同结构参数下的结构力学响应。

理论分析是盾构隧道双层衬砌结构力学分析的基础，为了使研究的问题具有数学意义，大多数理论分析引入了材料均匀性、小变形、线弹性等简化假设，限制了理论结果的适用范围和精度，并且在复杂条件下的求解十分困难，在描述结构材料老化、蠕变等长期效应方面还有所欠缺，后续可发展为更精细的理论分析模型，同时理论推导可结合数值模拟技术，开展多场耦合理论的综合应用，以更好地处理材料的非线性行为，提高理论的指导范围。与此同时，可从结构设计理论与优化方法出发，紧密结合工程实际，在满足性能和安全的前提下，提高衬砌结构设计优化的合理性和经济性。

1.3.2　盾构隧道双层衬砌结构相互作用

盾构隧道双层衬砌结构是一种特殊结构，二次衬砌的存在改变了管片衬砌的力学边界，因此其结构力学特性与单层管片衬砌大相径庭。管片衬砌与二次衬砌的相互作用是影响双层衬砌结构力学特性的重要因素，大量学者对此展开了研究。目前，已有部分理论分析针对双层衬砌结构管片衬砌与二次衬砌相互作用计算模型展开，研究人员对盾构隧道双层衬砌结构在不同的层间作用模式下的力学行为进行了探索。国际隧道与地下空间协会(International Tunnelling and Underground Space Association，ITA)根据管片衬砌与二次衬砌之间接触面的光滑程度，将双层衬砌分为双层式结构和复合结构两种类型[59]。对于双层式结构，接触面仅传递轴力而不传递剪力，荷载由管片衬砌环和二次衬砌依据其挠曲刚度进行比例分担；对于复合结构，接触面既传递轴力又传递剪力，可采用弹性地基梁模型计算，如图 1.3 所示。我国《地铁设计规范》(GB 50157—2013)参照国际隧道与地下空间协会推荐的方法给出了参考性原则：当双层衬砌间具有足够的抗剪强度时，可按整体结构计算；否则，按在垂直于板面的方向仅传递压力的重合板计算[29]。对于隧道衬砌这类闭合成圆筒状的结构，套用简支梁叠合结构计算方法按刚度分配内力并不合适，因为内外层衬砌不可能完全刚性接合，所以按刚架模型法分配内力有待商榷。

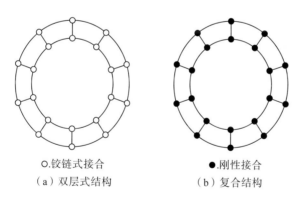

　　　　○.铰链式接合　　　　　　　　　●.刚性接合
　　　　（a）双层式结构　　　　　　　　（b）复合结构

图 1.3　双层衬砌相互作用模型

由于双层衬砌结构的相互作用及力学特性与层间接触面的形式密切相关，部分学者对接触面相互作用模型进行了研究。半谷[60]于 1985 年提出了用弹簧来模拟双层衬砌相互作用的模型，可模拟出层间压缩作用和剪切作用。El Naggar 和 Hinchberger[61]提出了一种针对外侧注浆加固的双层衬砌解析分析方法，该方法可以同时考虑接头效应和土与衬砌、衬砌与衬砌间的相互作用。过迟和吕国梁[62]提出了一种盾构隧道双层衬砌联合受力的分析理论，该方法能考虑土与结构间的相互作用、管片衬砌纵向接头效应及两层衬砌接触面上的相互作用，为南水北调中线穿黄工程的设计工作提供了依据。张厚美等[63-67]以南水北调中线穿黄隧洞工程为依托，将管片衬砌接头力学模型应用于双层衬砌结构的计算中，根据管片衬砌和二次衬砌相互作用形式之间的差异，建立了三种双层衬砌相互作用计算模型，并对计算模型的可行性进行了验证。孙钧等[68]根据内衬和外衬接触面的不同，提出了5种适用于不同接合界面条件的相互作用模型，并将其应用于相关工程的结构设计中。张弢等[69]以南水北调工程团城湖至第九水厂输水隧洞工程为依托，根据接触面不同的相互作用机理，提出了5种接触面相互作用计算模型，通过对比分析确定了适用于北京地区地质条件下的盾构隧道管片衬砌及内衬钢筋混凝土的力学计算模型。杨钊等[70]对现有的盾构隧道双层衬砌计算模型进行了分析，提出了实体叠合计算模型，模型计算结果与现场实测数据规律基本一致。

部分学者从接触面的有限元模型模拟角度出发，开展了相关研究。姚超凡等[71]提出了梁-接头弹簧-接触面压杆弹簧组合计算模型，并借助该模型对钱塘江盾构隧道双层衬砌的力学行为进行了研究。王士民等[72]考虑钢筋对衬砌结构力学性能的影响，采用塑性损伤表征混凝土的非线性特征，针对复合与叠合两种不同的接触面状态建立了基于塑性损伤的盾构隧道双层衬砌三维实体复合结构和叠合结构计算模型。梁敏飞等[73]在已有双层衬砌梁-弹簧模型的基础上，提出了改进的双层衬砌盾构隧道三维壳-弹簧力学分析模型，依托武汉地铁8号线越江隧道进行建模计算分析，将计算得出的内力数据与现场实测的内力数据进行对比，验证了该模型模拟双层衬砌盾构隧道结构三维力学行为的准确性和适用性。申兴柱[33]采用经典梁-弹簧理论，考虑管片衬砌接头的非线性特征，建立盾构隧道双层衬砌结构抗剪压计算模型，分别对不同二次衬砌弹性模量、不同水压及地层抗力系数条件下盾构隧道双层衬砌结构的受力及变形特性进行分析，得到了上述因素对盾构隧道双层衬砌结构横向力学特性的影响规律。晏启祥等[12,74]提出了双层衬砌结构计算模型，并借助该模型对钱塘江盾构隧道双层衬砌的力学行为进行了研究，同时建立了双层衬砌抗剪压模型，分析了三种特定工况下衬砌结构的受力特性。王俊等[75]提出了一种改进的盾构隧道双层衬砌计算模型，该模型可以反映接头抗弯刚度的非线性，以及管片衬砌与二次衬砌接触面压剪弹簧失效机理，采用该模型对广深港客运专线狮子洋隧道衬砌的力学行为进行了分析。何一韬等[76]提出了考虑柔性缓冲层的双层衬砌计算模型，结果表明，缓冲层对盾构隧道管片衬砌与二次衬砌联合受力结构的力学性能有显著影响，通常荷载作用下，结构受力以管片衬砌受力为主，二次衬砌辅助受力，在地震、不均匀沉降或其他突发荷载工况下，管片衬砌发生额外变形，缓冲层被压密，二次衬砌将有效发挥承载力。缓冲层的厚度对管片衬砌与二次衬砌间的内力分配有一定影响。

综上所述，目前有关盾构隧道双层衬砌的相关研究并不是很多，虽然取得了一定的成果，但是面临目前大型盾构隧道日益深埋化、超长化、大断面化及高水压化的发展趋势，也暴露出既有研究中的一些不足：①研究对象多为输水隧道，而当前大量建设的大型盾构隧道多为交通隧道，两者力学边界条件有显著差异，因此既有针对输水隧道的研究结论难以为目前大量在建及拟建的盾构隧道双层衬砌的设计提供有力的理论支撑；②累积损伤是盾构隧道双层衬砌工作状态下的一个重要特性，同时也是评价盾构隧道安全状态及耐久性的重要指标之一，目前尚未见到相关研究开展；③盾构隧道双层衬砌在相互作用的同时又是一个整体，其结构形式及设计参数的变化对其整体力学性能具有显著影响，因此获取最优的结构形式和设计参数对于盾构隧道双层衬砌结构的长期安全性及耐久性具有重要意义，目前尚未见到相关研究开展。

1.4　依托工程概述

本书的研究对象主要依托以下盾构隧道工程。

1. 狮子洋隧道

广深港客运专线狮子洋隧道(简称狮子洋隧道)位于广州—深圳—香港铁路客运专线的广州—深圳段，穿越珠江入海口的狮子洋。该隧道是我国第一条水下铁路隧道，也是我国第一条特长水下盾构隧道。建筑全长 10.8km，隧道段全长 10.49km，其中明挖暗埋段长 1.414km，盾构段长 9.32km，设计行车速度为 350km/h，被誉为"中国铁路世纪隧道"[29,30]。狮子洋隧道盾构段穿越地层为淤泥质土、粉质黏土、粉细砂、中粗砂、全风化泥质粉砂岩、弱风化泥质粉砂岩、粉砂岩、细砂岩、砂砾岩等，穿越弱风化基岩、半岩半土、第四系覆盖物地层的长度分别占掘进长度的 73.3%、13.3%、13.4%。基岩的最大单抗压强度为 82.8MPa，基岩层的渗透系数达 $6.4×10^{-4}$m/s。狮子洋隧道纵断面示意图如图 1.4 所示。

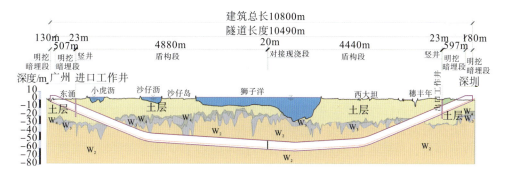

图 1.4　狮子洋隧道纵断面示意图

狮子洋隧道主体结构采用单层装配式钢筋混凝土管片衬砌，盾构管片衬砌外直径为 10.8m，内直径为 9.8m，管片衬砌厚度为 50cm，幅宽为 2m；管片衬砌采用"5+2+1"分块形式，封顶块圆心角为 $16°21'49.09''$，邻接块和标准块中心线圆心角均为 $49°5'27.27''$，环与环之间采用错缝拼装方式。每环管片内纵向螺栓为 22 颗，按 $16°21'49.09''$ 的等角度布置，环向螺栓 24 颗。

考虑到狮子洋隧道盾构始发浅埋段穿越淤泥质土、细砂、含砂黏土及砾砂等软弱地层，一旦发生列车脱轨撞击或火灾，就有可能造成隧道整体垮塌。并且，高速铁路隧道在进洞过程中，由于洞内空气压力变化剧烈和行车产生的洞内瞬时风速极高，很有可能导致普通防火层和防火板掉落影响行车安全。因此结合日本东京湾海底公路隧道的建设经验，对软弱地层和软硬不均地层的进出洞口段采用双层衬砌结构，即在管片衬砌内侧再现浇 30cm 厚的混凝土衬砌，二次衬砌混凝土强度等级为 C25，其余地段仍采用单层钢筋混凝土管片衬砌，双层衬砌断面如图 1.5 所示。

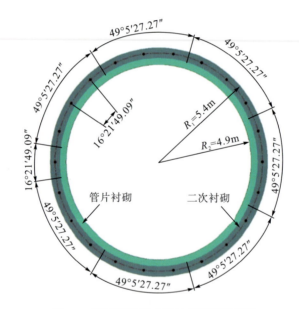

图 1.5   狮子洋隧道双层衬砌断面示意图

2.武汉长江公铁隧道

武汉长江公铁隧道是长江中上游首条超大直径越江隧道，也是国内已建最大直径、世界首条公轨合建的盾构法隧道[77]。建筑全长 4600m，其中公铁合建盾构段长 2590m，隧道主要穿越高透水性的粉细砂地层，在江中段切入基岩，基岩地层以强风化泥质粉砂岩、弱风化泥质粉砂岩及弱胶结砾岩为主，隧道纵断面示意图如图 1.6 所示。

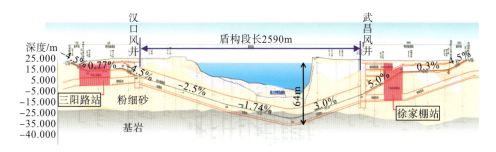

图 1.6　武汉长江公铁隧道纵断面示意图

考虑到内部结构施工方案对隧道直径和工期的影响，武汉长江公铁隧道工程采用现浇内部结构，利用隧道底部和两侧的空间进行现浇，与行车道板共同组成非封闭的二次衬砌结构，分块方式为"7+2+1"，封顶块、邻接块及标准块所对圆心角均为 36°，管片衬砌外直径为 15.2m，内直径为 13.9m，管片衬砌厚度为 65cm，幅宽为 2m；二次衬砌环外直径为 13.9m，内直径为 13.1m，厚度为 40cm，武汉长江公铁隧道的复合双层衬砌结构横断面如图 1.7 所示，其中管片衬砌混凝土强度等级为 C50，二次衬砌混凝土强度等级为 C25。

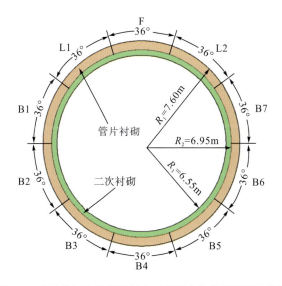

图 1.7　武汉长江公铁隧道复合双层衬砌结构横断面示意图

参 考 文 献

[1] 刘建航, 侯学渊. 盾构法隧道[M]. 北京: 中国铁道出版社, 1991.

[2] 张凤祥, 朱合华, 傅德明. 盾构隧道[M]. 北京: 人民交通出版社, 2004.

[3] 代洪波, 季玉国. 我国大直径盾构隧道数据统计及综合技术现状与展望[J]. 隧道建设(中英文), 2022, 42(5): 757-783.

[4] 伍振志. 越江盾构隧道耐久性若干关键问题研究[D]. 上海: 同济大学, 2008.

[5] 袁大军, 小泉淳. 盾构工法的新动向[C]//中国工程院. 2004 年城市地下空间开发与地下工程施工技术高层论坛论文集. 北京: 中国工程院, 2004: 122-124.

[6] Wang S, Jian Y, Lu X, et al. Study on load distribution characteristics of secondary lining of shield under different construction time[J]. Tunnelling and Underground Space Technology, 2019, 89: 25-37.

[7] 高松伸行, 村上博智, 小泉淳. 二次覆工されたシールドトンネル軸方向曲げ特性のモデル化について[J]. 土木学会論文集, 1993, (481): 97-106.

[8] Nasri A W, Michael P. Della Posta. Full scale testing of tunnel liner[J]. Towards New Worlds inTunnelling, 1992: 315-320.

[9] 村上博智, 小泉淳. 二次覆工で補強されたシールドセグメントリングの挙動について[J]. 土木学会論文集, 1987, (388): 85-94.

[10] 王梦恕. 水下交通隧道发展现状与技术难题: 兼论"台湾海峡海底铁路隧道建设方案"[J]. 岩石力学与工程学报, 2008, 27(11): 2161-2172.

[11] Takamatsu N, Murakami H, Koizumi A. A study on the bending behaviour in the longitudinal direction of shield tunnels with secondary linings[C]. Proceedings of The International Congress' Towards New Worlds In Tunnelling', Acapulco, 1992: 16-20.

[12] 晏启祥, 程曦, 何川, 等. 水压条件下盾构隧道双层衬砌力学特性分析[J]. 铁道工程学报, 2010, 27(9): 55-59.

[13] 谢小玲, 苏海东. 穿黄隧洞预应力双层复合衬砌结构受力特性研究[J]. 长江科学院院报, 2011, 28(10): 180-185.

[14] 谢小玲, 苏海东. 穿黄隧洞衬砌无垫层段 1：1 仿真模型试验及分析[J]. 人民长江, 2011, 42(8): 92-95.

[15] 钮新强, 符志远, 张传健. 穿黄盾构隧洞新型复合衬砌结构特性研究[J]. 人民长江, 2011, 42(8): 8-13.

[16] 钮新强, 符志远, 张传健. 穿黄隧洞衬砌 1：1 仿真模型试验研究[J]. 人民长江, 2011, 42(8): 77-86.

[17] 张冬梅, 周文鼎, 卜祥洪, 等. 盾构-钢筋钢纤维混凝土双层衬砌内水压下破坏机理试验研究[J]. 岩土工程学报, 2022, 44(8): 1528-1534.

[18] 张冬梅, 卜祥洪, 逄健, 等. 围岩-双层衬砌联合承载能力研究[J]. 2022, 23(11): 863-882.

[19] 黄鸿浩. "管片-SCC-钢衬"叠合式衬砌体系足尺结构试验设计与抗外载特性研究[D]. 广州: 华南理工大学, 2019.

[20] 陈高敬. 高内压作用下叠合式衬砌结构承载机理足尺模型试验研究[D]. 广州: 华南理工大学, 2020.

[21] 黄广南. "钢衬-SCC-管片"三层叠合衬砌结构界面力学性能试验研究[D]. 广州: 华南理工大学, 2020.

[22] 林少群. 高内压盾构输水隧洞三层衬砌原位试验与承载性能研究[D]. 广州: 华南理工大学, 2020.

[23] 刘庭金, 陈高敬, 唐欣薇, 等. 高内压作用下叠合式衬砌结构承载机理原型试验研究[J]. 水利学报, 2020, 51(3): 295-304.

[24] 姚晓庆. 盾构输水隧洞衬砌结构承载性能原位试验与数值研究[D]. 广州: 华南理工大学, 2021.

[25] 何灏典, 唐欣薇, 严振瑞, 等. 复合式衬砌结构联合承载的原位试验与数值分析[J]. 岩土工程学报, 2022, 44(3): 560-568.

[26] 柳献, 唐敏, 鲁亮, 等. 内张钢圈加固盾构隧道结构承载能力的试验研究: 整环加固法[J]. 岩石力学与工程学报, 2013, 32(11): 2300-2306.

[27] 柳献, 张浩立, 唐敏, 等. 内张钢圈加固盾构隧道结构承载能力的试验研究: 半环加固法[J]. 现代隧道技术, 2014, 51(3): 131-137.

[28] Feng K, He C, Fang Y, et al. Study on the mechanical behavior of lining structure for underwater shield tunnel of high-speed railway[J]. Advances in Structural Engineering, 2013, 16(8): 1381-1399.

[29] 张永冠. 铁路盾构隧道双层衬砌力学行为研究[D]. 成都: 西南交通大学, 2010.

[30] 周济民. 水下盾构法隧道双层衬砌结构力学特性[D]. 成都: 西南交通大学, 2012.

[31] 于清洋. 盾构隧道双层衬砌结构横向相互作用机理研究[D]. 成都: 西南交通大学, 2016.

[32] 姚佳兵. 盾构隧道双层衬砌横向力学特性影响因素及影响规律研究[D]. 成都: 西南交通大学, 2017.

[33] 申兴柱. 盾构隧道双层衬砌结构力学特性研究[D]. 成都: 西南交通大学, 2018.

[34] 王俊淞, 马险峰, 李削云. 盾构隧道双层衬砌效果的离心模型试验研究[J]. 结构工程师, 2011, 27(4): 109-114.

[35] 堀地紀行, 平嶋政治, 松下芳亮, 等. トンネル軸方向の剛性を考慮したシールドトンネルの断面力解析法[J]. 土木学会論文集, 1989, (406): 195-204.

[36] 何川, 郭瑞, 肖明清, 等. 铁路盾构隧道单、双层衬砌纵向力学性能的模型试验研究[J]. 中国铁道科学, 2013, 34(3): 40-46.

[37] 吴林. 盾构隧道双层衬砌计算模型与力学特性研究[D]. 成都: 西南交通大学, 2011.

[38] 郭文琦, 陈健, 王士民, 等. 二衬厚度对盾构隧道双层衬砌纵向力学性能的影响[J]. 铁道标准设计, 2020, 64(2): 142-148.

[39] 李雨强, 王士民, 梁敏飞, 等. 盾构隧道双层衬砌横向力学结构参数优化研究[J]. 地下空间与工程学报, 2020, 16(6): 1711-1721.

[40] 刘洋, 龚振华, 梁敏飞, 等. 考虑变荷载影响的水下盾构隧道双层衬砌力学特性分析[J]. 铁道标准设计, 2022, 66(7): 101-107.

[41] 邱月, 封坤, 张玉春, 等. 铁路盾构隧道双层衬砌结构耐火性能的数值模拟分析[J]. 中国铁道科学, 2015, 36(1): 83-89.

[42] 曹翔鹏, 封坤, 薛皓匀, 等. 大直径盾构隧道双层衬砌横向抗震性能研究[J]. 现代隧道技术, 2023, 60(1): 130-139.

[43] 李茂然. 大断面盾构隧道双层衬砌结构抗震性能研究[D]. 成都: 西南交通大学, 2022.

[44] 晏启祥, 李彬, 张蒙, 等. 200km·h^{-1} 列车脱轨撞击作用下盾构隧道二次衬砌对管片衬砌的防护效果[J]. 中国铁道科学, 2014, 35(6): 70-78.

[45] 晏启祥, 李彬, 张蒙, 等. 列车撞击荷载下盾构隧道双层衬砌管片结构的动力响应特性[J]. 中南大学学报(自然科学版), 2015, 46(9): 3527-3534.

[46] 晏启祥, 李彬, 张蒙, 等. 列车撞击荷载的有限元数值分析[J]. 西南交通大学学报, 2016, 51(1): 1-7.

[47] 罗泽军, 张清照, 何一韬, 等. 大直径盾构隧道双层衬砌管片结构计算[J]. 现代隧道技术, 2018, 55(5): 79-87.

[48] 何一韬, 罗泽军, 张清照. 复杂地质条件盾构隧道双层衬砌结构计算[J]. 现代隧道技术, 2020, 57(S1): 351-358.

[49] 何一韬, 黄煊博, 丁文其, 等. 构造参数对腐蚀作用下双层衬砌盾构隧道影响探究[J]. 现代隧道技术, 2021, 58(S1): 11-19.

[50] 邓亚虹, 彭建兵, 范文, 等. 地裂缝活动环境下盾构隧道双层衬砌性状分析[J]. 岩石力学与工程学报, 2008, 27(S2): 3860-3867.

[51] 高波, 王帅帅. 浅埋圆形复合式衬砌隧道动应力响应研究[J]. 西南交通大学学报, 2016, 51(4): 599-606.

[52] 王华宁, 宋飞, 蒋明镜. 基于时效理论解的双层衬砌圆形隧道围岩压力分担的简便计算法[J]. 岩土工程学报, 2017, 39(9): 1600-1608.

[53] 李浩. 盾构隧道管片内力分布特性数值模拟分析[D]. 大连: 大连理工大学, 2016.

[54] 王志云, 李守巨, 上官子昌, 等. 盾构隧道双层衬砌结构弯矩分配的解析模型[J]. 安徽理工大学学报(自然科学版), 2019, 39(1): 16-20.

[55] 张迪, 陈睿杰, 廖少明. 盾构隧道双层衬砌结构纵向等效弯曲刚度研究: 以上海吴淞口长江隧道工程为例[J]. 隧道建设(中英文), 2021, 41(S1): 28-35.

[56] Zhao H L, Liu X, Bao Y H, et al. Simplified nonlinear simulation of shield tunnel lining reinforced by epoxy bonded steel plates[J]. Tunnelling and Underground Space Technology, 2016, 51: 362-371.

[57] 陈秋杰. 考虑层间弱连接的盾构隧道双层衬砌分析理论[D]. 杭州: 浙江大学, 2020.

[58] 陈秋杰, 杨仲轩, 徐荣桥, 等. 一种新的盾构隧道双层衬砌解析分析方法[J]. 岩石力学与工程学报, 2020, 39(S1): 2713-2724.

[59] No W G, International Tunnelling Association. Guidelines for the design of shield tunnel lining[J]. Tunnelling and Underground Space Technology, 2000, 15(3): 303-331.

[60] 半谷. 二次衬砌を有するシールドトンネル覆工の力学的特性に関する研究[R]. 鉄道技术研究所报告, 1985.

[61] El Naggar H, Hinchberger S D. An analytical solution for jointed tunnel linings in elastic soil or rock[J]. Canadian Geotechnical Journal, 2008, 45(11): 1572-1593.

[62] 过迟, 吕国梁. 穿黄工程盾构隧洞衬砌结构计算模型研究[J]. 岩土力学, 1997, 18(A08): 203-207.

[63] 张厚美. 装配整体式双层衬砌接头荷载试验与结构计算理论: 南水北调中线穿黄隧洞结构计算模型研究[J]. 岩石力学与工程学报, 2002, 21(2): 298.

[64] 张厚美, 车法星, 夏明耀. 盾构隧洞双层衬砌接头荷载试验研究[J]. 同济大学学报(自然科学版), 2001(7): 779-783.

[65] 张厚美, 过迟, 付德明. 圆形隧道装配式衬砌接头刚度模型研究[J]. 岩土工程学报, 2000, 22(3): 309-313.

[66] 张厚美, 过迟, 吕国梁. 盾构压力隧洞双层衬砌的力学模型研究[J]. 水利学报, 2001, 32(4): 28-33.

[67] 张厚美, 连烈坤, 过迟. 盾构隧洞双层衬砌接头相互作用模型[J]. 岩石力学与工程学报, 2003, 22(1): 70-74.

[68] 孙钧, 杨钊, 王勇. 输水盾构隧洞复合衬砌结构设计计算研究[J]. 地下工程与隧道, 2011, (1): 1-8, 52.

[69] 张弢, 王东黎, 王雷. 盾构管片钢筋混凝土内衬大型输水隧洞结构研究[J]. 水利水电技术, 2009, 40(7): 62-65.

[70] 杨钊, 潘晓明, 余俊. 盾构输水隧洞复合衬砌计算模型[J]. 中南大学学报(自然科学版), 2010, 41(5): 1945-1952.

[71] 姚超凡, 晏启祥, 何川, 等. 一种改进的盾构隧道双层衬砌分析模型及其应用研究[J]. 岩石力学与工程学报, 2014, 33(1): 80-89.

[72] 王士民, 于清洋, 彭博, 等. 基于塑性损伤的盾构隧道双层衬砌三维实体非连续接触模型研究[J]. 岩石力学与工程学报, 2016, 35(2): 303-311.

[73] 梁敏飞, 张哲, 李策, 等. 盾构隧道双层衬砌结构三维力学分析模型及验证[J]. 岩土工程学报, 2019, 41(5): 892-899.

[74] 晏启祥, 姚超凡, 何川, 等. 水下盾构隧道双层衬砌分析模型的比较研究[J]. 铁道学报, 2015, 37(12): 114-120.

[75] 王俊, 徐国文, 蔚艳庆, 等. 一种改进的盾构隧道双层衬砌计算模型及其工程应用[J]. 岩土工程学报, 2021, 43(8): 1502-1510.

[76] 何一韬, 罗泽军, 张清照, 等. 大直径盾构隧道双层衬砌力学特性分析[J]. 现代隧道技术, 2018, 55(S2): 1139-1143.

[77] 张景, 封坤, 何川, 等. 内爆炸作用下公轨合建盾构法隧道非封闭式内衬结构动力响应及抗爆性能分析[J]. 振动与冲击, 2017, 36(9): 231-238, 266.

第 2 章　盾构隧道双层衬砌结构相似模型试验

目前，解决盾构隧道工程问题的研究方法主要有现场实测、理论分析、数值模拟和模型试验。现场实测需要大量人力物力，且影响因素复杂，难以控制变量；理论分析需要对原型进行大量假设和简化，使用数学模型描述工程尺度的问题十分困难；数值模拟技术现阶段已有了长足的进步，但对于复杂条件、机理不明的问题仍具有局限性，相比之下，模型试验能够还原复杂条件下原型结构由弹性到塑性，直至破坏的全过程，且变量可控，是一种更形象、更具说服力的研究方法。

模型试验包括原型试验和相似模型试验。相似模型试验是采用与原型相似的模型进行试验研究，并将研究结果应用于原型的一种重要的研究方法。其基本原理是根据相似原理，将实际工程中的特征参数按比例缩放至模型中，以保证模型与实际系统的相似性，具有低成本、安全、可重复及高效率的优点[1]。截至目前，相似模型试验已在盾构隧道领域的研究中发挥了不可替代的作用，科研人员主要依靠该方法对盾构隧道衬砌结构设计优化、内力分布规律、施工工艺及材料性能等方面进行深入探索，并取得了相当丰富的成果，为盾构隧道工程设计、施工和科学研究提供了重要的试验数据和参考[2-10]。因此，本书采用相似模型试验对盾构隧道双层衬砌结构力学性能进行研究，首先对试验模拟基本原理、模型材料、试验装置、量测方案等逐一进行叙述，接着对模型试验结果进行全面分析，并从相互作用机理、工程设计参数、结构形式优化、结构缺陷影响等方面开展系统性讨论，旨在丰富盾构隧道双层衬砌结构研究成果，为工程设计、现场施工提供参考。

2.1　相似基本定理

自然界中的一切物质体系有不同的变化过程。通常所说的"相似"，有以下三种情况存在：①相似(同类相似)，是指两个物理体系在几何形态上保持所对应的线性比例，同时具有相同的物理变化过程；②拟似(异类相似)，是指两个物理体系的物理性质不同，但其物理变化过程遵循相同的规律和模式；③差似(变态相似)，是指两个物理体系在几何形态上不具备相似性，但具有相同的物理变化过程。现阶段出现的盾构隧道模型试验基本以第一种情况为主，即在几何相似的体系中进行着具有同一物理性质的变化过程，并且各体系中对应相同物理量之间具有固定的比数，则称这些物理体系是相似的。为了量化物理体系之间的相似性，科研人员提出了相似准数(相似准则)的概念来表示两个相似系统之间的关系，要保证两个体系相似，必须确定某个或某几个特定的相似准数，使各物理量之间建立一定联系，从而建立模型试验中各物理量的比尺确定所遵循的原则。相似理论的基础是相似三定理，其意义在于指导模型的设计及其有关试验数据的处理和推广，并在特定情况下根据经过处理的数据提供建立微分方程的指示。

2.1.1　相似第一定理

相似第一定理，又称为相似正定理，其主要内容为：相似的现象，其单值条件相似，其相似指标等于 1 或其相似准数的数值相同。这一定理是对相似现象相似性质的一种说明，也是现象相似的必然结果。如果表征一个系统中的物理现象的全部量(如线性尺寸、力、位移等)的数值，可由第二个系统中相对应的物理量乘以不变的无量纲数得到，这两个系统的物理现象就是相似，属于力学现象的称为力学相似。本节相似第一定理各公式中，下标 p 和 m 分别表示原型和模型的物理量，C 表示相似比，原型和模型都应满足弹性力学的基本方程(平衡方程、相容方程、物理方程和几何方程)和边界条件。各物理量之间的相似比关系如下所示。

几何相似比：

$$C_L = \frac{x_{\mathrm{p}}}{x_{\mathrm{m}}} = \frac{y_{\mathrm{p}}}{y_{\mathrm{m}}} = \frac{u_{\mathrm{p}}}{u_{\mathrm{m}}} = \frac{v_{\mathrm{p}}}{v_{\mathrm{m}}} = \frac{l_{\mathrm{p}}}{l_{\mathrm{m}}} \tag{2.1}$$

应力相似比：

$$C_\sigma = \frac{(\sigma_x)_{\mathrm{p}}}{(\sigma_x)_{\mathrm{m}}} = \frac{(\sigma_y)_{\mathrm{p}}}{(\sigma_y)_{\mathrm{m}}} = \frac{(\tau_{xy})_{\mathrm{p}}}{(\tau_{xy})_{\mathrm{m}}} = \frac{\sigma_{\mathrm{p}}}{\sigma_{\mathrm{m}}} \tag{2.2}$$

应变相似比：

$$C_\varepsilon = \frac{(\varepsilon_x)_{\mathrm{p}}}{(\varepsilon_x)_{\mathrm{m}}} = \frac{(\varepsilon_y)_{\mathrm{p}}}{(\varepsilon_y)_{\mathrm{m}}} = \frac{(\gamma_{xy})_{\mathrm{p}}}{(\gamma_{xy})_{\mathrm{m}}} = \frac{\sigma_{\mathrm{p}}}{\sigma_{\mathrm{m}}} \tag{2.3}$$

弹性模量相似比：

$$C_E = \frac{E_{\mathrm{p}}}{E_{\mathrm{m}}} \tag{2.4}$$

泊松比相似比：

$$C_\mu = \frac{\mu_{\mathrm{p}}}{\mu_{\mathrm{m}}} \tag{2.5}$$

边界力相似比：

$$C_{\bar{x}} = \frac{\bar{x}_{\mathrm{p}}}{\bar{x}_{\mathrm{m}}} = \frac{\bar{y}_{\mathrm{p}}}{\bar{y}_{\mathrm{m}}} \tag{2.6}$$

体积力相似比：

$$C_X = \frac{X_p}{X_m} = \frac{Y_p}{Y_m} \tag{2.7}$$

位移相似比：

$$C_\delta = \frac{\delta_p}{\delta_m} \tag{2.8}$$

容重相似比：

$$C_\gamma = \frac{\gamma_p}{\gamma_m} \tag{2.9}$$

根据上述相似比，结合弹性力学基本方程进行求解，得出以下关系：

$$C_\sigma = C_L C_X, \quad C_\sigma = C_\varepsilon C_E, \quad C_{\bar{x}} = C_\sigma, \quad C_\varepsilon = 1 \tag{2.10}$$

2.1.2 相似第二定理

相似第二定理(π 定理)可表述为：设与某一物理系统性质相关的物理量有 n 个，其中 k 个物理量的量纲相互独立，则这 n 个物理量可以表示为相似准数(或相似准则)$\pi_1, \pi_2, \cdots, \pi_{n-k}$ 之间的函数关系，即

$$f(\pi_1, \pi_2, \cdots, \pi_n) = 0 \tag{2.11}$$

式(2.11)为准则关系式或 π 关系式，式中的相似准则称为 π 项。

将本试验的弹性力学相关参数代入式(2.11)，可得

$$f(\sigma, \varepsilon, E, \mu, X, \bar{x}, l, \delta) = 0 \tag{2.12}$$

式(2.12)中参数总数 P 的值为 8，基本量纲 r 的值为 2，选出体积力 X 和长度 l 作为基本量纲的物理量，它们的量纲分别为 FL^{-3} 和 L，根据量纲至少出现一次的原则，有

$$\pi_1 = \frac{\sigma}{X^\alpha l^\beta} = \frac{FL^{-2}}{\left[FL^{-3}\right] L^\beta} \tag{2.13}$$

要使 π_1 成为无量纲参数，则必须有 $\alpha = 1$，$-3\alpha + \beta = -2$，从而解得 $\beta = 1$。故有准则(或相似判据)：

$$\pi_1 = \frac{\sigma}{Xl} \tag{2.14}$$

同理可得

$$\pi_2 = \varepsilon, \quad \pi_3 = \frac{E}{Xl}, \quad \pi_4 = \mu, \quad \pi_5 = \frac{\bar{x}}{Xl}, \quad \pi_6 = \frac{\delta}{l} \tag{2.15}$$

根据两个力学现象相似，则相似判据相等，有

$$\frac{\sigma_p}{X_p l_p} = \frac{\sigma_m}{X_m l_m}, \quad \varepsilon_p = \varepsilon_m, \quad \frac{E_p}{X_p l_p} = \frac{E_m}{X_m l_m}, \quad \mu_p = \mu_m, \quad \frac{\bar{x}_p}{X_p l_p} = \frac{\bar{x}_m}{X_m l_m}, \quad \frac{\delta_p}{l_p} = \frac{\delta_m}{l_m}$$

或

$$\frac{C_\sigma}{C_X C_L}=1, \quad C_\varepsilon=1, \quad \frac{C_E}{C_X C_L}=1, \quad C_\mu=1, \quad \frac{C_{\bar{x}}}{C_X C_L}=1, \quad \frac{C_\delta}{C_L}=1$$

2.1.3　相似第三定理

相似第三定理可表述为：对于同一类物理现象，如果单值量相似，而且由单值量所组成的相似准则在数值上相等，则现象相似。单值量是指单值条件中的物理量，而单值条件是将一个个别现象从同类现象中区分开来的条件，即将现象群的通解(由分析代表该现象群的微分方程或方程组得到)转变为特解的具体条件。单值条件包括几何条件(或空间条件)、介质条件(或物理条件)、边界条件和起始条件(或时间条件)。现象的各种物理量，实质上都是由单值条件引出的。

(1)几何条件：许多具体现象都发生在一定的几何空间内，因此参与过程的物体的几何形状和大小应作为一个单值条件提出。

(2)介质条件：许多具体现象都是在具有一定物理性质的介质参与下进行的，因此参与过程的介质，其物理性质应列为一种单值条件。

(3)边界条件：许多具体现象都必然受到与其直接为邻的周围情况的影响，因此发生在边界的情况也是一种边界条件。

(4)起始条件：许多物理现象的发展过程直接受起始状态的影响。

相似第三定理直接与代表具体现象的单值条件相关联，并且强调了单值量相似。因为它既照顾到单值量变化的特征，又不会遗漏掉重要的物理量，因此显示出它科学上的严密性。

2.2　模型试验材料制备

2.2.1　相似关系确定

在模型试验相似理论及方法[11]中，模型试验要全面地反映实际工程的应力状态。本试验研究主要依托狮子洋隧道与武汉长江公铁隧道展开，受试验场地限制，为了使两个隧道相似模型均能满足试验空间要求，本试验对二者基本相似比的设定有所区别，狮子洋隧道模拟选用几何相似比 $C_L=20$、容重相似比 $C_\gamma=1$ 作为基础相似比，武汉长江公铁隧道则以几何相似比 $C_L=30$、容重相似比 $C_\gamma=1$ 作为基础相似比，同时根据上述基本相似比推导得出其余相关物理量原型值与模型值的相似比，如表 2.1 所示。

表 2.1　模型试验物理量相似关系

物理量	符号	单位	狮子洋隧道相似比	武汉长江公铁隧道相似比
泊松比	μ	—	$C_\mu = 1$	$C_\mu = 1$
应变	ε	—	$C_\varepsilon = 1$	$C_\varepsilon = 1$
内摩擦角	φ	(°)	$C_\varphi = 1$	$C_\varphi = 1$
黏聚力	c	Pa	$C_c = 20$	$C_c = 30$
强度	R	Pa	$C_R = 20$	$C_R = 30$
应力	σ	Pa	$C_\sigma = 20$	$C_\sigma = 30$
弹性模量	E	Pa	$C_E = 20$	$C_E = 30$

2.2.2　地层土体试验材料

　　土体材料的相似中，除几何相似外，还要求土体相似材料的物理力学相似。实际上，土体类相似试验中的材料相似是非常复杂的问题，要做到相似材料与原状土壤完全相似几乎是不可能的。在实际试验中，应根据研究实际问题的主要矛盾确定相似的主要参数，只有正确地选择相似参数和物理量，才能成功地模拟实际工程的现象。

　　根据相似原理，一般来说，土体相似材料的选料及配置应具备以下基本条件：①材料各组分混合均匀，材料各向同性；②材料的物理力学性能稳定，环境对其影响较小；③原料配比的改变对相似材料的力学性能影响不大，要能保证材料力学性能的稳定，利于进行重复试验；④取材方便，价格适中，制作过程中无毒、无害、无环境污染。

　　基于上述原则，以容重、弹性模量、黏聚力、内摩擦角为主要控制参数，结合隧道工程隧址区地质勘查报告，并参照表 2.1 所示的相似关系，可得到土体相似材料的参数如表 2.2 所示。本试验中模型土体主要用于模拟地层与管片衬砌的相互作用进行分载，并不探究其本身土体性质的影响，因此对土体相似材料的要求不高。参考现有的试验研究，目前的模型试验中大多以河砂为主材，并掺入其他各种材料，通过调节模型土体的容重、模量等相关参数，得到各项物理参数满足试验相似指标的混合材料。本模型试验也采用此方法，选取干净的河砂为基材，掺入一定比例的粉煤灰、重晶石粉、石英砂及机油等，根据直剪试验不断调整模型试验土体配合比，使土体材料满足实际工程需求，试验流程如图 2.1 所示，主要包括：材料称量—材料加热炒制—掺入辅助材料—直剪试验。值得注意的是，相似模型试验的物理力学参数均是在一定的压实度条件下进行取值的，因此需对土体压实度严加控制，为防止压实体出现分层现象，在试验台上料时，要预先算出松铺厚度，在上料区域四周拉线来控制层厚。

表 2.2　土体材料物理力学参数对比表

项目	狮子洋隧道			武汉长江公铁隧道		
	原型	模型	对应原型	原型	模型	对应原型
容重 $\gamma/(\text{kN}/\text{m}^3)$	17.1～21.3	20.0	20.0	18.7～20.3	20.0	20.0
弹性模量 E/MPa	14.0～25.5	1.0	20.0	15.0～42.5	1.0	30.0
黏聚力 c/MPa	0.0	0.0	0.0	0.0	0.0	0.0
内摩擦角 $\varphi/(°)$	19.0～33.0	27.0	27.0	20.0～32.0	27.0	27.0

（a）材料称量　　　　　　　　　　（b）材料加热炒制

（c）直剪试验

图 2.1　模型土体材料配置图

　　通过试验可得模型试验土体材料质量配合比为：河砂：粉煤灰：石英砂：机油：重晶石粉：松香=1：1：0.055：0.045：0.01：0.001。由表 2.2 可知，经过试验获取的模型土体参数反算发现，配置的模型土体同时满足狮子洋隧道与武汉长江公铁隧道原型要求，因此两条隧道模型土体材料可选取一致。

2.2.3　管片衬砌及二次衬砌混凝土相似材料

双层衬砌包含管片衬砌与二次衬砌，其建筑材料一般是由水泥、砂、碎石等加水拌和并水化结硬形成的人工组合材料，具有抗压强度高、抗拉强度低的特点。管片衬砌与二次衬砌材料的模拟十分重要，经调研，针对盾构隧道结构不同的力学分析问题，目前已有科研人员采用石膏、有机玻璃、尼龙等材料对管片衬砌进行模拟[12-15]，并取得了良好的效果。本试验参考前人研究，选取特定质量的石膏材料来模拟管片衬砌与二次衬砌结构的混凝土，通过模拟预制加工现场实操的方法来还原现场实际施工环境。

石膏的性质和混凝土比较接近，其最终强度一般用养护 7 天后的强度来表示，石膏的强度不仅取决于其种类，还受到石膏水膏比(指配置石膏浆体时的用水量和石膏量的质量比)的影响。硅藻土属于水硬性材料，吸水性很强，和易性好，能在石膏浆体中起一定的缓凝作用并有利于浆体中空气的逸出，能降低石膏的强度和泌水性。石膏硅藻土是国内常见的一种相似材料，其性质类似于纯石膏，但在物理、力学性能上比纯石膏材料更接近混凝土，更加适合本次试验。

本试验依托工程选用的管片衬砌混凝土强度等级为 C50，二次衬砌混凝土强度等级为 C25，管片衬砌及二次衬砌力学参数参考《混凝土结构设计规范》(GB 50010—2010)[16]，并作为模型试验中石膏制件的参考标准。混凝土相似材料的模拟试验单个循环流程如图 2.2 所示，主要包括称量材料[图 2.2(a)]、圆柱体石膏模型(直径为 50mm，高度为 100mm)制作[图 2.2(b)]、圆柱体石膏模型烘干[图 2.2(c)]、圆柱体石膏模型贴应变片[图 2.2(d)]、圆柱体石膏模型加载[图 2.2(e)]、试验数据记录[图 2.2(f)]、分析比较并准备下一个循环。

按照不同比例的水灰比及硅藻土掺和量制成不同测试试件，进一步通过多组多级加载的单轴压缩试验得到石膏试件的变形特征曲线，如图 2.3 所示，在弹性范围内，变形特征曲线可以拟合成直线。通过式(2.16)，可进一步计算出石膏弹性模量。

（a）称量材料　　　　　　　　　　（b）圆柱体石膏模型制作

（c）圆柱体石膏模型烘干　　　　　　（d）圆柱体石膏模型贴应变片

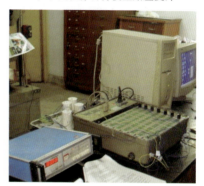

（e）圆柱体石膏模型加载　　　　　　（f）试验数据记录

图 2.2　混凝土相似材料配置

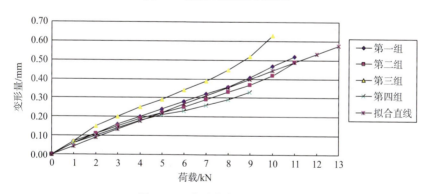

图 2.3　石膏试件变形特征曲线

$$\begin{cases} A = \dfrac{\pi \times 51^2}{4} = 2043\text{mm}^2, \quad h_0 = 101\text{mm}, \quad E\varepsilon = \sigma = \dfrac{N}{A} \\ E = \dfrac{N}{A \times \varepsilon} = \dfrac{N}{\Delta h} \times \dfrac{h_0}{A} = \dfrac{1}{K} \times \dfrac{101}{2043} \end{cases} \quad (2.16)$$

式中，A 为石膏试件面积；h_0 为石膏试件高度；Δh 为荷载 N 下测得的石膏试件变形量；K 为拟合直线斜率。

通过多组石膏试件单轴压缩试验，得到不同水膏比条件下石膏试件的弹性模量与单轴抗压强度随水膏比变化试验曲线，如图 2.4 所示。进一步通过试验插值得到满足实际工程强度的模型试验水灰比。其中，模型试验中的管片衬砌按照水：石膏：硅藻土=1：1.38：0.1 配置；二次衬砌按照水：石膏：硅藻土=1：1.26：0.1 配置，原型与模型试验管片衬砌及二次衬砌材料参数如表 2.3 所示。

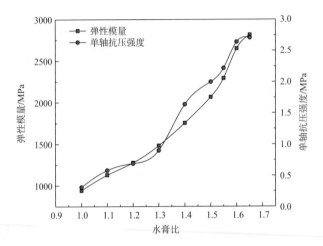

图 2.4　试验制件的弹性模量与单轴抗压强度曲线

表 2.3　管片衬砌及二次衬砌材料参数

结构类别	材料参数	实际值	试验值	对应实际值
管片衬砌	弹性模量/MPa	3.36×10^{4}	1.61×10^{3}	3.57×10^{4}
	单轴抗压强度/MPa	31.2	1.72	33.2
二次衬砌	弹性模量/MPa	2.79×10^{4}	1.37×10^{3}	2.69×10^{4}
	单轴抗压强度/MPa	15.9	0.91	15.9

根据上述得到的管片衬砌与二次衬砌的材料配比制作对应的结构构件，在此之前，需根据几何相似比将双层衬砌结构原型尺寸换算成模型尺寸，具体数值如表 2.4 所示。将水、石膏和硅藻土材料分别按对应比例配制，搅拌均匀并装入对应模具，烘干养护至标准强度即可。

表 2.4　双层衬砌结构尺寸

项目	依托工程			
	狮子洋隧道		武汉长江公铁隧道	
	原型值/m	模型值/cm	原型值/m	模型值/cm
管片衬砌外直径	10.8	54	15.2	50.7
管片衬砌厚度	0.50	2.5	0.65	21.7
管片衬砌幅宽	2	10	2	6.7
二次衬砌厚度	0.3	1.5	0.4	1.3

2.2.4　管片衬砌及二次衬砌钢筋模拟

　　根据依托工程基本概况，管片衬砌与二次衬砌均采用钢筋混凝土浇筑，其中二次衬砌采用单层配筋形式，管片衬砌配筋则相对复杂，在相似模型试验中难以完全复现实际工程中的管片衬砌配筋形式。因此，大多数研究人员在进行管片衬砌配筋时均进行了一定简化，除了需要满足基本配筋材料相似，钢筋的配筋形式也需保持一致，以尽可能达到结构相似的要求。本书采用抗拉刚度等效的方法对管片衬砌与二次衬砌的钢筋进行模拟，通过等效抗拉刚度相似来选取特定直径的铁质材料，如图 2.5 所示。现场采用的管片衬砌与二次衬砌环向与纵向钢筋材料主要为 HRB400 钢筋，通过试验，选择直径为 1.2mm 的铁丝模拟钢筋材料，钢筋材料力学参数如表 2.5 所示，管片衬砌为对称配筋，即在管片衬砌内外侧各布置一层钢筋，二次衬砌采用单层钢筋形式，如图 2.6 所示。

（a）单轴加载试验　　　　　　　　（b）管片衬砌配筋模拟材料

图 2.5　钢筋模拟实物图

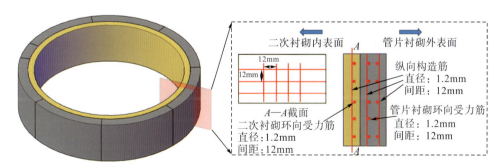

图 2.6　盾构隧道双层衬砌结构钢筋模拟示意图

表 2.5　原型与模型的力学参数对比表

项目	原型管片衬砌	模型管片衬砌	对应原型值
E_A/N	2.513×10^9	1.789×10^5	2.798×10^9
钢筋面积/mm²	10152	26.6	10640
配筋率/%	1.015	1.064	1.064

2.3　管片衬砌接头等效处理

2.3.1　管片衬砌环向接头处理

在横向上，盾构隧道管片衬砌受到外荷载作用时，环向接头能够承担一定的弯矩作用，但其所受的弯矩大小及方向并不确定[17,18]，因此在相似模型试验中对管片衬砌环向接头的处理十分复杂。在一定埋深条件下，管片衬砌环向接头表现为具有某一特定抗弯刚度的半铰接体，且一般为正、负弯矩的抗弯刚度。根据试验原型的具体情况，以对正弯矩(隧道内侧受拉)的抗弯刚度为主的原则对管片衬砌接头进行模拟。根据国内外有关研究成果，接头模拟试验的具体方法如下：在环中设置接头的部位用切刀开一定深度的槽缝，弱化该部位的抗弯刚度，槽缝深度依据与原型接头抗弯能力(用 K_θ 表示)等效的原则设置。

为保证模型切刀割槽能够模拟管片衬砌的环向接头力学特性，采用如下方法进行计算：将相似模型试验中的割槽部分等效为梁单元，并在模型管片衬砌等效梁相应位置施加等效荷载，在对应约束条件下得出相应的等效梁变形量，如图 2.7 所示。将相应的管片衬砌材料物理实验参数代入参考公式(2.17)中，得出管片衬砌环向接头的抗弯刚度，并结合数值模拟计算相应抗弯刚度条件下的内外分区割槽的深度。

$$K_\theta = \frac{6EI \cdot PaL}{24EI\delta_c - Pa(3L^2 - 4aL)} \tag{2.17}$$

式中，K_θ 为弯曲刚度；P 为集中荷载；L 为等效梁两支座距离；δ_c 为梁中位置位移；a 为加载位置与支座间距离；EI 为无损管片衬砌抗弯刚度。

相关学者经过试验研究提出了模拟盾构隧道管片衬砌环节接头的三种方式，分别为管片衬砌外部割槽、内外割槽及根据管片衬砌受力进行的内外分区割槽[19]，如图 2.8 所示。

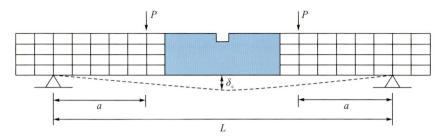

（a）模型切口计算原理

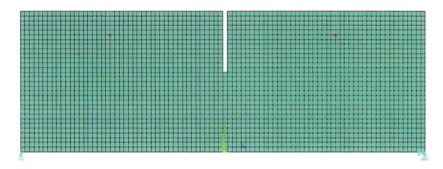

（b）模型切口数值模拟

图 2.7　接头抗弯刚度计算示意图

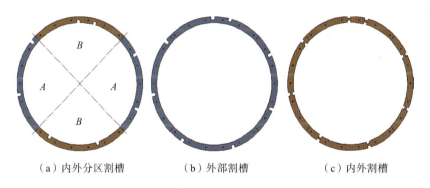

（a）内外分区割槽　　　　　（b）外部割槽　　　　　（c）内外割槽

图 2.8　相似模型管片衬砌接头处理方式

　　根据调研发现，盾构隧道在正常试用阶段，管片衬砌环向接缝的最大张开量不超过 2mm，且在管片衬砌环向接头失效之后继续加载，接缝张开量迅速增加[20]。此时，对于管片衬砌发生内侧张开的盾构隧道，外部割槽方式并不适用，内外割槽方式也不能体现出盾构隧道管片衬砌环向接头的受压性质。因此，根据盾构隧道管片衬砌不同位置的弯矩典型分布规律[21]，对模型管片衬砌进行内外分区割槽，使接头处的破坏更能还原实际工程中环向接头工作状态。实际地层中管片衬砌结构典型弯矩分布规律如图 2.9（a）所示，将整环管片衬砌结构沿正、负 45°方向分为四个区域，分别对四个区域受拉一侧进行割槽，如图 2.9(b) 所示。其中，等效割槽的位置根据管片衬砌拼装方式确定，等效割槽的深度根据抗弯刚度等效原理通过计算予以确定，管片衬砌正弯曲刚度、负弯曲刚度及对应槽缝深度如表 2.6 所示。

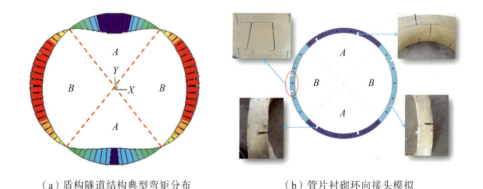

（a）盾构隧道结构典型弯矩分布　　　　　（b）管片衬砌环向接头模拟

图 2.9　盾构隧道管片衬砌环向接头处理

表 2.6　管片衬砌割槽深度计算

割槽参数	狮子洋隧道		武汉长江公铁隧道	
	正弯矩	负弯矩	正弯矩	负弯矩
弯曲角刚度/(N·m/rad)	2.48×10^8	1.58×10^8	2.48×10^8	1.58×10^8
原型管片衬砌缝深度/m	0.30	0.32	0.30	0.32
模型试验割槽深度/m	0.015	0.016	0.011	0.011
割槽位置	内部割槽	外部割槽	内部割槽	外部割槽

2.3.2　管片衬砌纵向接头处理

参考已有管片衬砌纵向接头研究成果[22]，实际工程中管片衬砌在纵向接头处的错动很小，接近于零，因此在模型试验中可以将管片衬砌纵向接头的剪切刚度视为无穷，即认为各环管片衬砌在纵向接头处不产生错动。这样会使试验结果比实际结果稍大，但并不会产生较大的误差，且对盾构隧道管片衬砌的横向力学特性影响很小，可以忽略。在本次模型试验中，选用满足对应相似比的细钢棒进行模拟，具体为：在模型上相应纵向接头的位置选用直径为 0.4cm、长度为 4cm 的细钢棒从纵向进行各管片衬砌环间的连接，如图 2.10 所示。

图 2.10 管片衬砌纵向接头分布及安装过程

2.4 模型试验加载装置

2.4.1 土压施加装置

相似模型试验装置采用西南交通大学教育部重点实验室自主研制的盾构隧道管片衬砌-地层-水相似模型试验系统，如图 2.11 所示。该装置采用卧式加载方式，在 Ⅰ、Ⅱ、Ⅲ 三个加载方向完成三向加载，如图 2.12 所示，每个方向均由液压千斤顶通过荷载分配梁或盖板将荷载均匀施加到模型土体边界上，千斤顶输出荷载最小精度为 0.2MPa。其中，Ⅰ、Ⅱ方向千斤顶各分为两组并对置，Ⅰ方向模拟隧道所受到的垂直荷载，其量值根据盾构的地层条件及埋深等因素确定，Ⅱ方向模拟隧道所受到的水平荷载通常为 Ⅰ 方向荷载值乘地层的侧压力系数；Ⅲ方向荷载通过盖板作用在下部土体上，其作用是控制试件的纵向位移为零，保证隧道衬砌结构在试验加载状态下处于平面应变状态，Ⅲ方向荷载值需大于 Ⅰ、Ⅱ方向荷载值。

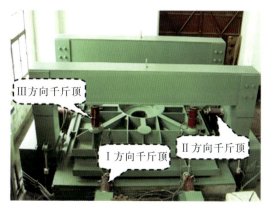

图 2.11 盾构隧道管片衬砌-地层-水相似模型试验系统

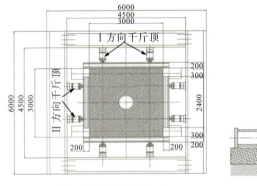
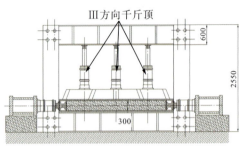

（a）试验加载装置平面　　　　　　　　　（b）试验加载装置侧面

图 2.12　试验加载装置（单位：mm）

2.4.2　水压施加装置

盾构隧道管片衬砌结构在地层中还承受一定水压力作用，在重力作用下，管片衬砌四周的水压力分布形态通常呈现为顶部小底部大的"灯泡"状，可将其分解为均匀水压力和非均匀水压力，如图 2.13 所示。其中，非均匀水压力是由盾构隧道管片衬砌结构外径高度产生的，因此隧道断面越大，非均匀水压影响越显著。

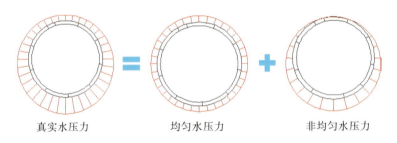

真实水压力　　　　　　　均匀水压力　　　　　　　非均匀水压力

图 2.13　水压加载

均匀水压荷载的加载装置采用西南交通大学自主设计的旋转式均布水压加载装置，如图 2.14 所示。该装置能够实现直径为 1450mm、幅宽为 200mm 的盾构隧道管片衬砌环模型的环向均布力加载，并且其加载强度能够达到管片衬砌环模型(石膏材料)的破坏强度。水压的施加主要通过钢绞线箍紧管片衬砌环来实现，钢绞线沿管片衬砌环纵向均匀分布，用于环箍加载从而模拟均布压力。为保证钢绞线受力一致，钢绞线中部设置了测试段，能够测试钢绞线的应力和应变，并且在钢绞线端头设置了可以调节其拉伸程度的锚具。

当断面较大时，考虑非均匀水压的作用很有必要，根据狮子洋隧道与武汉长江公铁隧道工程的管片衬砌特点和水压情况，模型试验研制了非均匀水压装置，与均匀水压装置联合使用，更真实地模拟了实际的水压和土压作用，如图 2.15 所示。非均匀水压施加装置的操作布置如下：预埋施力钢绞线[图 2.16(a)]、引出施力钢绞线 [图 2.16(b)]、安装钢绞线网兜 [图 2.16(c)]、施加砝码 [图 2.16(d)]。

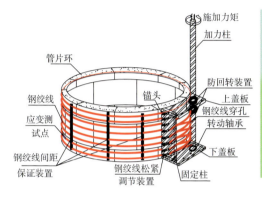 

图 2.14 均布水压加载装置

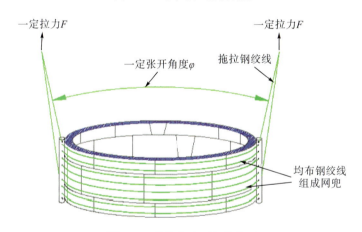

图 2.15 非均匀水压加载装置

 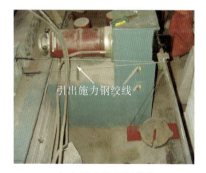

（a）预埋施力钢绞线　　　　　　（b）引出施力钢绞线

 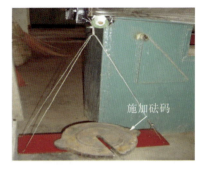

（c）安装钢绞线网   （d）施加砝码

图 2.16   非均匀水压施加流程

2.5   试验量测及实施

为有效揭示双层衬砌盾构隧道力学特性，分别对管片衬砌与土体及管片衬砌与二次衬砌的接触压力、管片衬砌与二次衬砌内力、位移及加载过程中的声发射信息进行采集。测点布置如下。

（1）接触压力。管片衬砌与土体间的接触压力，在管片衬砌外周面从拱顶开始每间隔 45°布置一个精密土压力盒，一环布置 8 个测点；管片衬砌与二次衬砌之间的接触压力，采用厚度为 4.5mm 的精密土压力盒，将其按照每间隔 45°的方式布设在管片衬砌与二次衬砌的预留间隙之间，如图 2.17 所示。

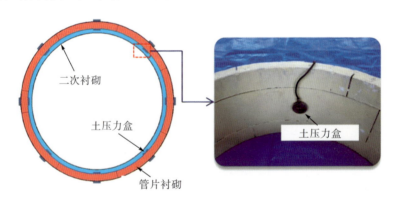

图 2.17   土压力盒布置

（2）管片衬砌与二次衬砌内力。在试验中通过采集管片衬砌及二次衬砌结构内外周面的应变数据，根据式(2.18)和式(2.19)计算出原型管片衬砌的轴力与弯矩。

$$N = \frac{1}{2}E(\varepsilon_{内} + \varepsilon_{外})bh \tag{2.18}$$

$$M = \frac{1}{12} E(\varepsilon_内 - \varepsilon_外) bh^2 \tag{2.19}$$

式中，$\varepsilon_内$ 为衬砌内侧应变值；$\varepsilon_外$ 为衬砌外侧应变值；b 为单位长度，取 1m；h 为衬砌厚度，按设计取值；E 为衬砌的弹性模量，根据设计取值。

应变片的布置方式如图 2.18(a) 所示。其中，管片衬砌结构内侧、外侧沿环向以 15° 为间隔对称布置，二次衬砌沿环向 30° 等角度布置 12 个测点。二次衬砌采用现浇施工，浇筑完成后其内外侧应变片不易进行粘贴，因此本次试验提前预制了相同厚度的二次衬砌石膏试块，石膏块中放入了柔性细铁丝以增加与现浇石膏的接触应力。待石膏达到预期强度后贴片焊线，在浇筑内衬时放入测试位置与现浇石膏一起浇筑成型，如图 2.19 所示。

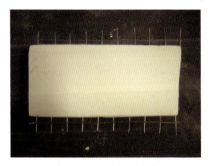

（a）石膏预制块的制作　　　　　（b）石膏预制块粘贴应变片

图 2.18　石膏预制块的制作与应变片粘贴

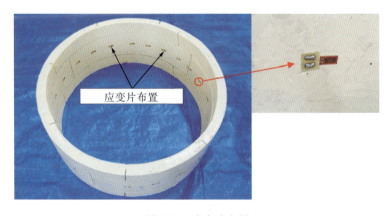

图 2.19　应变片布置

(3) 管片衬砌及二次衬砌径向位移。考虑到结构的对称性，从拱顶开始至拱底，沿管片衬砌环内侧逆时针方向每隔 45° 布设一个精度为 0.001mm 的差动变压器式位移传感器进行测量，另一侧拱腰位置单独布设一个测点，一环管片衬砌布置 6 个测点，如图 2.20 所示；二次衬砌施作后将传感器布置在二次衬砌内侧，布置形式同管片衬砌，再重新用位移传感器测量位移，并以未施作二次衬砌时管片衬砌最终位移作为二次衬砌初始值进行计算。

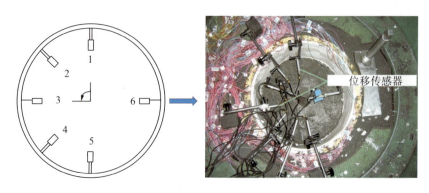

图 2.20　位移传感器布置

　　(4)声发射信息。声发射现象是指材料受外荷载作用结构发生微观或宏观损伤及断裂时瞬间以弹性波的表现形式释放应变能的表征，是材料破坏过程中裂纹不稳定扩展的外在表现，通过传感器所接收的声发射信号参数(包括声发射事件数、能量、幅值等)，可以反映双层衬砌结构在外荷载作用下结构内部裂纹扩展情况及其损伤程度。本试验采用美国物理声学公司(PAC)生产的 16 通道全数字化声发射监测仪，声发射门槛值设置为 35dB。根据试验的侧重点，在双层衬砌结构内周面拱顶、拱底及拱腰部位根据试验要求布置声发射传感器，固定装置和声发射传感器之间的弹簧可以使声发射传感器与监测面之间的接触压力保持为 10～20N。同时，采用凡士林作为声发射传感器耦合剂，以排除传感器与监测面之间的空气对声发射信号的反射效应，试验数据采集系统如图 2.21 所示。

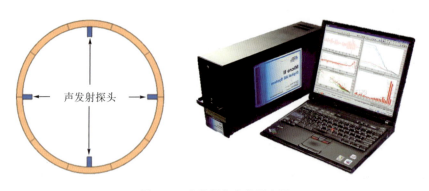

图 2.21　声发射信息监测布置

2.6　模型试验流程

模型试验流程如图 2.22 所示。

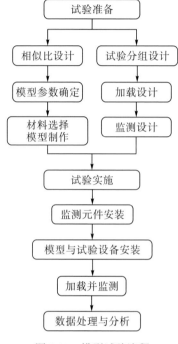

图 2.22　模型试验流程

1. 相似试验配合比试验

管片衬砌混凝土相似材料制作过程如下：按照配比称量材料，将其搅拌均匀；制作石膏试件，将其烤干，并在试件上粘贴应变片；在压力机上进行石膏试件加载试验，分析试件力学参数，与实际要求进行比较，调整配比方案，进入循环试验，直到石膏试件力学参数符合试验要求。

地层相似材料制作过程如下：称量材料并搅拌均匀；指标测试，包括直剪试验、贯入度、含水率、塑性、液性测试等；根据测得的参数重新设计配合比，反复试验直至满足试验要求。

2. 管片衬砌结构相似模型制作

制作流程如下：称量材料；制作钢筋网；浇注模型、拆模；烘干管片衬砌、管片衬砌表面打磨和涂油；进行管片衬砌接头处切割槽缝；对管片衬砌进行组装，通缝采用一个整环，错缝采用一个整环加两个半环；在选定位置粘贴应变片；焊接导线；仪器检测。

3. 土体上料

根据地层相似材料的松铺系数，在试验槽四周拉线控制上料数量，人工找平以后用打夯机一次压实，以避免多次压实出现分层现象，压实容重由环刀法取样控制，压实以后吊装上部钢板，然后安装竖向千斤顶约束竖向位移。

4. 放置管片衬砌模型

在地层土体中央开挖模型管片衬砌环大小的空地；在指定位置埋设土压力盒，用于测量土压力；将管片衬砌结构模型放置其中；进行接线和安装工作，连接管片衬砌应变仪，安装差动变压器式位移传感器或激光位移传感器。

5. 加载试验

根据模型试验的研究内容，利用液压千斤顶来施加外部荷载，加载过程中采用分级加载的方式；在施加每级荷载后观察连续采集的应变、土压力及声发射，根据监测试验数据判断试验结构是否达到稳定状态；判断试验结构稳定后，记录监测试验数据并加载下一步试验荷载；重复上述步骤。同时，有专人负责观察管片衬砌是否出现裂缝、剥落等现象，尤其是加载到后期荷载比较大时，管片衬砌进入失稳阶段，观察和记录结构失稳形态。

6. 数据整理和分析

对试验数据进行整理和处理，通过分析和比较得出结论。

2.7 模型试验加载

模型试验加载主要根据盾构隧道标准断面所在地层的地质条件，采用土压力和水压力分别施加的方式来模拟盾构隧道受到外荷载的状态。在此之前，需限制试验模型，使其在整个试验过程中始终处于平面应变状态，即管片衬砌相对于地层的纵向位移为零。因此，在整个加载过程中，首先施加Ⅲ方向的荷载，以确保管片衬砌在加载过程中处于平面应变状态；随后施加均匀水压与非均匀水压，模拟管片衬砌实际工作状态中所承受的水压力；采用分级加载的方式，同时在Ⅰ方向和Ⅱ方向施加土压，加载过程中Ⅰ、Ⅱ方向施加荷载值保持恒定比例，主要模拟隧道结构在地层中侧压力系数的作用。加载至设计工作荷载并稳定后，按照相应模型试验方案，施作二次衬砌并继续加载，直至试验模型中管片衬砌及二次衬砌的整体失稳破坏。加载工况如表 2.7 所示。根据土层分布情况计算出上覆土荷载理论值，通过在拱顶埋设土压力盒获得拱顶处土压力与上覆土荷载理论值得到隧道竖向等效土柱高度，试验中根据不同的埋深计算土压力，最后将土压力转换为等效的千斤顶压力予以施加。

表 2.7 试验加载工况

加载步	模拟覆土厚度 /m	现场拱顶压力 值/MPa	试验拱顶压力 理论值/kPa	模拟覆土厚度与标准 设计荷载之比/%	千斤顶压 力/MPa
0	0	0	0	0	0
1	3	28.8	1.44	11	0.6
2	11	110.4	5.52	36	1.0
3	17	173.4	8.67	58	1.4
4	25	237.2	11.86	84	1.8
5	30	289.2	14.46	100	2.2
6	37	374.0	18.70	125	2.6
7	43	435.8	21.79	144	3.0
8	50	499.0	24.95	168	3.4
9	60	585.8	29.29	200	3.8
10	70	679.2	33.96	234	4.2
11	85	837.6	41.88	285	4.6
12	95	946.2	47.31	319	5.0
13	105	1056.6	52.83	351	5.4
14	115	1146.8	57.34	384	5.8
15	125	1226.6	61.33	414	6.2
16	135	1307.4	65.37	450	6.6
17	142	1378.2	68.91	473	6.8
18	150	1461.2	73.06	500	7.0
19	155	1504.0	75.20	517	7.2
20	164	1594.0	79.70	547	7.4
21	174	1692.2	84.61	580	7.6
22	187	1784.6	89.23	623	7.8

参 考 文 献

[1] 杨兵. 土木工程相似理论与模型试验[M]. 北京: 科学出版社, 2021.

[2] 何川, 张建刚, 杨征. 武汉长江隧道管片衬砌结构力学特征模型试验研究[J]. 土木工程学报, 2008, 41 (12): 85-90.

[3] 王士民, 申兴柱, 何祥凡, 等. 不同拼装方式下盾构隧道管片衬砌受力与破坏模式模型试验研究[J]. 土木工程学报, 2017, 50(6): 114-124.

[4] 何川, 刘川昆, 王士民, 等. 裂缝数量对盾构隧道管片结构力学性能的影响[J]. 中国公路学报, 2018, 31(10): 210-219.

[5] 梁东, 金浩, 肖军华, 等. 软土地区侧压损失对盾构隧道受力及变形的影响[J]. 工程力学, 2019, 36(5): 148-156, 175.

[6] 刘学增, 赖浩然, 桑运龙, 等. 不同变形条件下盾构隧道粘钢加固效果的模型试验研究[J]. 岩土工程学报, 2020, 42(11): 2115-2123.

[7] 韩兴博, 陈子明, 叶飞, 等. 黄土盾构隧道开挖围岩扰动特性模型试验研究[J]. 岩土工程学报, 2024, 46(5): 968-977.

[8] 周济民. 水下盾构法隧道双层衬砌结构力学特性[D]. 成都: 西南交通大学, 2012.

[9] 于清洋. 盾构隧道双层衬砌结构横向相互作用机理研究[D]. 成都: 西南交通大学, 2016.

[10] 张景, 封坤, 何川, 等. 内爆炸作用下公轨合建盾构法隧道非封闭式内衬结构动力响应及抗爆性能分析[J]. 振动与冲击, 2017, 36(9): 231-238, 266.

[11] 袁文忠. 相似理论与静力学模型试验[M]. 成都: 西南交通大学出版社, 1998.

[12] 王士民, 申兴柱, 彭博, 等. 侧压力系数对盾构隧道管片衬砌受力及破坏形态的影响研究[J]. 铁道学报, 2019, 41(7): 102-109.

[13] 马晓斌, 王士民, 刘畅, 等. 地层侧压力系数对盾构隧道双层衬砌结构力学特性影响模型试验研究[J/OL]. (2024-03-18)[2024-09-01]. http://kns.cnki.net/kcms/detail/32.1124.TU.20240315.0912.002.html.

[14] 叶飞, 杨鹏博, 毛家骅, 等. 基于模型试验的盾构隧道纵向刚度分析[J]. 岩土工程学报, 2015, 37(1): 83-90.

[15] 黄大维, 周顺华, 冯青松, 等. 盾构隧道与地层相互作用的模型试验设计[J]. 铁道学报, 2018, 40(6): 127-135.

[16] 中华人民共和国建设部. 混凝土结构设计规范: GB 50010—2010[S]. 北京: 中国建筑工业出版社, 2011.

[17] 地盘工学会. シールドトンネルの新技術[M]. 东京: 鹿岛出版社, 1997.

[18] 王士民, 徐国文, 何薇, 等. 盾构隧道管片衬砌力学试验模型: CN203069393U[P]. 2013-07-17.

[19] 封坤, 何川, 苏宗贤. 南京长江隧道原型管片结构破坏试验研究[J]. 西南交通大学学报, 2011, 46(4): 564-571.

[20] 徐国文, 王士民, 代光辉, 等. 基于内外分区割槽方式的盾构隧道接头环向模拟方法研究[J]. 铁道学报, 2016, 38(4): 90-97.

[21] 唐志成, 何川, 林刚. 地铁盾构隧道管片结构力学行为模型试验研究[J]. 岩土工程学报, 2005, 27(1): 85-89.

[22] 何川, 张建刚, 苏宗贤. 大断面水下盾构隧道结构力学特性[M]. 北京: 科学出版社, 2010.

第3章 盾构隧道双层衬砌结构
接触面力学特性

盾构隧道的接触面力学性能一直是人们重点关注的问题，直接影响到衬砌结构的受力与变形，进而影响隧道的防水与安全[1]。盾构隧道是修建于地下岩土体中的建筑物，管片衬砌是在盾构掘进后以机械化方式迅速拼装成环。因此，目前关于盾构隧道的接触面力学性能的研究主要涉及围岩-管片衬砌、管片衬砌-管片衬砌两个方面[2-6]。随着盾构隧道双层衬砌这一特殊结构的出现，管片衬砌与二次衬砌之间的接触面力学性能也逐渐引起人们的注意[7-9]。了解盾构隧道双层衬砌结构接触面力学特性有助于二次衬砌结构的设计与优化。与单层装配式管片衬砌不同，盾构隧道双层衬砌由管片衬砌与二次衬砌两部分组成，二次衬砌所承担的荷载由管片衬砌与二次衬砌之间的接触面进行传递，受现场施工方式的影响，管片衬砌与二次衬砌之间接触面处理方式存在较大差异，进而导致其结构体系有所不同，对相同荷载条件下的力学响应及破坏形态影响显著。因此，探究不同接触面形式下的结构传力机制对于了解盾构隧道双层衬砌结构力学特性十分重要。本章采用文献调研、室内试验的方法，研究盾构隧道双层衬砌结构接触面不同处理方式下的结构力学行为，为盾构隧道双层衬砌结构形式的选择、设计及优化提供指导。

3.1 双层衬砌结构接触面作用模型

3.1.1 双层衬砌接触面相互作用关系

1. 接触面相互作用模型

盾构隧道双层衬砌结构相互作用力学特性和管片衬砌与二次衬砌之间接触面的处理方式密切相关。根据接触面处理方式的不同，目前将接触面相互作用模型分为三种，即抗压缩模型、局部抗弯模型和抗剪压模型。三种模型的定义与二次衬砌施工过程中对管片衬砌凹槽(螺栓手孔、注浆孔、起吊孔)等位置的处理方式有关[10-12]。

1)抗压缩模型

抗压缩模型假定管片衬砌与二次衬砌之间只传递法向压力，不考虑剪力和弯矩，在施工过程中主要有两种作业方式：第一种是将管片内表面的螺栓手孔、注浆孔、起吊孔等凹槽全部用水泥填充抹平；第二种则是在管片衬砌与二次衬砌之间设置隔离防水垫层，两种作业方式均可以使管片衬砌与二次衬砌的接触变得平顺。对于这种平顺接触方式下的双层衬砌相互作用模型，目前采用沿周向均布的不抗拉弹簧。管片衬砌与二次衬砌层间连接的每一个压缩弹簧，均可假定其压缩刚度等于单个单元对应的内外层压缩区混凝土柱的抗压刚度。为了方便，假定内外层压缩区厚度分别等于内外衬砌环厚度的 1/2，如图 3.1(a) 所示，则混凝土柱单元的压缩刚度表示如下：

$$k_i = \frac{E_i A}{t_i} \tag{3.1}$$

$$k_o = \frac{E_o A}{t_o} \tag{3.2}$$

式中，k_i、k_o 分别为内、外衬压缩区混凝土柱单元压缩刚度，kN/m；E_i、E_o 分别为内、外衬混凝土弹性模量，kN/m^2；t_i、t_o 分别为内、外衬压缩区混凝土厚度，m；A 为混凝土柱的截面面积，m^2。

进一步，由串联弹簧刚度系数计算公式得

$$k = \frac{k_i k_o}{k_i + k_o} = \frac{E_i E_o A}{E_i t_o + E_o t_i} \tag{3.3}$$

式中，k 为混凝土单元总刚度，kN/m。

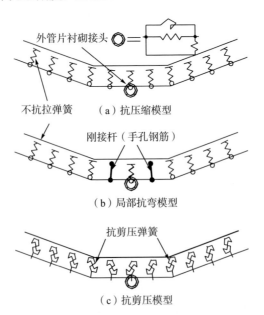

图 3.1　管片衬砌与二次衬砌接触面相互作用模型

2) 局部抗弯模型

在二次衬砌施工过程中，会出现部分钢筋伸入管片衬砌手孔、注浆孔、起吊孔等凹槽的现象，这些部位不仅可以传递轴力，还能传递剪力和弯矩。对于这种接触现象，需要对钢筋伸入部位做特殊处理，目前的研究中选择刚接杆模拟，在其余部位仍设置为不抗拉弹簧，如图 3.1(b)所示。刚接杆的刚度按梁单元刚度计算，梁单元的面积等于手孔截面积，长度为内外衬厚度的 1/2，弹性模量取二次衬砌混凝土弹性模量。

3) 抗剪压模型

浇筑二次衬砌前抹平外管片衬砌内较大的凹槽(如螺栓手孔、注浆孔、起吊孔等)，其余部位凿毛或者不做处理。此时内外层之间能传递压力及部分剪力，双层之间的作用选择沿接触面均布的抗压抗剪组合弹簧模拟，如图 3.1(c)所示。

抗剪弹簧刚度系数的确定比较复杂，其大小除了与接触面状况有关外，还与接触面的正应力大小有关。接触面所能承受的最大剪应力符合莫尔-库仑强度准则：

$$\tau_m = \tau_0 + \sigma_n \mu \tag{3.4}$$

式中，τ_m 为接触面的剪切强度，kN/m^2；τ_0 为接触面混凝土的胶结力，kN/m^2；σ_n 为接触面的垂直应力，kN/m^2；μ 为摩擦系数，量纲一。

当双层间无隔离垫层时，$\tau_0 = 780 kN/m^2$，$\mu = 0.75$。当接触面的剪力小于 τ_m 时，接触面间无相对位移；当接触面的剪力大于 τ_m 时，产生相对滑动。因此，剪切弹簧刚度可表示为

$$\begin{cases} k_s = \infty, & \tau \leqslant \tau_m \\ k_s = 0, & \tau > \tau_m \end{cases} \tag{3.5}$$

当 $\tau > \tau_m$ 时，接触面产生相对滑动，层间胶结力丧失，但摩擦力仍存在。此外，在计算中剪切弹簧刚度只能用一个很大的数表示，因此对式(3.5)修正如下：

$$\begin{cases} k_s = k_m, & \tau \leqslant \tau_m \\ k_s = \mu A_i \sigma_n / s_m, & \tau > \tau_m \end{cases} \tag{3.6}$$

式中，s_m 为接触面的剪切位移，m；A_i 为单个剪切弹簧对应的剪切面积，m^2；k_s 为单个剪切弹簧刚度，kN/m；k_m 为比接头抗剪刚度大很多的值，kN/m。

2. 接触面相互作用模型的等效形式

为了便于研究管片衬砌与二次衬砌接触面的性质，以上三种接触面相互作用模型可进一步简化等效成复合双层衬砌结构和叠合双层衬砌结构两种形式。其中，抗压缩模型下的盾构隧道双层衬砌，管片与二次衬砌之间的接触面较为光滑，盾构隧道在二次衬砌施作前将外管片衬砌内表面的螺栓手孔、注浆孔、起吊孔等凹槽全部用水泥填充抹平或者设置隔离防水垫层，内衬与管片不能形成有效

的整体，实际上只是一种复合结构；局部抗弯模型和抗剪压模型下的双层衬砌可以类似于山岭隧道中根据围岩级别设置必要的支护构件，然后根据耐久性及平整度的要求，再施作(喷射或模筑)一层或多层混凝土，构成层间具有很强黏接力和摩擦力可充分传递剪力的支护体系。复合双层衬砌结构与叠合双层衬砌结构的本质区别在于支护层之间的接合程度不同。

1) 复合双层衬砌结构

对于复合双层衬砌结构，在管片衬砌与二次衬砌之间填充了其他材料(防水板等)，其接触面之间比较光滑，支护体系的承载机理类似于组合梁板单元，此时压缩区域的刚度系数不仅受到内外衬的影响，同时也受到填充材料的影响，其径向压缩关系可简化为图 3.2 所示的力学模型进行分析。

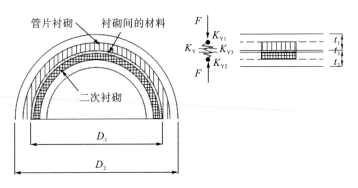

图 3.2 双层衬砌压缩区弹簧刚度计算示意图

管片衬砌与二次衬砌中间夹层的压缩刚度为

$$K_{Y3} = \frac{E_3 \cdot A_Y}{t_3} \tag{3.7}$$

式中，K_{Y3} 为内外衬中间夹层单元的压缩刚度，kN/m；E_3 为内外衬弹性模量，kN/m^2；t_3 为内外衬中间夹层单元的厚度，m。

由串联弹簧刚度系数计算公式可得混凝土柱单元径向压缩总刚度：

$$K_Y = \frac{1}{\dfrac{1}{K_{Y1}} + \dfrac{1}{K_{Y2}} + \dfrac{1}{K_{Y3}}} = \frac{K_{Y1} \cdot K_{Y2} \cdot K_{Y3}}{K_{Y1} \cdot K_{Y3} + K_{Y2} \cdot K_{Y3} + K_{Y1} \cdot K_{Y2}} = \frac{K_{Y1} \cdot K_{Y2}}{K_{Y1} + K_{Y2} + \dfrac{K_{Y1} \cdot K_{Y2}}{K_{Y3}}}$$

$$\tag{3.8}$$

由式(3.8)可以看出，在内外衬中间夹层材料的刚度无限大或厚度无限小的情况下，叠合结构与复合结构的径向压缩刚度是一致的。

2) 叠合双层衬砌结构

在管片衬砌修筑完成后，二次衬砌直接现场浇筑，中间层没有防水卷材时，可视为叠合双层衬砌结构，由于管片衬砌与二次衬砌之间接触面不平整、不光滑，构成层间具有较强黏结力和摩擦力，并且可以充分传递剪力，其承载机理类似于叠合梁板单元。径向压缩关系可简化为图 3.3 所示的力学模型进行分析，图中 D_1、D_2 分别为管片衬砌与二次衬砌的外径，B 为管片衬砌的幅宽。假定层间压缩刚度等于内外衬 1/2 厚度压缩区内混凝土柱的压缩刚度，如式(3.9)所示，内外衬压缩区域内单元的压缩刚度为

$$
\begin{aligned}
K_{Y1} &= \frac{E_1 \cdot A_Y}{t_1'} = \frac{2E_1 \cdot A_Y}{t_1} \\
K_{Y2} &= \frac{E_2 \cdot A_Y}{t_2'} = \frac{2E_2 \cdot A_Y}{t_2}
\end{aligned}
\tag{3.9}
$$

式中，K_{Y1}、K_{Y2} 分别为管片衬砌与二次衬砌压缩区单元的压缩刚度，kN/m；E_1、E_2 分别为管片衬砌与二次衬砌混凝土的弹性模量，kN/m^2；t_1、t_2 分别为管片衬砌与二次衬砌的厚度，m；t_1'、t_2' 分别为管片衬砌与二次衬砌压缩区的混凝土厚度，m；A_Y 为压缩区域内的截面面积，m^2。

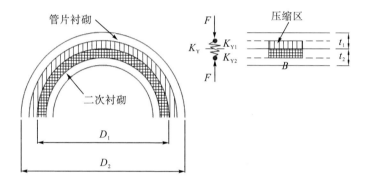

图 3.3　叠合双层衬砌层间压缩刚度计算示意图

将式(3.8)和式(3.9)进行组合，可得

$$
K_Y = \cfrac{1}{\cfrac{1}{K_{Y1}} + \cfrac{1}{K_{Y2}}} = \frac{K_{Y1} \cdot K_{Y2}}{K_{Y1} + K_{Y2}} = \frac{2E_1 \cdot E_2 \cdot A_Y}{E_1 \cdot t_2 + E_2 \cdot t_1}
\tag{3.10}
$$

式中，K_Y 为双层衬砌层间压缩总刚度，kN/m。

3.1.2　双层衬砌管片与二次衬砌接触面模拟方法

依据上述不同层间传力类型，结合数值计算模拟单元自身特性，现阶段对双层衬砌层间接触面的模拟方式归纳为 5 类，各模拟方式适用性如下。

（1）层间设置梁单元。如图 3.4 所示，管片衬砌与二次衬砌之间通过径向梁单元进行连接，模拟层间刚性接触，传递轴力、剪力和弯矩。该模型用于双层衬砌内力分析，存在明显不足之处：①梁两端与管片衬砌和二次衬砌连接处产生的

弯矩分配将造成共同节点处弯矩值发生突变；②由于梁单元不仅可以传递压力，还可以产生拉力，数值计算中无法避免梁单元受拉，从而发生管片衬砌与二次衬砌之间出现拉力的情况，不符合工程实际；③梁单元抗剪切性能与截面面积大小有关，而关于双层衬砌层间梁单元截面尺寸的取值缺乏依据，造成计算结果误差较大，故此模型使用存在一定的局限性。

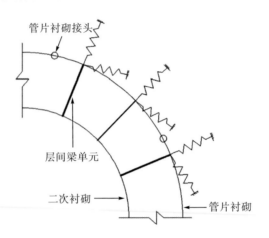

图 3.4   层间设置梁单元

(2)层间设置径向压杆单元。如图 3.5 所示，管片衬砌与二次衬砌之间通过径向杆单元进行连接，杆单元只能传递轴力，不能传递剪力和弯矩。在数值计算中，可通过单元性能设置使其仅传递径向压力，而不产生拉力，与双层衬砌层间实际情况相符。由于无法模拟混凝土管片衬砌与现浇二次衬砌之间的剪切作用，故此模型适用于模拟层间设置防水垫层的复合双层衬砌。

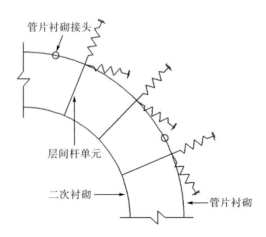

图 3.5   层间设置径向压杆单元

（3）层间设置摩擦接触单元。如图 3.6 所示，该模型的特点是建模时将管片衬砌与二次衬砌模拟单元相互重叠，通过设置面接触单元实现对层间传力效应的模拟，层间剪切作用力大小由摩擦系数和径向压力控制，主要通过调整摩擦系数改变层间模拟状态。但现阶段关于层间摩擦系数取值的研究甚少，由于没有可靠的取值依据，摩擦系数设定的合理性难以保障，模拟准确性较低。此外，在计算时，由于管片衬砌完全承载后产生一定的变形，之后再激活二次衬砌则设置好的面接触单元会因存在间隙而无法正常求解，故无法用于模拟管片衬砌与二次衬砌分步施作的情况。

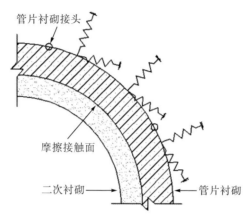

图 3.6   层间设置摩擦接触单元

（4）层间设置径向弹簧和切向弹簧。如图 3.7 所示，此模型在管片衬砌与二次衬砌之间设置径向弹簧以实现径向力的传递，设置切向弹簧模拟层间剪切力，可通过调节弹簧刚度系数实现对不同层间结合刚度的模拟。不足之处是数值计算中径向弹簧单元可能出现拉伸状态，造成接触面之间传递拉力，与工程实际不符。

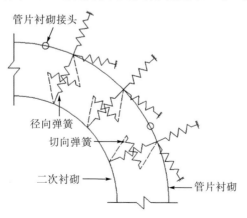

图 3.7   层间设置径向弹簧和切向弹簧

(5)层间设置径向压杆和切向弹簧。如图 3.8 所示，管片衬砌与二次衬砌之间设置径向杆单元和切向弹簧单元，其中，径向杆单元可在数值计算软件中设置为仅传递轴向压力，有效解决了使用径向梁和弹簧单元可能产生层间拉力的问题。使用切向弹簧单元连接管片衬砌与二次衬砌可模拟层间剪切作用，且该剪切作用的强弱与层间剪切位移大小有关，符合真实工程情况。

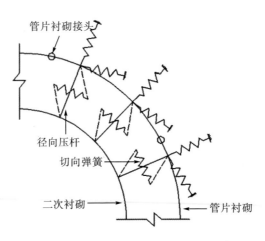

图 3.8　层间设置径向压杆和切向弹簧示意图

3.2　试　验　设　计

3.2.1　试验分组

为探究复合结构与叠合结构在不同荷载作用下的结构力学特性，本章设计试验如表 3.1 所示，根据狮子洋隧道地质情况，以 50m 水头和 30m 土柱高度为盾构隧道双层衬砌常时设计荷载，主要研究在外部荷载作用下，二次衬砌施作时机分别为 0%、100%这两种工况的盾构隧道双层衬砌复合结构与叠合结构受力变化和管片衬砌破坏形态。

表 3.1　试验方案分组

试验分组	接触面接触形式	拼装方式	侧压力系数	施作时机/%	中间目标环 K 块位置
1	复合			0	
2	叠合	错缝拼装：前后邻接环相对中间目标环管片顺时针旋转 49.08°布置	0.4	0	左拱腰位置
3	复合			100	
4	叠合			100	

3.2.2 管片衬砌与二次衬砌接触面试验表征

1. 叠合双层衬砌结构

盾构隧道在管片衬砌拼装完成之后，在管片衬砌的内侧直接进行二次衬砌浇筑，管片接头缝隙及管片衬砌手孔空隙都会填充混凝土，二次衬砌养护完毕，管片衬砌和二次衬砌接触面会形成较强的黏聚力，并能够传递剪力。为模拟叠合结构接触面的作用方式，本试验预先用锉刀在目标环上割划一些局部凹槽，使其粗糙不平，使二次衬砌与管片衬砌结构在该位置处相互咬合，以实现二者的叠合[13,14]，如图 3.9 所示。

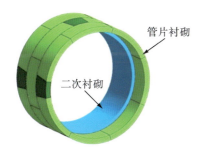

图 3.9　管片衬砌与二次衬砌叠合接触面

2. 复合双层衬砌结构

现场施工为了保证盾构隧道管片衬砌和二次衬砌之间的防水性能，通常需要在两者之间加设防水层。防水层的光滑性，使得管片衬砌与二次衬砌之间不具有黏聚力，进而无法传递剪力，同时管片衬砌与二次衬砌之间只能够传递压力作用。在相似模型试验中，用砂纸打磨管片衬砌模型的内弧面，使其尽量光滑，并铺设一层光滑的塑料薄膜，进而模拟层间防水层[13,14]，复合结构模拟如图 3.10 所示。

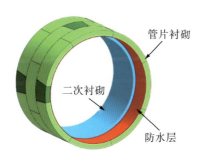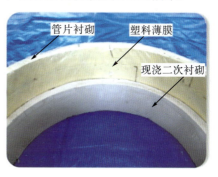

图 3.10　管片衬砌与二次衬砌复合接触面

3.3   试验结果分析

3.3.1   双层衬砌内力分析

图 3.11 和图 3.12 分别为二次衬砌施作时机为 0%时，双层衬砌复合结构与叠合结构衬砌关键点管片衬砌内力变化曲线。由图可知，两组试验管片衬砌弯矩的变化趋势基本一致，两组弯矩差距较小，而管片衬砌轴力随加载步的变化趋势差别较大，如第 6 加载步复合结构管片衬砌关键点最大轴力为 1653.663kN，叠合结构管片衬砌关键点最大轴力为 3404.661kN，E 点可定义为两组试验管片衬砌结构弹性与塑性力学阶段的分界点，在 E 点之前管片弯矩和轴力变化比较均匀，在 E 点之后管片衬砌内力出现突变，发生非均匀变化。

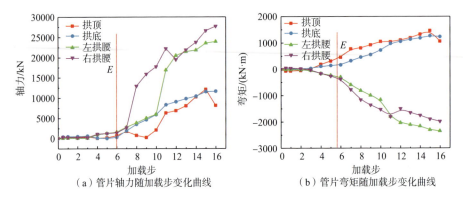

（a）管片轴力随加载步变化曲线　　　　（b）管片弯矩随加载步变化曲线

图 3.11   第 1 组(复合结构)管片内力随加载步变化曲线

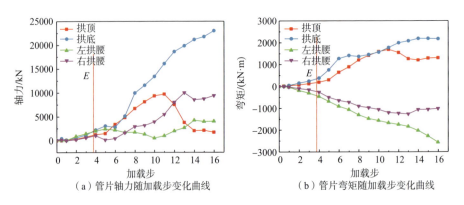

（a）管片轴力随加载步变化曲线　　　　（b）管片弯矩随加载步变化曲线

图 3.12   第 2 组(叠合结构)管片内力随加载步变化曲线

二次衬砌施作时机为 0%时复合结构与叠合结构管片衬砌弹性力学分界点如表 3.2 所示。由表 3.2 可以得出，第 1 组试验弹性与塑性力学分界点对应加载步相对于第 2 组较大，双层衬砌最大正弯矩及最大位移均大于第 2 组，而其分界点处平均轴力量值相对于第 2 组较小，可见双层衬砌复合结构与叠合结构由于接触面作用方式不同，管片衬砌结构形式受力有所差别，主要影响集中在双层衬砌管片衬砌轴力方面，同时叠合结构整体刚度相对于复合结构较大，管片衬砌轴力值偏大而其变形量较小。

表 3.2　双层衬砌复合结构与叠合结构弹性力学分界点

试验组别	弹性力学分界点	衬砌结构	最大正弯矩 M_{max} /(kN·m)	最大正弯矩对应的轴力/kN	最大负弯矩 M_{max} /(kN·m)	最大负弯矩对应的轴力/kN	最大位移 δ_{max} /cm
第 1 组	第 6 加载步	管片衬砌	462.470	700.211	−371.584	1411.961	3.98
		二次衬砌	100.406	990.064	−150.689	2082.674	
第 2 组	第 4 加载步	管片衬砌	385.488	2235.634	−468.315	2361.836	2.59
		二次衬砌	51.713	1424.515	−104.968	4945.25	

第 4 加载步与第 8 加载步双层衬砌复合结构与叠合结构环向内力分布如图 3.13 和图 3.14 所示。由图可以看出，双层衬砌复合结构二次衬砌弯矩环向分布相对于叠合结构较不均匀，且加载步越大，二次衬砌弯矩分布越不均匀。由于复合结构管片衬砌与二次衬砌接触面之间只能传递径向压力，在外荷载较大作用下，管片衬砌与二次衬砌发生不协调变形，管片衬砌环向及纵向接头对其影响较大，而叠合结构接触面之间能够传递压力及剪力等内力形式，两者之间变形相对协调，双层衬砌叠合结构受力状态得到一定的改善。从内力整体来看，双层衬砌叠合结构管片衬砌与二次衬砌内力比复合结构大。例如，第 8 加载步时，管片衬砌复合结构与叠合结构平均轴力分别为 3422.725kN 及 6557.081kN，二次衬砌复合结构与叠合结构平均轴力分别为 750.832kN 及 2830.806kN，并且叠合结构二次衬砌内力突变位置出现在左拱腰附近，管片衬砌与二次衬砌的相互作用较明显，二次衬砌作为主要承载结构进行内力分担。

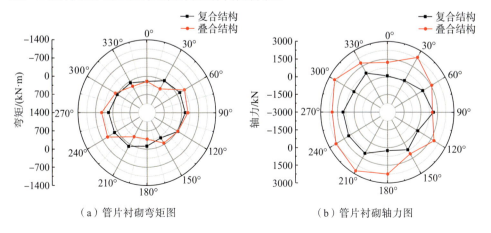

（a）管片衬砌弯矩图　　　　　　　（b）管片衬砌轴力图

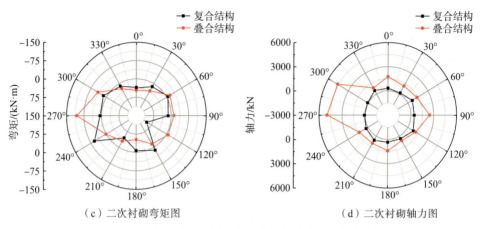

（c）二次衬砌弯矩图　　　　　（d）二次衬砌轴力图

图 3.13　第 4 加载步双层衬砌复合结构与叠合结构内力分布图

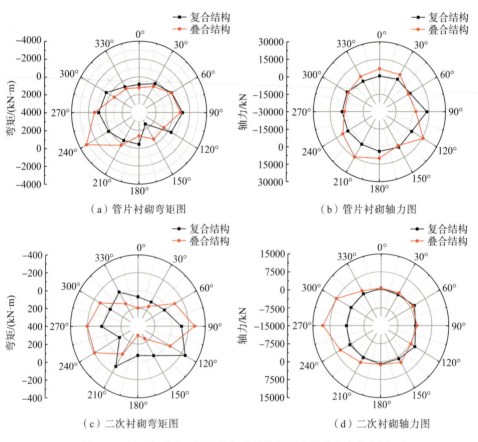

（a）管片衬砌弯矩图　　　　　（b）管片衬砌轴力图

（c）二次衬砌弯矩图　　　　　（d）二次衬砌轴力图

图 3.14　第 8 加载步双层衬砌复合结构与叠合结构内力分布图

　　图 3.15 和图 3.16 分别为施作时机为 100% 时复合结构与叠合结构管片衬砌内力随加载步变化曲线。由图可以看出，二次衬砌未施作之前管片衬砌关键点内力

及变化趋势基本一致，由于管片衬砌与二次衬砌接触面接触方式不同，二次衬砌施作后双层衬砌复合结构与叠合结构管片衬砌关键点内力及变化趋势均有所不同，随着加载步增加，叠合结构拱顶及拱底内力均比复合结构大；由于叠合结构接触面之间的黏结力，管片衬砌与二次衬砌相互作用较明显，第 8 加载步左拱腰位置内力出现突变，但两者衬砌关键点位置均在二次衬砌施作完成后下一加载步内力增幅较大，二次衬砌的施作改变了管片衬砌的荷载边界条件，管片衬砌内力相对于未施加荷载前相邻加载步增幅较大。

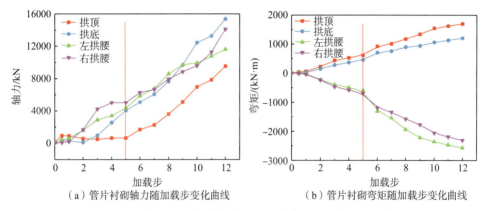

图 3.15　第 3 组(复合结构)管片衬砌内力随加载步变化曲线

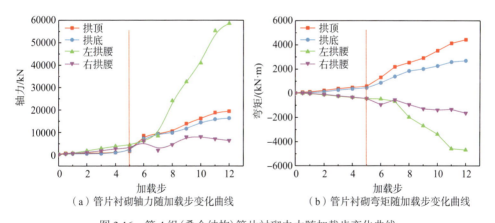

图 3.16　第 4 组(叠合结构)管片衬砌内力随加载步变化曲线

图 3.17 为第 10 加载步双层衬砌复合结构与叠合结构内力对比图。由图可以看出，两种衬砌结构二次衬砌拱顶及拱底轴力相对于其他位置较大，同时其轴力环向分布较不均匀，表明接触面之间接触压力非均匀分布，拱顶及拱底位置接触压力相对于其他位置偏大；叠合结构管片衬砌环向内力分布随加载步变化不均匀，且相对于复合结构管片衬砌内力较大，其二次衬砌内力分布也不均匀，并且二次衬砌内力增幅相对于复合结构较大，二次衬砌分担荷载作用相对也较大。例

如，第 8 加载步时，二次衬砌复合结构拱顶轴力为 2494.263kN，叠合结构拱顶轴力为 648.209kN。第 10 加载步时，二次衬砌复合结构拱顶轴力为 3265.749kN，叠合结构拱顶轴力为 5210.586kN，叠合结构拱顶轴力增幅达到了 703.8%，复合结构拱顶轴力增幅仅 30.9%。

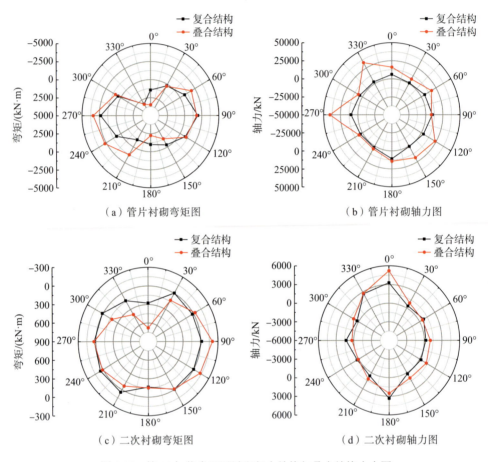

（a）管片衬砌弯矩图

（b）管片衬砌轴力图

（c）二次衬砌弯矩图

（d）二次衬砌轴力图

图 3.17　第 10 加载步双层衬砌复合结构与叠合结构内力图

为更清晰地描述两种结构形式下的二次衬砌内力分布，提取当施作时机为 0%时二次衬砌内力随加载步变化曲线，如图 3.18 和图 3.19 所示。

由图 3.18 可以看出，在轴力方面，第 1~4 加载步复合结构二次衬砌轴力增加幅度较小，环向轴力分布较均匀；第 11 加载步二次衬砌平均轴力为 444.37kN，从第 11 加载步开始，拱底轴力增加幅度较大，相对于其他环向位置出现轴力突变；第 16 加载步二次衬砌平均轴力为 2442.98kN，拱底轴力为 12146.12kN。对于叠合结构二次衬砌，除拱底位置外，其他衬砌关键点位置的环向轴力随加载步增加呈现增大趋势，但增幅有所区别，其中左拱腰附近环向轴力

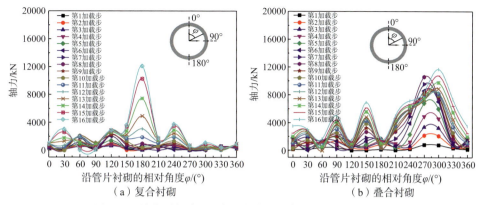

图 3.18　施作时机为 0%时二次衬砌轴力随加载步变化曲线

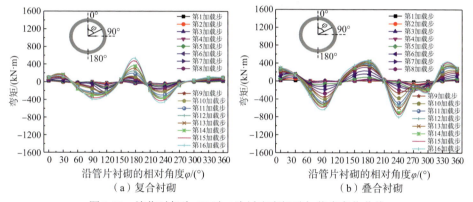

图 3.19　施作时机为 0%时二次衬砌弯矩随加载步变化曲线

在第 1~5 加载步增幅相对于其他环向位置较大，之后随加载步增加增幅相对较小，如第 1 加载步左拱腰位置轴力为 806.47kN，第 5 加载步左拱腰位置轴力为 6853.22kN，且从同一加载步二次衬砌环向轴力分布来看，左拱腰附近环向轴力相对于其他位置较大，二次衬砌在该位置轴力分担比例也较高。

由图 3.19 可以看出，在弯矩方面，两种结构二次衬砌环向弯矩随加载步逐步递增，其中复合结构二次衬砌在右拱腰、拱底、左拱脚处弯矩增加幅度较大，叠合结构二次衬砌在左拱肩、右拱腰、拱底、左拱脚处弯矩增加幅度较大，两种结构的二次衬砌主要受力部位存在一定区别，并且从弯矩整体变化来看，叠合结构弯矩增幅较大。

进一步提取当施作时机为 0%时，两种结构的二次衬砌环向轴力分担曲线和环向弯矩分担曲线，分别如图 3.20 和图 3.21 所示。复合结构二次衬砌环向内力分担比例在初始加载步较大，第 1 加载步轴力平均分担比例为 53%，随着加载步的增加，二次衬砌内力分担比例反而呈现减小趋势，第 16 加载步轴力平均分担比例为 13%。以上变化表明，在双层衬砌联合承载过程中，外荷载较小的情况下，管片衬砌与二次衬砌承担荷载基本一致；外荷载较大的情况下，管片衬砌承担主要荷载，二次衬砌承担荷载相对较小。

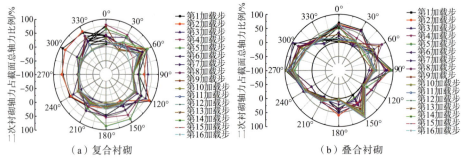

（a）复合衬砌　　　　　　　　　（b）叠合衬砌

图 3.20　施作时机为 0%时二次衬砌轴力占截面总轴力比例

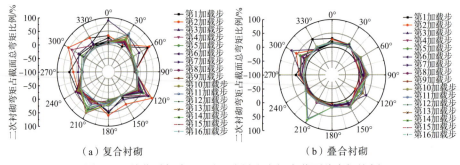

（a）复合衬砌　　　　　　　　　（b）叠合衬砌

图 3.21　施作时机为 0%时二次衬砌弯矩占截面总弯矩比例

从二次衬砌环向内力分担比例来看，二次衬砌环向轴力分担比例相对于弯矩分担比例较大，二次衬砌环向弯矩分担比例整体较小，其中第 16 加载步二次衬砌轴力平均分担比例为 43%，弯矩平均分担比例为 18%；同时，二次衬砌环向轴力分担比例沿环向分布不均，其中左拱腰附近二次衬砌环向轴力分担比例较大，各级加载步在该位置轴力平均分担比例为 78%。由此可知，在双层衬砌叠合结构承载过程中，由于管片衬砌与双层衬砌之间的接触面既能传递轴力又能传递剪力，二次衬砌对双层衬砌截面轴力的分担比例相对于弯矩分担比例较大；同时，对于截面轴力，在双层衬砌左拱腰位置，二次衬砌是主要承载结构。

对比图 3.18～图 3.21 可以看出，由于盾构隧道双层衬砌复合结构与叠合结构的管片衬砌与二次衬砌接触面之间构造方式不同，双层衬砌结构受力及其内力分担比例也有所不同。复合结构与叠合结构中二次衬砌轴力较大位置分别在拱底及左拱腰附近，第 16 加载步复合结构拱底轴力为 12146.12kN，叠合结构左拱腰轴力为 11734.08kN，同时二次衬砌环向弯矩分布亦有所差别，但总体上来说复合结构二次衬砌弯矩相对较小。对比各试验组二次衬砌内力分担比例可以看出，双层衬砌复合结构联合承载过程中，在外荷载较小的情况下，管片衬砌与二次衬砌承担荷载量值基本一致；在外荷载较大的情况下，管片衬砌承担主要荷载，二次衬砌承担荷载相对较小。双层衬砌叠合结构承载过程中，二次衬砌对双层衬砌截面轴力的分担比例相对于弯矩分担比例较大，在双层衬砌左拱腰位置二次衬砌作为主要承载结构，其他位置管片衬砌结构作为主要承载结构。

施作时机为 100%时，二次衬砌两种结构下的结构内力随加载步变化曲线如图 3.22 和图 3.23 所示。由图可以看出，复合结构二次衬砌轴力和弯矩均随加载步逐步递增，其中二次衬砌拱顶、拱底、左拱肩的轴力、弯矩及其增加幅度均相对较大；其中，第 6 加载步二次衬砌平均轴力为 660.39kN，最大正弯矩为 137.89kN·m，最大负弯矩为−57.82kN·m，第 12 加载步二次衬砌平均轴力为 2244.89kN，相对于第 6 加载步增大 239.9%，最大正弯矩为 363.18kN·m，最大负弯矩为−66.55kN·m，弯矩随加载步整体变化相对较小。叠合结构二次衬砌轴力弯矩随加载步增加呈增大趋势，初始加载步拱顶增幅较小，之后随加载步拱顶增加比较明显；其中，第 8 加载步拱顶弯矩为 74.467kN·m，第 9 加载步拱顶弯矩为 377.471kN·m，相对于第 8 加载步增幅为 406.9%。

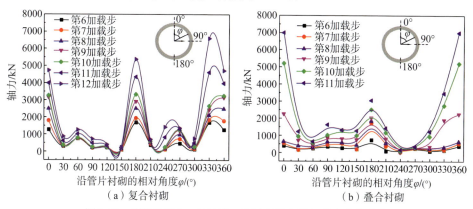

图 3.22　施作时机为 100%时二次衬砌轴力随加载步变化曲线

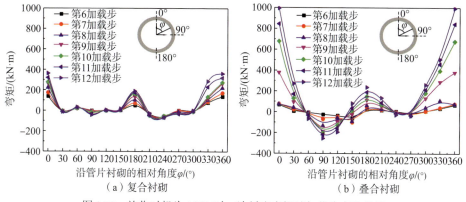

图 3.23　施作时机为 100%时二次衬砌弯矩随加载步变化曲线

　　两种结构下的二次衬砌环向内力分担比例示意如图 3.24 和图 3.25 所示。由图可以看出，复合结构二次衬砌轴力分担比例除初始加载步(第 6 加载步及第 7 加载步)变化幅度较大外，其他加载步变化幅度均较小，且在左拱肩位置轴力分担比例超过 50%，同时二次衬砌弯矩分担比例均小于 20%，表明在施作时机为 100%时，二次衬砌随加载步变化对截面轴力及弯矩的分担作用较小，尤其是截面弯矩，其分担比例均小于 20%，管片衬砌对外荷载起主要承载作用。而对于叠合结构，其二次衬砌拱顶弯矩占截面总弯矩比例由 2%增大为 11%，表明二次衬砌对截面总内力分担作用开始增大；从二次衬砌环向内力分担比例来看，二次衬砌内力分担比例的增幅随加载步增加而变化比较明显，表明在施作时机为 100%时二次衬砌内力增加幅度在总内力水平上大于管片衬砌内力增加幅度，二次衬砌对截面总内力起到一定的分担作用，但从总体上来说分担比例较小，管片衬砌对荷载起主要承载作用。

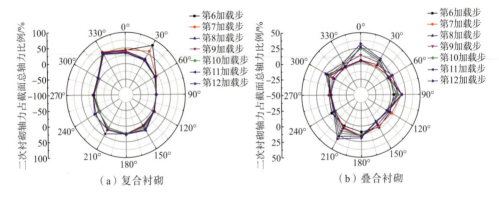

图 3.24　施作时机为 100%时二次衬砌轴力占截面总轴力比例

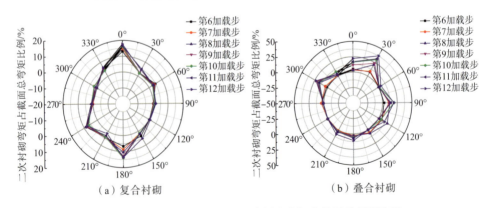

图 3.25　施作时机为 100%时二次衬砌弯矩占截面总弯矩比例

　　对比图 3.22～图 3.25 可以看出，在施作时机为 100%的情况下，复合结构拱顶内力随加载步变化相对均匀，叠合结构拱顶内力第 6～8 加载步变化较小，第

9~12 加载步内力增幅较大，且其拱顶内力总体上相对于复合结构较大，同时由于复合结构衬砌环向接头对其受力影响较大，二次衬砌叠合结构环向内力分布相对于复合结构较均匀。对比各组试验二次衬砌内力分担比例可以看出，叠合结构轴力分担比例随加载步增加的增幅相对于复合结构较大，复合结构增加趋势不明显，表明叠合结构二次衬砌内力增加幅度在总内力水平上大于管片衬砌内力增加幅度，二次衬砌逐渐发挥其内力分担作用，复合结构二次衬砌内力增加幅度在总内力水平上变化较小，同时两种衬砌结构内力整体上较小，表明在施作时机为100%时叠合结构与复合结构内力占截面总内力比例均较小，管片衬砌起主要承载作用，二次衬砌起到一定荷载分担作用。

3.3.2　双层衬砌位移分析

图 3.26(a)~(d) 分别为二次衬砌的施作时机为 0% 和 100% 时双层衬砌模型复合结构与叠合结构关键点位移变化曲线(以向隧道内部位移为正，反之为负)。由图可以看出，在二次衬砌的施作时机为 0% 时，双层衬砌复合结构与叠合结构失稳之前位移变化均呈现渐进变化过程：初始加载阶段，各衬砌结构关键点变形量均较小，且随加载步增加呈线性增长关系，与轴力和弯矩变化趋势基本一致；随着加载步的增加，衬砌各点位移变化逐渐加快，但二者位移增幅有所区别，其中双层衬砌复合结构增幅较大；临近失稳荷载，衬砌关键点位移增幅较大并呈不收敛趋势，之后部分衬砌关键点出现反向变形。在施作时机为 100% 时，二次衬砌施作后复合结构与叠合结构各衬砌关键点随加载步变化趋势有所不同，如复合结构拱顶位置位移随加载步变化呈现先增大后增幅变小的变化趋势，而叠合结构位移随加载步增加呈现逐渐递增的趋势，且变化幅度相对均匀，表明其变形协调能力优于复合结构。

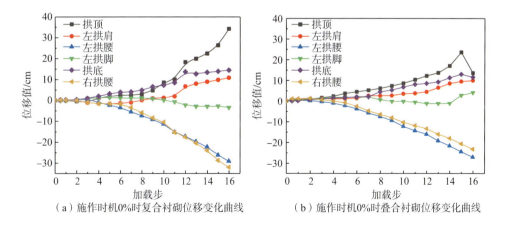

（a）施作时机0%时复合衬砌位移变化曲线　　（b）施作时机0%时叠合衬砌位移变化曲线

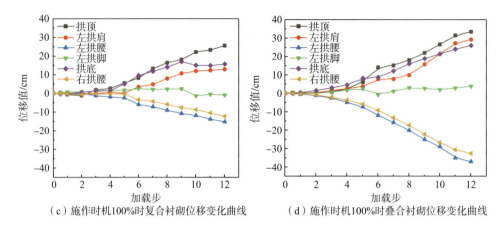

（c）施作时机100%时复合衬砌位移变化曲线   （d）施作时机100%时叠合衬砌位移变化曲线

图 3.26   各组试验位移随加载步变化曲线

　　各组试验双层衬砌复合结构与叠合结构失稳特征在表 3.3 中列出，由表可以看出，在二次衬砌施作时机为 0%的情况下，双层衬砌复合结构与叠合结构失稳时最大位移点位置均位于拱腰，两者最大位移与隧道半径之比相差 1.36%，其中叠合结构失稳荷载级别及失稳临界点最大位移均较大；对比二次衬砌施作时机为 100%时复合结构与叠合结构相同衬砌关键点位移随加载步变化可以看出，初始加载阶段两者位移相差不大，随着加载步的增加，两者位移及变化趋势均有所区别，如第 12 加载步复合结构拱顶位移为 18.35cm，同一位置叠合结构拱顶位移相对小 49%。结合双层衬砌各关键点内力变化曲线图 3.11 和图 3.12，可以看出，在施作时机为 0%时，双层衬砌复合结构与叠合结构在外荷载相对较小的情况下两者受力性能差别较小，在荷载级别较大的情况下，由于两种衬砌结构管片衬砌与接触面处理方式不同，两者受力性能具有显著差异；在二次衬砌施作时机为 100%时，管片衬砌与二次衬砌接触面的不同构造方式对衬砌结构的极限承载能力有显著影响，复合结构失稳临界点对应的荷载、最大位移与隧道半径之比均相对于叠合结构较小，同时两者失稳最大位移点所在位置有所不同，复合结构位于双层衬砌拱顶，而叠合结构位于左拱腰，由图 3.16 可知，叠合结构左拱腰位置管片衬砌结构轴力量值较大。

表 3.3   双层衬砌复合结构与叠合结构失稳特征统计

试验组号	失稳特征				
	失稳开始加载步	模型最大位移/mm	原型最大位移/cm	最大位移与隧道半径之比/%	失稳最大位移点位置
1	11	7.65	15.30	3.32	右拱腰
2	14	10.77	21.54	4.68	左拱腰
3	9	9.05	18.10	3.93	拱顶
4	11	12.64	25.28	5.49	左拱腰

通过对比上述试验 4 组双层衬砌结构失稳临界特征，可以看出施作时机为 0%的叠合结构，其失稳开始荷载级别较大，承载能力相对较高。从总体上来看，对于同一衬砌结构，施作时机为 0%时失稳开始荷载级别相对于施作时机为 100%时较大，表明在施作时机为 0%的情况下双层衬砌承载能力高于施作时机为 100%的情况。主要原因是在施作时机为 100%时，管片衬砌承受常时设计荷载下进行二次衬砌施作，对管片衬砌继续加载(模拟超载情况)，管片衬砌变形，出现非线性变形特征，管片衬砌与二次衬砌产生非协调变形，二次衬砌尚未发挥作用，相对于施作时机为 0%的情况，在这种情况下双层衬砌不能充分共同承载，双层衬砌发生过早破坏。

3.3.3　双层衬砌渐进性破坏过程声发射信息分析

由第 1 组和第 2 组试验声发射(AE)事件数随加载步变化曲线可以看出，对于在管片衬砌拼装完成后立即施作二次衬砌的双层衬砌叠合结构和复合结构，其破坏均经历了渐进性的变化过程，可划分为以下四个阶段：①初始弹性阶段，累计声发射事件数变化较小，曲线比较平缓，多为双层衬砌材料原始缺陷压密过程，衬砌结构损伤较小[图 3.27(a)和(b)所示的 *AB* 段]；②随着荷载的增加，结构表面虽然尚未出现宏观裂纹，但声发射事件数增加得越来越明显，说明结构内部开始出现损伤，因内部裂纹的产生和扩展而积聚的能量以应力波形式被释放，此阶段为双层衬砌结构细观损伤阶段[图 3.27(a)和(b)所示的 *BC* 段]，*B* 点可以定义为结构的损伤开始点；③随着荷载的进一步增大，累计声发射事件数突然增加，且增幅较大，呈跳跃式增长趋势，双层衬砌结构开始出现宏观裂缝，此阶段为双层衬砌宏观破坏阶段[图 3.27(a)和(b)所示的 *CD* 段]，*C* 点为结构的宏观破坏开始点；④随着荷载的增加，累计声发射事件数继续增长，但是增加幅度变小，表明双层衬砌结构已经发生失稳破坏，贯通性主裂缝或区域性压溃已经形

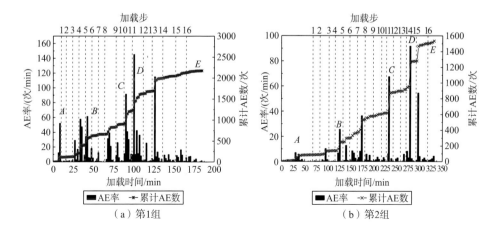

（a）第1组　　　　　　　　　　　　（b）第2组

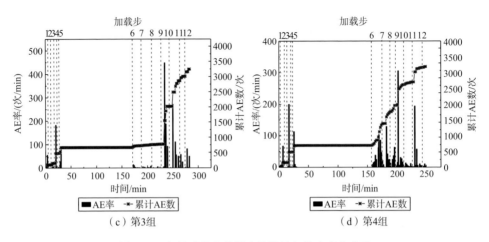

图 3.27　各组试验声发射事件数随加载步变化曲线

成，其内部聚集的应变能已被大部分释放，声发射信号减少，整个管片衬砌结构出现失稳，逐渐丧失承载能力，此阶段可认为是双层衬砌结构失稳破坏阶段[图 3.27(a)和(b)所示的 DE 段]，D 点可以定义为双层衬砌失稳破坏点。

　　结合图 3.26 双层衬砌位移随加载步变化曲线，对比二次衬砌施作时机为 0%的情况下双层衬砌复合结构与叠合结构声发射事件数(图 3.27)、声发射能量(图 3.28)及声发射幅值(图 3.29)随加载步变化曲线可以看出，第 2 组试验累计声发射事件数、累计声发射能量及声发射幅值相对于第 1 组试验均较小，表明双层衬砌叠合结构在加载过程中其损伤程度相对较低；第 1 组试验在第 10 加载步宏观裂缝开始出现后，在下一加载步结构开始出现贯通性裂缝，发生破坏失稳；第 2 组试验在第 11 加载步出现宏观裂缝后经过较长的平台(2 个加载步，声发射事件数增加较少)，结构才开始发生失稳破坏，表明双层衬砌叠合结构在宏观破坏开始发生且在一定荷载级别内，能够通过自身整体变形量的增加释放双层衬砌结构内部的累计应变能，以减少衬砌结构的损伤程度。对比第 1、2 组声发射能量随加载步变化曲线可以看出，双层衬砌复合结构与叠合结构声发射能量变化曲线具有显著的不同。其中，第 1 组试验声发射能量超过 50V·μs，明显比第 2 组试验多，其累计声发射能量曲线呈多台阶式突变增长，第 1 组试验在加载过程中累计声发射能量值比第 2 组大 247%，第 2 组试验仅在第 12 加载步出现高能量声发射事件，双层衬砌叠合结构整体受力性能相对较好，高能量声发射事件较少。

　　对比盾构隧道双层衬砌施作时机为 100%时复合结构与叠合结构的声发射事件数、声发射能量及声发射幅值随加载步变化曲线可以看出，二次衬砌未施加之前，双层衬砌结构各声发射信号参数随加载步变化具有较好的一致性，二次衬砌施作后由于两种双层衬砌结构接触面构造的不同，其各自累计声发射事件数、声发射幅值及声发射能量随加载步变化有所不同。第 3 组试验在第 6~8 加载步累计声发射事件数变化较小，在第 9 加载步出现突变，二次衬砌开始出现宏观微小裂缝，同时在该加载步裂缝发展成为贯通性裂缝，呈现明显的脆性失稳特征；第 4 组试验累计声发射事件数在第 6~9 加载步呈现逐渐增大的趋势，第 10 加载步累计声发射事件数增幅变缓，相对于第 3 组试验呈现明显的渐进性破坏特征，声发射能量随加载步变化曲线亦有此特征，如图 3.29(d) 所示。由于双层衬砌叠合结构接触面之间较强的黏聚力，管片衬砌与二次衬砌形成一个整体；而复合结构接触面相对光滑，可以看成组合梁结构形式，其承载能力相对于叠合结构较弱，当双层衬砌达到极限荷载时，二次衬砌会发生突然性破坏。

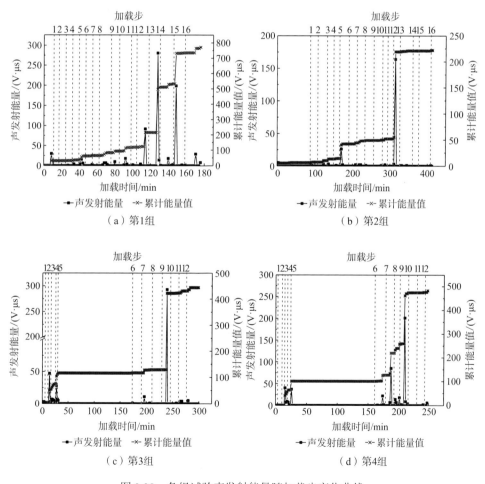

图 3.28　各组试验声发射能量随加载步变化曲线

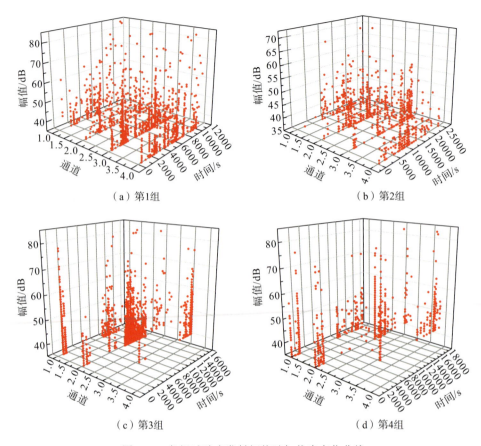

图 3.29　各组试验声发射幅值随加载步变化曲线

3.3.4　双层衬砌破坏形态分析

　　为研究盾构隧道双层衬砌复合结构与叠合结构承载过程中，二次衬砌施作对管片衬砌结构破坏程度的影响规律，鉴于双层衬砌结构受力过程中管片衬砌结构裂纹出现、扩展及压溃区等宏观破坏过程不易被观察，本次试验对双层衬砌结构加载完成后的二次衬砌结构进行清理，以观察管片衬砌结构主裂缝及压溃区位置。图 3.30 和图 3.31 展示了 4 组试验管片衬砌结构内侧破坏素描图，图中数字表示裂缝位置，所标角度以拱顶为 0°，沿逆时针方向取值，椭圆形填充区代表管片衬砌结构被压溃区域。

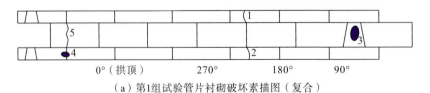

（a）第1组试验管片衬砌破坏素描图（复合）

（b）第2组试验管片衬砌破坏素描图（叠合）

图 3.30　施作时机为 0%时管片衬砌破坏素描图

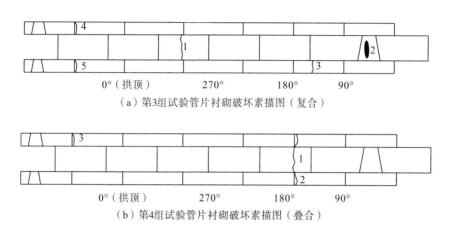

（a）第3组试验管片衬砌破坏素描图（复合）

（b）第4组试验管片衬砌破坏素描图（叠合）

图 3.31　施作时机为 100%时管片衬砌破坏素描图

由 4 组试验管片衬砌内表面主裂缝或压溃区发生位置可以看出，管片衬砌发生损伤的部位主要集中在拱顶、拱底及左拱腰和右拱腰附近，这与管片衬砌结构最大环向内力分布相关，而二次衬砌宏观破坏开始的位置多位于拱顶和拱底附近，如表 3.4 所示。这主要是由于试验加载过程中 I 方向（拱顶和拱底方向）为主加载方向，其荷载相对较大，对于双层衬砌复合结构与叠合结构，拱顶和拱底位置相对于左拱腰和右拱腰位置其接触面接触压力较大，同时左拱腰和右拱腰位置管片衬砌与二次衬砌易产生非协调变形；从管片衬砌结构的裂损程度来看，二次衬砌接触面不同形式对管片衬砌结构破坏位置及裂损程度影响不同，由于双层衬砌复合结构管片衬砌与二次衬砌之间只能传递径向压力，复合结构整体性能相对于叠合结构较差，4 组试验中目标环复合结构管片衬砌裂缝或压溃区位置数量均相对于叠合结构较多。另外，4 组试验管片衬砌裂缝多集中于管片衬砌环向接头或纵向接头的位置，可见管片衬砌接头抗弯刚度的削弱对结构破坏有一定的影响，二次衬砌的施作对该种破坏形式影响较小。

表 3.4　双层衬砌破坏特征

试验组号	宏观破坏开始出现荷载级别	宏观裂缝开始位置	主裂缝位置	主裂缝方向
1	第 10 级	拱底	拱顶、拱底	纵向
2	第 11 级	拱顶	拱顶、拱底	纵向、斜向
3	第 9 级	拱顶	拱顶、拱底	纵向
4	第 9 级	拱底	拱底	纵向

　　表 3.4 为 4 组试验双层衬砌二次衬砌宏观破坏特征统计表，其中主裂缝位置为双层衬砌宏观破坏开始后续加载步出现贯通性裂缝位置。由表可以看出，第 2 组试验发生宏观破坏荷载级别较高，表明该组试验双层衬砌联合承载能力优于第 1 组试验。原因在于，外力功产生的能量主要消耗于结构和土体的整体协调变形，避免了结构出现应力集中现象导致结构过早地发生失稳，从而提高了双层衬砌结构的极限承载能力。第 1 组试验和第 2 组试验双层衬砌裂缝破坏形式如图 3.32 和图 3.33 所示。对于施作时机为 100%时双层衬砌的两种结构形式，其宏观破坏开始出现荷载级别一致，但其宏观裂缝开始位置不同，其中复合结构的宏观裂缝起始于拱顶位置，叠合结构的宏观裂缝起始于拱底位置，表明两种衬砌结构对双层衬砌宏观破坏开始出现荷载影响较小。但两种衬砌结构的临界失稳荷载区别较大，复合结构出现宏观微小裂缝后在同一级荷载迅速贯通，其失稳发展较快，而叠合结构在同一荷载下发生宏观微小裂缝后经过两个加载步开始发生失稳破坏。

　　　　（a）结构总体破坏图　　　　　　　　　（b）拱底宏观裂缝
图 3.32　第 1 组试验双层衬砌裂缝破坏形式示意图

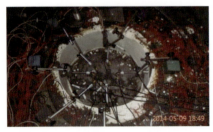

　　　　（a）结构总体破坏图　　　　　　　　　（b）拱底宏观裂缝
图 3.33　第 2 组试验双层衬砌裂缝破坏形式示意图

参 考 文 献

[1] 赵武胜, 陈卫忠, 杨帆. 盾构隧道管片混凝土接触面力学性能研究[J]. 现代隧道技术, 2015, 52(3): 119-126.

[2] 董新平. 盾构管片接头接触面缺陷模型分析[J]. 岩土工程学报, 2013, 35(7): 1369-1374.

[3] 彭智勇, 刘维宁, 丁德云, 等. 大直径盾构隧道分块型 K 管片接触面力学性能的试验研究[J]. 中国铁道科学, 2013, 34(5): 39-45.

[4] 董新平, 袁志伟. 盾构管片接头 interface 模型与罚函数接触算法比较[J]. 地下空间与工程学报, 2016, 12(3): 685-690.

[5] 胡瑞青. 不同围岩和埋深条件下土-结构接触界面对衬砌结构横向地震响应特性的影响分析[J]. 隧道建设(中英文), 2018, 38(12): 1957-1965.

[6] 闫鹏飞, 蔡永昌. 网格无关的盾构管片面-面接触模型及接缝力学行为研究[J/OL]. 工程力学: 1-12[2024-12-25]. http://kns.cnki.net/kcms/detail/11.2595.O3.20230410.0945.004.html.

[7] 姚超凡, 晏启祥, 何川, 等. 一种改进的盾构隧道双层衬砌分析模型及其应用研究[J]. 岩石力学与工程学报, 2014, 33(1): 80-89.

[8] 晏启祥, 姚超凡, 何川, 等. 水下盾构隧道双层衬砌分析模型的比较研究[J]. 铁道学报, 2015, 37(12): 114-120.

[9] 王俊, 徐国文, 蔚艳庆, 等. 一种改进的盾构隧道双层衬砌计算模型及其工程应用[J]. 岩土工程学报, 2021, 43(8): 1502-1510.

[10] 张厚美, 过迟, 吕国梁. 盾构压力隧洞双层衬砌的力学模型研究[J]. 水利学报, 2001, 32(4): 28-33.

[11] 张厚美, 过迟, 付德明. 圆形隧道装配式衬砌接头刚度模型研究[J]. 岩土工程学报, 2000, 22(3): 309-313.

[12] 张厚美. 装配整体式双层衬砌接头荷载试验与结构计算理论: 南水北调中线穿黄隧洞结构计算模型研究[D]. 上海: 同济大学, 2000.

[13] 于清洋. 盾构隧道双层衬砌结构横向相互作用机理研究[D]. 成都: 西南交通大学, 2016.

[14] 申兴柱. 盾构隧道双层衬砌结构力学特性研究[D]. 成都: 西南交通大学, 2018.

第 4 章　盾构隧道双层衬砌结构荷载传递机制

盾构隧道双层衬砌结构是在管片衬砌内侧浇筑混凝土二次衬砌，与管片衬砌共同形成的一种支护体系，与公路隧道复合衬砌类似。在进行结构设计时，需要考虑初衬(管片衬砌)与二次衬砌的荷载传递机制，以确定管片衬砌与二次衬砌的荷载承担情况，最大程度地发挥结构的承载能力，保证结构稳定，并进一步为优化设计提供理论基础。《公路隧道设计细则》(JTG/T D70—2010)给出了新奥法隧道复合衬砌结构在不同围岩等级下荷载传递模式，并给出了不同围岩等级下的衬砌荷载分担比建议值。以 V 级围岩为例，围岩、初支共同荷载分担比为 20%～40%，二次衬砌荷载分担比为 60%～80%[1]。但目前在盾构隧道应用中尚无此类定量指标，规范也仅给出了参考性计算原则[2]。随着盾构隧道的超深化、超大化，应用二次衬砌的大型盾构工程逐渐增多，管片衬砌与二次衬砌在外部荷载下的内力传递是探究盾构隧道双层衬砌力学特性的前提。本章以盾构隧道双层衬砌结构在不同荷载下的力学特性为研究对象，深入挖掘管片衬砌与二次衬砌的荷载传递机制，为施工和设计提供数据支持和参考。

4.1　盾构隧道双层衬砌结构荷载模式

在开展盾构隧道双层衬砌结构荷载传递机制研究之前，需了解双层衬砌结构在外部荷载作用下的荷载模式。目前主要有两种基本认识：①一般情况下，盾构法隧道单层装配式衬砌有能力承受地层作用的外荷载，二次衬砌是在整个隧道贯通后再施设，此时可以认为地层作用的荷载完全作用于管片衬砌上，二次衬砌施设后不产生内力，同时管片衬砌的内力也不发生变化[3]；②在偶然或特殊地质条件下，隧道上覆土体受到冲刷或者地下水水位发生变化的情况，作用于盾构隧道衬砌上的荷载会发生一些变化，如柏林地铁隧道曾进行了土压力变化的长期监测，十几年后发现土压力仍在增大，此时则需要关注盾构隧道二次衬砌结构的外部荷载变化[4]。现阶段对于二次衬砌的普遍认识依旧以第一种认识为主：二次衬砌不作为盾构隧道的主体结构，而只作为次要辅助部件，盾构隧道双层衬砌结构的内力传递问题在进行设计和科学研究时常常被省略[5]。随着盾构隧道结构的大断面化，穿越地层条件也越发复杂，考虑到结构自身稳定不易保证与外部荷载的复杂性，在进行双层衬砌结构设计时的基本理念也在发生着变化。科研人员认为在设计过程中"不考虑结构之间的内力传递，二次衬砌不作为承载结构"的设计思路存在较大的安全风险，近些年来，越来越多的研究人员开始重视上述第二种认识，但并不局限于水压变化的前提条件，而是考虑多种复杂的荷载情况。

基于上述第二种认识，部分学者对二次衬砌结构的荷载模式进行了详细区分[6,7]，并得到了两种基本的荷载工况。

(1) 荷载工况一。设计时，管片衬砌承担全部荷载，但由于上覆土体的填挖或者性质的改变以及水位升降的影响，造成外荷载的变化，进而使得衬砌内力发生重分布，内衬也开始受力。其荷载模式如图 4.1 所示。

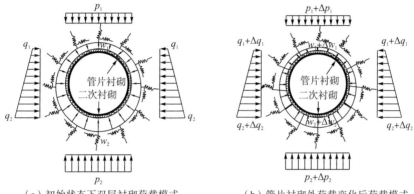

（a）初始状态下双层衬砌荷载模式　　　　　（b）管片衬砌外荷载变化后荷载模式

图 4.1　盾构双层衬砌结构荷载模式

注：p_1 为上覆土荷载；p_2 为地基反力；q_1 为隧道顶部侧压力；q_2 为隧道底部侧压力；
w_1 为隧道顶部水压；w_2 为隧道底部水压。

(2) 荷载工况二。外水压力很大、水头很高的盾构隧道，可能面临管片衬砌结构无法完全止水，地下水窜到管片衬砌与二次衬砌之间的情况。该工况下的水压力作用形式及大小是一个非常复杂的问题。只考虑该工况下，仅仅是水压发生了变化，内衬需要承担部分水压。其荷载模式如图 4.2 所示。

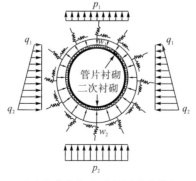

（a）初始状态下双层衬砌荷载模式

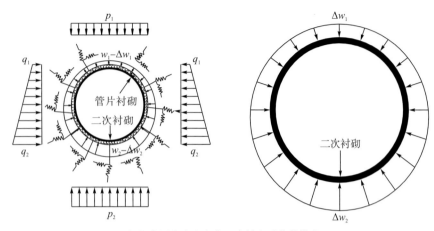

（b）水压力发生变化二次衬砌后荷载模式

图 4.2　盾构双层衬砌结构荷载模式

注：Δw_1 为隧道顶部变化水压；Δw_2 为隧道底部变化水压。

　　现阶段关于盾构隧道双层衬砌结构荷载传递机制的研究主要集中于荷载-结构法。在已知的荷载模型中，大部分研究并未关注管片衬砌与二次衬砌之间的力学传递，对于管片衬砌与二次衬砌整体结构的荷载传递情况，目前还是未知。因此，本试验以广深港客运专线狮子洋隧道进出口设计断面为研究对象，基本试验参数如表 4.1 所示，以 30m，50m 水头高度作为常时设计荷载，其余参数与现场实际施工基本一致。

表 4.1　试验参数

侧压力系数	二次衬砌是否配筋	埋深/m	水头高度/m	接触面处理方式	二次衬砌施作时机/%
0.4	是	30	50	复合	100

4.2　试验结果分析

4.2.1　盾构隧道双层衬砌内力分析

　　图 4.3 为盾构隧道双层衬砌管片衬砌内力变化曲线，试验开始初期(第 1~2 加载步)，整体结构经历了外部荷载施加土体加密的过程，其结构内力变化并不明显。直至第 4 加载步时管片衬砌内力开始增加，在第 6 加载步之前管片衬砌弯矩和轴力变化比较均匀，之后管片衬砌内力出现突变，因此将第 6 加载步定义为管片衬砌结构从弹性阶段向弹塑性阶段过渡的时刻(管片衬砌弹性分界点)，在第 6 加载步之后管片衬砌开始发生较大损伤破坏；管片衬砌内力变化对二次衬砌弯矩产生了影响，二次衬砌弯矩发生突变，但二次衬砌轴力变化依旧均匀，缓慢增

长直至第 10 加载步，二次衬砌拱底轴力发生突变并不收敛，发生损坏，将第 10
加载步定义为二次衬砌结构开始破坏的时刻(二次衬砌破坏点)，根据试验记录，
二次衬砌在第 10 加载步时其内表面开始出现宏观裂缝，内力监测与试验记录基
本吻合。

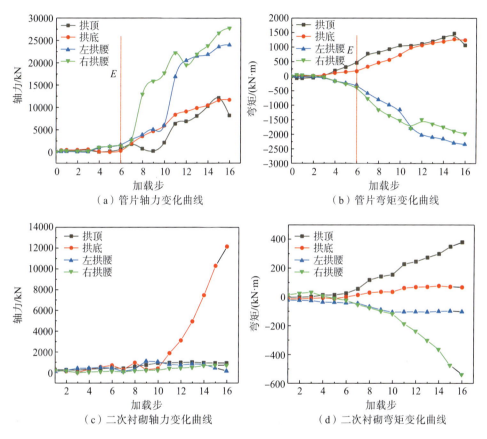

图 4.3　双层衬砌内力随加载步变化曲线

　　图 4.4 为管片衬砌与二次衬砌内力在分界点之前的环向分布曲线。由图可
以看出，二次衬砌内力随加载步增加幅度相对于管片衬砌结构内力增加幅度较
小，如管片衬砌结构拱顶位置第 4 加载步和第 5 加载步弯矩分别为 195.462kN·m
及 317.783kN·m，增幅为 63%，二次衬砌结构拱顶位置第 4 加载步和第 5 加载步
弯矩分别为 36.560kN·m 及 37.982kN·m，表明在管片衬砌弹性力学阶段二次衬砌
所受到的外荷载量值变化不大，主要原因是管片衬砌结构在弹性阶段变形较小，
两者相互作用影响效果明显弱于超载情况；管片衬砌结构弯矩沿环向呈"椭圆
形"分布，即拱顶、拱底及左右拱腰附近的弯矩相对于其他位置较大，而二次衬
砌弯矩较大位置位于左右拱脚处，其他位置的弯矩相对较小；二次衬砌左拱脚轴

力相对环向其他位置偏大，出现应力集中现象，第 4 加载步二次衬砌平均轴力为
402.132kN，而左拱脚位置轴力为 823.0337kN，出现应力集中部位与管片衬砌内
力是否存在最大值无对应关系。

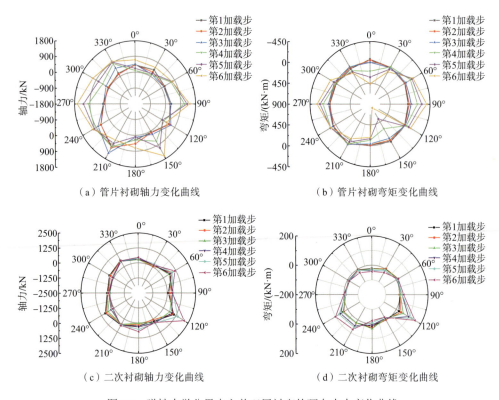

（a）管片衬砌轴力变化曲线   （b）管片衬砌弯矩变化曲线

（c）二次衬砌轴力变化曲线   （d）二次衬砌弯矩变化曲线

图 4.4 弹性力学分界点之前双层衬砌的环向内力变化曲线

　　图 4.5 为管片衬砌与二次衬砌内力在分界点之后的环向分布曲线。由图可以
看出，相同加载步二次衬砌整体内力量值小于管片衬砌结构，如第 9 加载步管片
衬砌平均轴力为 8403.976kN，最大正弯矩为 2741.742kN·m，最大负弯矩为
-1353.434kN·m；二次衬砌平均轴力为 1203.008kN，最大正弯矩为
103.217kN·m，最大负弯矩为-248.819kN·m。对于盾构隧道双层衬砌结构，管片
衬砌作为主要承载结构，二次衬砌承担荷载相对较小，二次衬砌在第 10 加载步
内表面开始出现宏观裂缝(根据试验记录)，二次衬砌内力在该加载步及后续加载
步仍相对管片衬砌结构较小，且随加载步增加时内力增量相对较小，表明管片衬
砌与二次衬砌相互作用的同时又是一个整体结构，在一定范围外荷载作用下管片
衬砌对二次衬砌作用的荷载变化不大；二次衬砌轴力在第 7～12 加载步变化相对
均匀，从第 13 加载步开始拱底位置轴力增幅较大，出现应力集中现象。

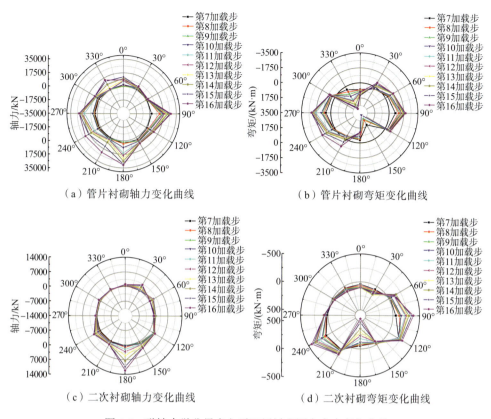

　　（a）管片衬砌轴力变化曲线　　　　　　　（b）管片衬砌弯矩变化曲线

　　（c）二次衬砌轴力变化曲线　　　　　　　（d）二次衬砌弯矩变化曲线

图 4.5　弹性力学分界点之后双层衬砌环向内力变化曲线

　　为进一步了解盾构隧道双层衬砌结构的力学特性，提取出常时设计荷载（第5 加载步）、管片衬砌弹性分界点（第 6 加载步）及二次衬砌破坏点（第 10 加载步）的双层衬砌结构内力特征，如表 4.2 所示。随着外部荷载的增大，盾构隧道双层衬砌结构内力也逐渐增大，但管片衬砌与二次衬砌变化趋势不同。经统计发现，管片衬砌结构最大正弯矩均出现在右拱腰位置，最大负弯矩均出现在左拱脚150°范围，内衬结构最大正弯矩出现在左拱脚 120°范围，最大负弯矩出现在拱顶位置，并且管片衬砌作为主要承载结构，内衬起辅助承载作用，这种分配模式随着超载的进行也逐渐明显。此外，由于管片衬砌与内衬的非协调变形，二者的风险位置并不一致。

表 4.2　双层衬砌结构内力特征统计

加载步	衬砌类型	最大正弯矩/(kN·m)	最大正弯矩对应轴力/kN	最大负弯矩/(kN·m)	最大负弯矩对应轴力/kN	平均轴力/kN
5	管片	257.30	1283.27	−525.10	1096.39	669.09
	内衬	122.76	1426.97	−37.98	393.96	489.68

续表

加载步	衬砌 类型	最大正弯矩/ (kN·m)	最大正弯矩对 应轴力/kN	最大负弯矩 /(kN·m)	最大负弯矩对 应轴力/kN	平均轴力 /kN
6	管片	371.58	1441.96	-804.19	1619.92	944.23
	内衬	150.69	2082.07	-42.00	457.68	563.16
10	管片	1519.417	17763.04	-3216.11	6181.01	5165.76
	内衬	207.28	2613.78	-106.44	937.69	942.63

4.2.2 地层土压力及接触面接触压力分析

　　管片衬砌外部土压力变化曲线、管片衬砌与二次衬砌接触压力变化曲线分别如图 4.6 和图 4.7 所示。盾构隧道双层衬砌结构内力变化主要是由外部荷载引起的，其量值大小及分布直接影响衬砌结构的变形及破坏形式，明晰双层衬砌结构外部荷载变化有利于分析衬砌结构内力分布和传递规律。

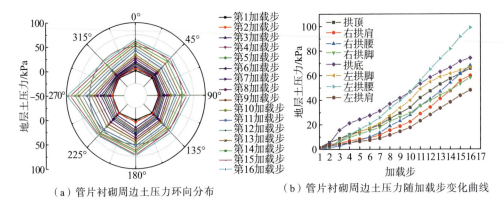

（a）管片衬砌周边土压力环向分布　　　　（b）管片衬砌周边土压力随加载步变化曲线

图 4.6　地层土压力变化曲线

　　由图 4.6 可以看出，在整个加载过程中，管片周边土压力呈现逐步增加的趋势，且环向分布总体较为均匀。在加载初期(第 1～2 加载步)，地层土压力变化不明显，此时为管片衬砌外部土体压密过程，千斤顶施加的外部荷载尚未传递至管片衬砌位置。在加载的初始阶段，管片衬砌所受土压力基本呈左右对称分布，随着外部荷载的增加，管片衬砌拱底处的土压力增大，逐步由拱底向左拱腰处移动，在第 10 加载步之后，左拱腰位置的土压力剧增。在整个加载过程中，双层衬砌结构的承载从常时设计荷载到后期超载，左拱腰处和拱底处的土压力值一直处于较高水平。相比之下，其他各关键点处土压力增长较为均匀，且各点之间压力差值相差不大。

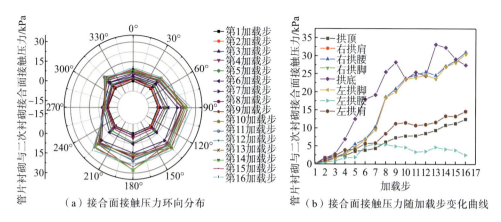

（a）接合面接触压力环向分布　　　　　　（b）接合面接触压力随加载步变化曲线

图 4.7　管片衬砌与二次衬砌接触压力变化曲线

　　由图 4.7 可以看出，接触面接触压力分布特征与管片衬砌周边土压力类似，在加载初始阶段（第 5 加载步前），接触面接触压力呈左右对称分布，除拱底接触压力增幅较大外，其余各点增幅基本一致，总体较为均匀，但接触压力量值比管片周边土压力较小，如第 5 加载步时，拱底位置接触面接触压力为 12.53kPa，右拱腰为 5.57kPa。管片衬砌与二次衬砌接触面接触压力主要由管片衬砌与二次衬砌相互作用引起，在加载初始阶段，管片衬砌周边土压力较小，管片衬砌与二次衬砌相互作用不明显，使得接触面接触压力较小且分布相对均匀。第 6 加载步时，接触面各关键点接触压力突变，拱底、左拱脚、右拱脚及右拱腰处接触压力相对较大，此后管片衬砌周边土压力与接触面接触压力分布存在明显差别，说明试验过程中二次衬砌主要受压部位出现在以上位置。相比之下，左拱腰处接触压力随加载步增幅不明显，甚至有小幅减小的趋势，总体保持在较小的量值范围内，如第 10 加载步时，右拱脚位置接触压力为 23.5kPa，较第 9 加载步增幅为16.8%，而在第 9～10 加载步下，左拱腰处接触压力由 3.7kPa 减小至 3.4kPa。从第 10 加载步开始，接触面各关键点接触压力基本呈现小幅减小的趋势；直到加载后期，各关键点接触压力出现重新增长趋势，但幅度不大。左拱腰处管片衬砌周边土压力与接触压力产生明显差异的主要原因是封顶块位于该处，使管片左拱腰刚度相对较低，在较大外荷载作用下，管片衬砌产生较大变形将外侧附近土体压密，从而提高了管片衬砌结构侧向抗力，导致该位置土压力相对较大；而管片衬砌与二次衬砌之间的非协调变形引起二者的分离，是该位置接触面接触压力较小的原因[8]。

　　如图 4.8 所示，在弹性力学阶段，接触面接触压力分布形态无明显变化，但是各关键点的接触面压力随荷载增加呈逐步增大的趋势，其中拱底、左拱腰部位增加幅度较其他部位显著。加载至第 3 加载步时，拱底附近的接触压力急剧增大，该加载步下最大接触压力为 15.54kPa。由图 4.8（b）可以看出，接触面接触压力分布特征与接触面接触压力占管片衬砌周边土压力分担比例特征并不一致，二次衬砌在该加载阶段各关键点部位承担荷载的比例差异较大，接触压力分担比例除拱顶与左拱腰位置小幅减小外，其他各点处均呈现增加趋势，但增幅有所不同。例如，在第 3 加载步时，右拱腰接触面接触压力分担比例超过了 60%，而在相同加载步下，拱底处接触面接触压力分担比例仅为 18%。总体而言，随着加载步的增加，接触压力平均分担比例呈现递增趋势，环向接触压力平均分担比例由第 1 加载步时的 25.9%，逐步递增至第 6 加载步时的 50.6%。整个弹性阶段平均分担比例在 25%～51%。表明在弹性力学阶段，双层衬砌联合承载过程中，随着外荷载的增加，二次衬砌承担荷载比例逐步增大至 50%以上，使得二次衬砌承担外荷载比例逐渐与管片衬砌基本一致，二者共同成为双层衬砌主要承载结构。

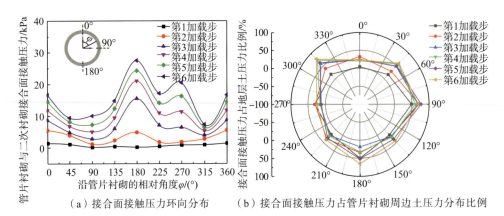

（a）接合面接触压力环向分布　　　　　（b）接合面接触压力占管片衬砌周边土压力分布比例

图 4.8　双层衬砌弹性力学阶段接触面接触压力分布比例变化曲线

由图 4.9 可以得出，在管片衬砌塑性力学阶段，接触面接触压力分布形态相较于弹性力学阶段存在较明显变化，压力量值总体呈现增加趋势。相较于其他位置处接触压力，右拱腰与拱顶处增幅明显，而左拱腰位置的接触压力在第 10 加载步后基本保持稳定。与接触压力分布特征不同，衬砌关键点接触面接触压力占管片衬砌周边土压力分担比例随加载步变化规律不一。拱顶位置接触压力分担比例从第 7 加载步开始随加载步变化幅度基本不变，其余衬砌关键点位置分担比例均在较大加载步情况下小幅上涨后呈现递减趋势，但幅度不尽相同。由图 4.9（b）可以看出，接触压力分担比例较大点位于右拱腰部位，尽管拱顶处接触压力较大，但其分担比例较小。整体来看，接触面接触压力平均分担比例由第 7 加载步时的 50.2%逐渐增加，直到第 9 加载步时的 59%；在二次衬砌表面出现宏观裂缝（第 10 加载步）后，平均分担比例开始逐步减小，直到第 13 加载步的 35%，最终在 32%～35%浮动并逐步稳定。整个管片衬砌塑性力学阶段，接触压力平均分担比例范围为 32%～59%。在管片衬砌塑性力学阶段，二次衬砌承担外荷载的比例特征以二次衬砌表面出现裂缝时机为界，呈现出先增大后减小的趋势，在二次衬砌临近破坏时，二次衬砌承担的外荷载比例趋于稳定。因此，在管片衬砌塑性力学阶段，二次衬砌所承受的外荷载虽然有所增加，但增幅明显小于管片衬砌，管片衬砌逐渐成为主要的承载结构，二次衬砌仅承担辅助承载的作用，特别是在外荷载较大的情况下。

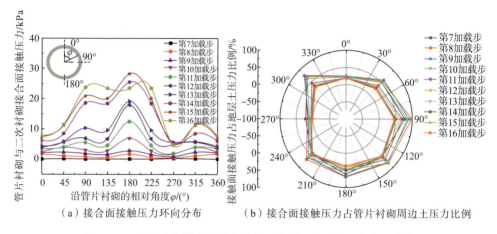

（a）接合面接触压力环向分布　　　　（b）接合面接触压力占管片衬砌周边土压力比例

图 4.9　双层衬砌塑性力学阶段接触面接触压力分布比例变化曲线

通过以上分析可以看出，在加载初始阶段，管片衬砌与二次衬砌相互作用并不明显，因此接触面接触压力较小且分布也相对均匀。但随着荷载的持续增大，在刚度较小的封顶块位置处，管片衬砌产生较大变形，将外侧附近土体压密，提高了管片衬砌结构侧向抗力，但同时管片衬砌的显著变形导致管片衬砌与二次衬砌之间的接触模式由整体接触转换为局部接触。

4.2.3　双层衬砌截面内力分配比例分析

以管片衬砌弹性力学分界点为限，提取出二次衬砌内力分担比例在分界点之前环向分布曲线，如图 4.10 所示。二次衬砌内力分担比例沿环向分布并不均匀，常时设计荷载之前，二次衬砌内力分担比例随加载步逐渐增大，但在管片衬砌弹性分界点，二次衬砌内力分担比例迅速减小，说明超载对结构联合承载作用影响较大。

图 4.11 为二次衬砌破坏前内力分担比例变化曲线。管片衬砌在进入塑性力学阶段后，二次衬砌继续承载，但二次衬砌内力分担比例沿环向分布整体较均匀，除拱顶-30°～60°范围，其余位置均随超载的增加逐渐减小，由管片衬砌主要承担外部荷载，但拱顶-30°～60°范围内的轴力在二次衬砌破坏时也产生突变，急剧减小。此外，通过对比发现，受到双层衬砌非协调变形的影响，左拱腰

位置的轴力分担比一直呈较小的趋势，说明封顶块的存在对双层衬砌轴力的分配影响较大。

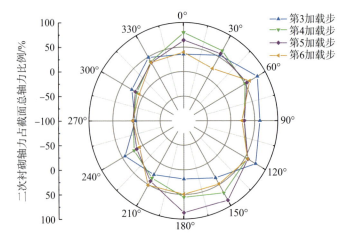

图 4.10　二次衬砌弹性力学分界点之前内力分担比例变化曲线

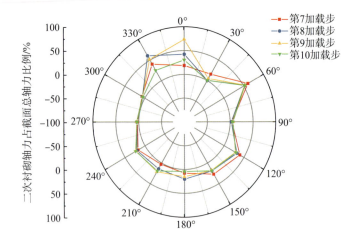

图 4.11　二次衬砌破坏前内力分担比例变化曲线

图 4.12 为二次衬砌内力分担比例在二次衬砌破坏之后环向分布曲线。由图可知，二次衬砌沿环向变化相较于之前更为平缓，除右拱肩 60°范围，在超载情况下的内力分担比例达到了 40%～83%，在第 15 加载步时迅速减小，发生损坏，不再起主要承载作用。

二次衬砌内力承担沿环向并不均匀，为表征在试验加载过程中盾构隧道双层衬砌的荷载承担模式，提取出双层衬砌轴力平均分担比例随加载步的变化曲线，如图 4.13 所示。随着外部荷载的增加，整体结构由常时设计荷载进入超载阶段，在常时设计荷载下，二次衬砌轴力平均分担比例最大，为 46.22%，二次衬砌发生破坏时，其轴力平均分担比例为 18.08%，表明在双层衬砌联合承载过程中，外荷载较小情况下，管片衬砌与二次衬砌承担荷载相差不大，超载情况下，管片衬砌承担主要荷载，二次衬砌承担荷载相对较小。总体而言，在试验过程中，二次衬砌轴力平均分担比例均低于 50%，管片衬砌结构一直起主要承载作用，二次衬砌起辅助承载作用。

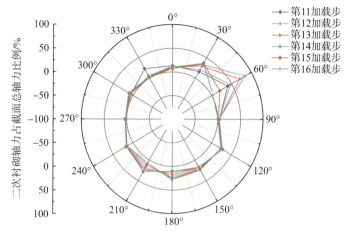

图 4.12　二次衬砌破坏后内力分担比例变化曲线

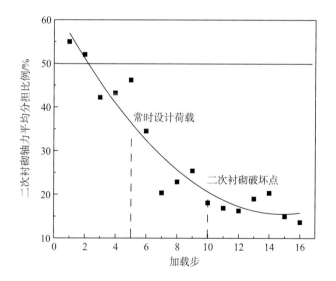

图 4.13　二次衬砌轴力平均分担比例变化曲线

4.2.4　双层衬砌关键点位移分析

图 4.14 为盾构隧道双层衬砌关键点位移随加载步变化曲线(以向隧道内部位移为正，反之为负)。由图可以看出，双层衬砌关键点位移在弹性力学分界点前

后均随加载步逐渐增大，整体变形呈"横鸭蛋"模式。其中，拱顶、拱底向隧道内部发生形变，拱腰向隧道外部扩展，第 10～11 加载步期间拱顶位移发生突变，结构发生失稳破坏；封顶块位于管片衬砌结构左拱腰位置，其刚度相对于右拱腰位置较小，对于单层管片衬砌结构，该位置变形相对于右拱腰较大，而对于双层衬砌结构，左右拱腰位置变形相差不大，表明二次衬砌的施作在一定程度上可以改善结构的横向变形性能。

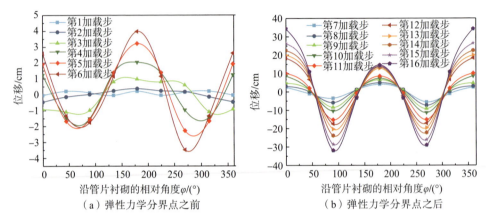

（a）弹性力学分界点之前　　　　　（b）弹性力学分界点之后

图 4.14　盾构隧道双层衬砌关键点位移随加载步变化曲线

4.3　双层衬砌结构荷载计算模型

盾构隧道二次衬砌结构的外部荷载是由管片衬砌与二次衬砌之间的接触面进行传递的，其中，管片衬砌与二次衬砌的接触压力是二次衬砌结构承担的主要荷载。因此，了解管片衬砌与二次衬砌的接触压力分布情况，对于研究双层衬砌的荷载传递机制具有积极作用。管片衬砌与二次衬砌结构的接触压力整体分布形态随加载步变化如图 4.15 所示。根据二次衬砌外部接触压力的变化情况，拱顶处的接触压力较小，从拱顶到拱底，接触压力逐渐增大，在第 7 加载步前，全环接触压力变化较为均匀，在第 7 加载步之后，左拱腰处接触压力几乎不变，变化范围集中于 45°（右拱肩）～255°（左拱脚）范围。

根据上述分析，提取出常时设计荷载、二次衬砌关键节点时刻的接触压力进行研究，如图 4.16 所示。通过对比二次衬砌参照断面，可以发现，施作二次衬砌之后，结构的外部荷载作用模式更接近于第二种基本情况，即水压发生了变化，内衬需要承担部分水压。但在本试验设计阶段，外部水压在施加之后并不发生变化，仅提高了外部土压，因此可以认为二次衬砌结构外部的接触压力变化是由土压力变化引起的。

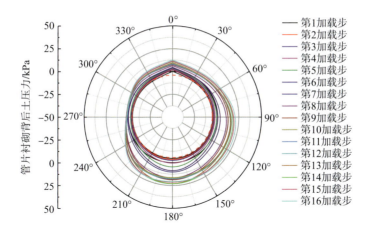

图 4.15　接触压力整体分布形态随加载步变化

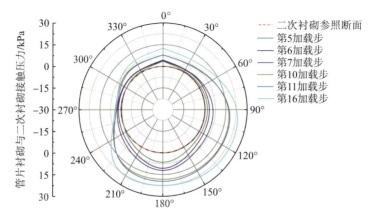

图 4.16　关键节点接触压力变化

通过二次衬砌结构的接触压力变化,可得到常时设计荷载下的盾构隧道双层衬砌结构荷载传递模式,如图 4.17 所示。受结构自身重力的影响,管片衬砌与二次衬砌之间的接触状态从拱顶到拱底逐渐增强,荷载传递与接触状态密切相关。在二次衬砌弹性力学分界点之前,管片衬砌与二次衬砌之间荷载传递基本一致;随着荷载的进一步增大,双层衬砌结构进入超载阶段;受拼装方式的影响,左拱腰处由于管片衬砌封顶块的存在,管片衬砌与二次衬砌之间的接触不再均匀,因此其力学传递在此处发生的变化与其余位置具有较大差异。

综上所述,管片衬砌与二次衬砌之间的荷载传递基本与常时设计荷载下的情况一致,除左拱腰封顶块位置在第 7 荷载步前后有明显差异外,其余位置均服从上小下大的基本规律。因此,在进行二次衬砌的结构设计时,可参考上小下大的规律,以往按照均匀荷载进行设计的经验不再适用。二次衬砌受力分布如图 4.17 所示。

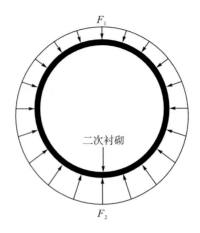

图 4.17　盾构隧道二次衬砌受力分布

注：F_1 为顶部接触力；F_2 为底部接触力。

参 考 文 献

[1] 中华人民共和国交通运输部. 公路隧道设计细则: JTG/T D70—2010[S]. 北京: 人民交通出版社, 2010.

[2] 中华人民共和国住房和城乡建设部. 盾构隧道工程设计标准: GB/T 51438—2021[S]. 北京: 中国建筑工业出版社, 2021.

[3] 刘建航, 侯学渊. 盾构法隧道[M]. 北京: 中国铁道出版社, 1991.

[4] 堀地紀行. トンネル軸方向の剛性を考慮したセグメントリングの解析法[J]. トンネルと地下, 1989, (20): 287-292.

[5] 张厚美, 连烈坤, 过迟. 盾构隧洞双层衬砌接头相互作用模型[J]. 岩石力学与工程学报, 2003, 22 (1): 70-74.

[6] 张永冠. 铁路盾构隧道双层衬砌力学行为研究[D]. 成都: 西南交通大学, 2010.

[7] 吴林. 盾构隧道双层衬砌计算模型与力学特性研究[D]. 成都: 西南交通大学, 2011.

[8] 王士民, 于清洋, 彭博, 等. 基于塑性损伤的盾构隧道双层衬砌三维实体非连续接触模型研究[J]. 岩石力学与工程学报, 2016, 35 (2): 303-311.

第5章 地层侧压力系数对盾构隧道双层衬砌结构力学特性的影响

盾构隧道的建设随城市地下空间的开发趋于大断面化和大埋深化，所穿越地层的地质条件愈加复杂，施工中常面临地层软硬不均的问题，对盾构隧道双层衬砌结构的安全性、耐久性提出了更高的要求[1]。研究表明[2-4]，地层软硬不均易使衬砌结构内部产生较大的应力集中，增加结构变形和开裂的风险，对盾构隧道双层衬砌结构侧向土压的分布情况及长期力学性能具有显著影响。

对此，郭瑞和何川[5]提出了一种基于极限位移与隧道直径变化率的衬砌结构失稳判据，用于分析侧向土压对盾构隧道单层管片衬砌结构的稳定性影响。然而目前，部分考虑侧向土压对盾构隧道影响的研究[6-8]主要集中在管片衬砌结构，对于二次衬砌施作之后到破坏阶段的双层衬砌整体力学特性无详细讨论。

因此，为进一步探明侧向土压对盾构隧道双层衬砌结构力学特性的影响，确保结构满足安全运行要求，本章依托广深港客运专线狮子洋隧道工程，开展相似模型试验。通过试验揭示侧压力系数对双层衬砌结构力学特性及破坏形态的影响规律，对管片衬砌单独承载与双层衬砌联合承载性能差异进行分析讨论。

5.1 隧道地层侧压力研究

1. 地层侧压力

土压力中关于侧向土压的理论试验研究一直是土力学研究的重点方向，国内外大量学者结合实际工程，在挡土墙、基坑及地下工程中对经典土压力理论进行深入研究[7]。蒋洪胜和刘国彬[9]基于土压力理论计算模式及其参数取值问题，通过对基坑开挖过程中作用在围护结构的刚性挡墙、板桩墙及地下连续墙的实测土压力进行分析，给出了考虑土与结构相互作用的侧向土压力值法计算模式，并通过工程实例进行了分析验证。黄院雄等[10]通过对地铁车站深基坑实测土压力的分析、整理，提出了在上海软土地区围护结构设计中主动土压力系数与基坑的保护等级相联系的取值原则，以及地层侧压力系数随开挖深度变化的规律。

在区间隧道施工领域，郭瑞等[8]依托广深港客运专线狮子洋隧道，进行了弱抗力地层盾构隧道结构的失稳破坏模型试验，分析地层侧压力对盾构隧道稳定性的影响，探明了盾构隧道的失稳破坏过程与形态。结果表明，地层改良能够显著提高盾构隧道的稳定承载力，地层空洞的存在加剧了管片衬砌结构的失稳，为外直径 10m 级的盾构隧道失稳判定提供了参考。宋玉香等[11]提出了浅埋隧道采用全土柱计算上覆土竖向土压力，深埋隧道适当提高地层压力，深浅埋分界不用突变锯齿方式而用平顺过渡，同时依托北京地铁所处地层、隧道尺寸及埋深情况，分别以普氏理伦、太沙基理论对埋深在 20m 之内的覆土荷载进行了试算，结果表明，普氏理论与太沙基公式结果保持一致。张厚美等[12]对试验数据进行分析，并运用惯用设计法计算侧向土压力，总结出盾构隧道的围岩压力随时间的变化规律，并对盾构隧道围岩压力监测值与理论值进行对比分析，发现计算得到的理论土压力与现场实测土压力结果基本一致。

2. 侧压力系数

侧压力系数作为地层软硬条件的一个重要表征参数，直接决定隧道衬砌结构侧向土压分布形式及其量值。如图 5.1 所示，根据日本土木协会的《隧道标准规范（盾构篇）及解说》中对侧向土压的计算规定：侧向土压考虑为作用在衬砌两侧，沿其横断面圆的直径水平作用的分布荷载[13]。

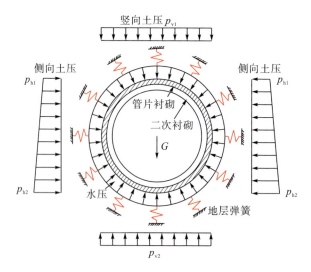

图 5.1　双层衬砌结构荷载计算示意图

侧向土压可根据竖向土压与地层侧压力系数来计算：

$$p_{\mathrm{h}} = \lambda p_{\mathrm{v}} \tag{5.1}$$

式中，λ 为地层侧压力系数；p_{v} 为竖向土压。土压力在浅埋条件下采用全覆土压，深埋条件下采用松弛土压。

对于地层侧压力系数的选取,盾构隧道工程设计标准规定,在难以得到地基抗力的条件下,可以选择考虑到施工条件的静止土压力系数作为地层侧压力系数。静止土压力系数 K_0 可由泊松比 ν 确定:

$$K_0 = \frac{\nu}{1-\nu} \tag{5.2}$$

一般土的泊松比(砂土可取 0.2~0.25,黏性土可取 0.25~0.40)可在室内由三轴仪或在现场由原位自钻式旁压仪等测试手段和方法得到,不同土的泊松比并不相同,而且同一种土的泊松比在不同的时间、不同的应力阶段其大小也不一定相同。泊松比不是常量,在设计中要准确取值是比较困难的,因此在工程计算中对泊松比的取值主要依靠经验。各种土的泊松比变化范围都不大,在工程计算中近似取值对结果影响较小,所以此方法可以用于初步估算。此外,目前测定 K_0 的设备和方法还不够完善,所得结果还不能令人满意。在缺乏试验资料时,可按《公路桥涵地基与基础设计规范》(JTG 3363—2019)中的经验公式估算 K_0。

对于砂性土,有

$$K_0 = 1 - \sin \varphi' \tag{5.3}$$

对于黏性土,有

$$K_0 = 0.95 - \sin \varphi' \tag{5.4}$$

对于超固结土,有

$$K_0 = \sqrt{\text{OCR}}\,(1 - \sin \varphi') \tag{5.5}$$

式中,φ' 为土的有效内摩擦角;OCR 为土的超固结比。

在可以得到地基抗力的条件下,使用主动土压力系数作为地层侧压力系数,或者以上述的静止土压力系数为基础并适当地折减,再将之作为地层侧压力系数,都是常用的方法。地层侧压力系数的选取不仅需要考虑到土的性质,也要参考隧道结构的设计方法和施工方法[14]。表 5.1 为根据土体类型与地基抗力系数的关系确定的地层侧压力系数参考值[15]。

表 5.1　全周弹簧模型土体侧压力系数 λ

土与水的计算方式	土的种类		λ 值	N 值
水土分算	砂性土	非常密实	0.45	$30 \leqslant N$
		密实	0.45~0.50	$15 \leqslant N < 30$
		中密、疏松	0.50~0.60	$N < 15$
水土合算	黏性土	硬	0.40~0.50	$8 \leqslant N < 25$
		中硬	0.50~0.60	$4 \leqslant N < 8$
		软	0.60~0.70	$2 \leqslant N < 4$
		极软	0.70~0.80	$N < 2$

5.2 试 验 设 计

试验具体针对广深港客运专线狮子洋隧道工程进出口段地层软硬不均问题开展研究。作为大型跨水下盾构隧道，狮子洋隧道工程穿越多种地层，地质条件复杂多变，地层性质呈现很大的不均匀性。根据工程相关地质勘察报告及地层侧压力系数参考表，本节试验主要探究软弱地层中侧压力系数分别为 0.5、0.6、0.7、0.8 的情况下，双层衬砌结构的力学特性变化规律及对高侧压力地层的适应性，试验工况见表 5.2。

表 5.2 试验工况表

试验序号	隧道规模/m	二次衬砌厚度/cm	连接方式	侧压力系数	水头高低/m
1	10.8	30	复合	0.5	30
2	10.8	30	复合	0.6	30
3	10.8	30	复合	0.7	30
4	10.8	30	复合	0.8	30

试验的加载方式属于"荷载-结构"加载法，模型土体主要模拟地层与管片衬砌的相互作用，从而起到分载的效果。首先施加竖向荷载，保证结构处于平面应变状态，然后施加均匀水压和非均匀水压，随后以分级加载方式同时施加水平方向的土压力[16]。

如图 5.2 所示，该试验装置采用分级加载形式，在垂直于管片衬砌横断面方向先控制竖向千斤顶，将模型纵向约束力设为 18MPa，竖向土压加至工程实际

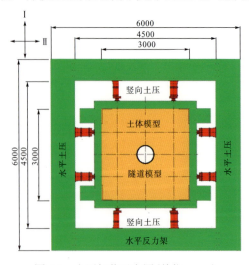

图 5.2 土压加载示意图(单位：mm)

埋深的设计荷载值(第 8 荷载步)后，在稳载状态下施作二次衬砌并继续加载，直至双层衬砌结构整体损伤破坏(第 24 荷载步)。其中，每一个荷载步的竖向土压(Ⅰ方向)按照千斤顶油压刻度以 0.4MPa 为增幅逐级加载，水平土压(Ⅱ方向)通过相应的侧压力系数计算得出后施加。

5.3　试验结果分析

5.3.1　管片衬砌内力分析

图 5.3 为不同侧压力系数条件下管片衬砌弯矩变化曲线，其中点划线为管片衬砌弹塑性分界点，虚线为管片衬砌失稳破坏临界点。试验加载过程中，二次衬砌在管片衬砌承受 100% 设计荷载值即第 8 加载步时施作[17]。

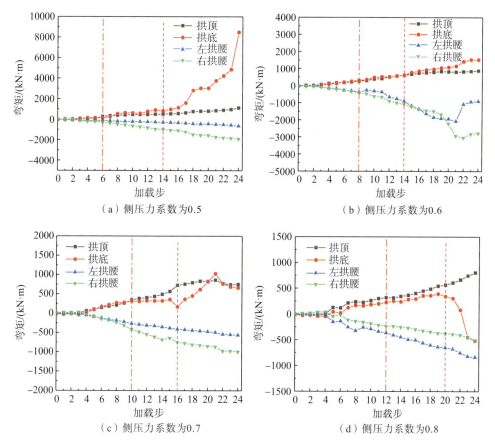

图 5.3　不同侧压力系数条件下管片衬砌弯矩随加载步变化曲线

由图 5.3 可知，侧压力系数为 0.5 时，在前 6 加载步加载过程中，管片衬砌弯矩与所受到的荷载呈线性关系，因此在前 6 加载步加载过程中管片衬砌处于弹性状态；在第 7~14 加载步加载过程中，管片衬砌进入弹塑性状态，其内部开始产生微观裂纹，并随着荷载的增大，管片中微观裂纹逐渐增大、发展直至贯通；当加载至第 14 加载步时，管片衬砌拱底位置处的弯矩迅速增大且并不收敛，根据试验观测结果，管片衬砌拱底位置此时发生失稳破坏。侧压力系数为 0.6 时，在前 8 加载步加载过程中，管片衬砌处于弹性阶段，在第 9~13 加载步加载过程中，管片衬砌处于弹塑性阶段，再继续加载至第 14 加载步时，管片衬砌左拱腰位置处的弯矩也开始迅速增大，表明管片衬砌拱腰位置已经发生失稳破坏；侧压力系数为 0.7 时，管片衬砌在加载至第 10 加载步时，其力学状态由弹性向塑性状态变化，加载至第 16 加载步时，管片衬砌拱底位置处的弯矩迅速增大，因此管片衬砌拱底位置已经发生失稳破坏；在侧压力系数为 0.8 时，第 12 加载步为管片衬砌的弹塑性分界点，在第 12~20 加载步加载过程中，管片衬砌处于弹塑性状态，在加载至第 20 加载步时，管片衬砌拱底位置所受弯矩迅速减小并不收敛，管片衬砌拱底位置发生了失稳破坏。以上现象表明，随着侧压力系数的增大，管片衬砌的弹塑性分界点和失稳破坏临界点均在逐渐后移，管片衬砌的极限承载能力逐渐增大。

由图 5.4 可知，当侧压力系数为 0.5 时，前 6 加载步管片衬砌处于弹性状态，其轴力随外部荷载呈线性关系，这与管片衬砌弯矩变化基本一致。随后，当管片衬砌处于弹塑性状态时，在第 7~14 加载步过程中，管片衬砌轴力开始逐渐增大，并于第 14 加载步时，管片衬砌拱底位置处轴力迅速增大并不收敛，发生失稳破坏。通过对比可以看出，其余侧压力系数下的管片衬砌轴力变化曲线反映的管片衬砌失稳荷载基本和弯矩一致，在试验加载过程中，盾构隧道管片衬砌所承受的弯矩在拱底和拱顶表现为内侧受拉，在左右拱腰则为外侧受拉。轴力以全环受压的形式存在。随着侧压力系数的增大，围岩土体对管片衬砌变形的约束作

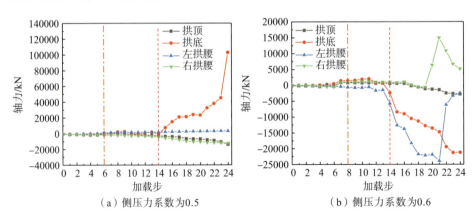

（a）侧压力系数为0.5　　　　　　　（b）侧压力系数为0.6

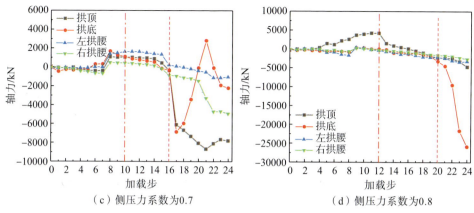

（c）侧压力系数为0.7　　　　　　（d）侧压力系数为0.8

图 5.4　不同侧压力系数条件下管片衬砌轴力随加载步变化曲线

用增强，导致管片衬砌的弹塑性临界荷载及失稳破坏的临界荷载增大，弹塑性阶段延长，其承受极限荷载能力增强。此外，管片衬砌的失稳位置逐渐由拱底和拱腰向拱顶转移。

5.3.2　二次衬砌内力分析

图 5.5 为二次衬砌弯矩随加载步变化曲线，虚线为二次衬砌失稳破坏临界点。由图可以看出，二次衬砌在施作完成后即开始承受一定的弯矩，在其施作过程中石膏的水化作用导致二次衬砌内部出现初始应力。当侧压力系数为 0.5 时，根据弯矩变化，加载至第 14 加载步，二次衬砌的右拱腰和拱顶位置轴力突变，发生失稳破坏；当侧压力系数为 0.6 时，加载至第 8 加载步，施作二次衬砌，继续加载至 14 加载步时，二次衬砌左拱腰位置所受弯矩迅速增大，该位置已经发生失稳破坏；当侧压力系数为 0.7 时，加载至第 21 加载步，二次衬砌在拱顶、拱底位置处所受弯矩均迅速改变，该位置已经发生失稳破坏；当侧压力系数增

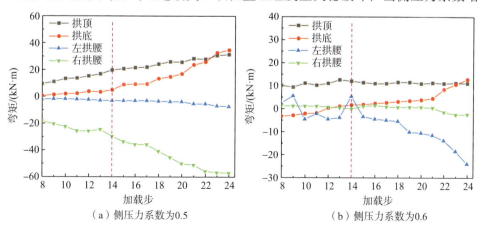

（a）侧压力系数为0.5　　　　　　（b）侧压力系数为0.6

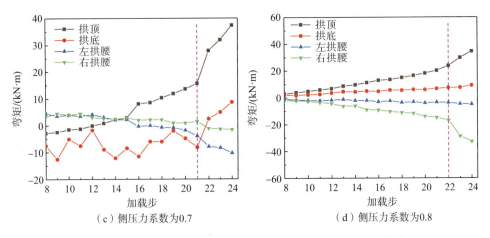

（c）侧压力系数为0.7　　　　　　　　（d）侧压力系数为0.8

图5.5　不同侧压力系数条件下二次衬砌弯矩随加载步变化曲线

至 0.8 时，加载至第 22 加载步，二次衬砌左拱腰、右拱腰和拱底位置发生失稳破坏，侧压力系数从 0.6 增至 0.7 时，二次衬砌失稳荷载变化最大，该阶段为 7 个加载步。

　　如图 5.6 所示，二次衬砌所受的弯矩与管片衬砌表现相似，都表现为拱底、拱顶内侧受拉，左拱腰、右拱腰外侧受拉；随着侧压力系数的增大，二次衬砌失稳破坏时所受荷载增大，侧压力系数越大，二次衬砌协助管片衬砌承载时机越晚，其发生失稳破坏的位置集中在二次衬砌拱腰位置。二次衬砌开始失稳破坏要晚于管片衬砌失稳破坏，因此二次衬砌能够分担管片衬砌所受荷载，侧压力系数的增大有利于增强二次衬砌的承载能力，但所承担的荷载水平更低。由于在施作二次衬砌过程中石膏的水化作用，受其装配应力的影响，二次衬砌在开始阶段就承受一定轴力，图中虚线为二次衬砌失稳破坏标示处，随着侧压力系数的增大，二次衬砌失稳破坏临界荷载值增加，较高的侧压力系数使得二次衬砌失稳破坏位置主要集中在拱顶和拱底。

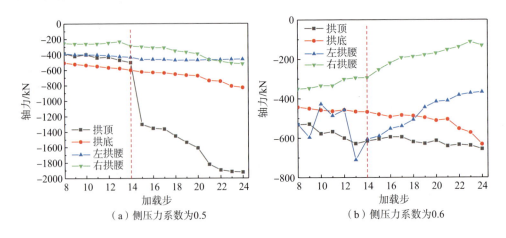

（a）侧压力系数为0.5　　　　　　　　（b）侧压力系数为0.6

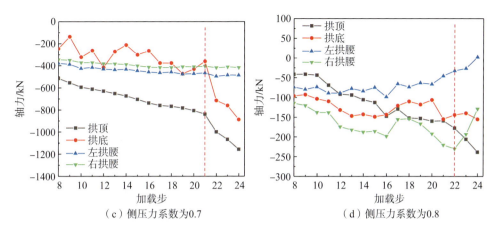

（c）侧压力系数为0.7　　　　　（d）侧压力系数为0.8

图 5.6　不同侧压力系数条件下二次衬砌轴力随加载步变化曲线

相对于管片衬砌，二次衬砌的失稳破坏发生时间较晚。因此，二次衬砌能够有效协助管片衬砌承担外部荷载。增大侧压力系数有助于提高二次衬砌的承载能力，确保盾构隧道双层衬砌结构的安全性。在竖向土荷载恒定的情况下，地层侧压力系数增加对双层衬砌结构的极限承载能力有显著的提升效果。高地层侧压力下，双层衬砌的极限轴力增大，弹塑性临界点与内力突变点滞后，二次衬砌补强了管片衬砌的承载性能，双层衬砌整体更加趋于静水压力场状态。

在管片衬砌和二次衬砌所受内力方面，随着侧压力系数的增大，管片衬砌与二次衬砌在加载过程中，临界弹塑性分界点滞后，且弯矩、轴力突变点滞后，其承受的极限弯矩及轴力增大；在二次衬砌施作完成之后，管片衬砌在后续一段加载过程中，所受弯矩与轴力继续保持随加载进行呈线性变化的趋势。总体上，侧压力系数的增大，限制管片衬砌及二次衬砌的侧向变形，提高二次衬砌极限承载能力，二次衬砌的施作能补强管片衬砌承载能力，提高盾构隧道双层衬砌结构的安全性。相比于单层管片衬砌，双层衬砌结构在补强、防水和防侵蚀等方面具有更大优势，而目前国内建设的盾构隧道基本上都采用单层衬砌的形式，对于盾构隧道双层衬砌结构的力学特性研究较少，未来面对大量复杂地层的交通盾构隧道的修建需求，关于盾构隧道双层衬砌力学特性的研究对盾构隧道双层衬砌的设计和建设有较大的参考价值[18]。

5.3.3　双层衬砌整体收敛变形

图 5.7 为不同侧压力系数对应的双层衬砌周边收敛变化曲线（位移数据以径向向内为正）。由图可以看出，在外部荷载的作用下，隧道拱顶发生沉降变形、拱底隆起、左右拱腰变形径向向外，衬砌整体椭变呈"横鸭蛋"状，最大位移出现在双层衬砌拱底处，最大位移随加载步增加而不断增大。二次衬砌施作后，双

层衬砌变形速率减缓，衬砌整体刚度加强。随着侧压力系数的增大，双层衬砌变形由拱腰外凸向拱顶和拱底外凸趋近，最后变形趋于均匀，结构椭圆度下降；盾构隧道管片衬砌承受荷载的能力增大，管片衬砌变形形式由拱腰外凸到拱顶和拱底外凸，再到均匀变形变化，并且管片衬砌临界失稳位置处的变形位移减小；变形开始快速增大，开始集中出现在管片衬砌的拱底和右拱腰位置，二次衬砌施作后，由于其直接增大管片衬砌变形刚度，降低管片衬砌变形随加载增长速率，可改善管片衬砌承受外荷载的力学特性。土体的侧压力系数的增大，有利于改善管片衬砌承受外荷载形式，使得管片衬砌变形更加均匀，并有效增大管片衬砌承受外荷载的能力。

表 5.3 为提取的双层衬砌失稳时对应的位移数据。随着侧压力系数的变化，双层衬砌失稳破坏时的变形结果有所差异。由表 5.3 中的数据可得，侧压力系数从 0.5 增大至 0.8，双层衬砌失稳荷载等级增大，双层衬砌承载能力增强。双层衬砌失稳临界变形值由 15.17mm 降至 9.45mm，减小了 37.71%，可以认为地层侧压力的增大限制了双层衬砌的横向变形。

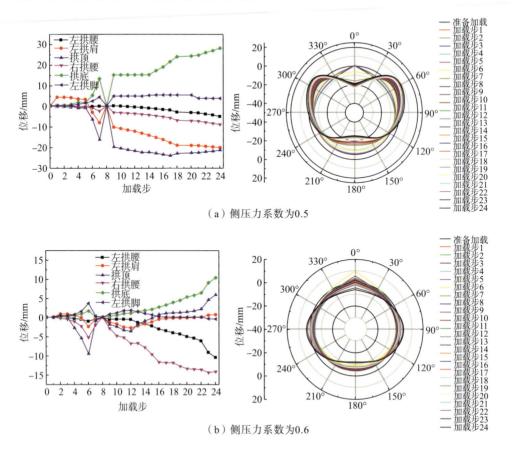

（a）侧压力系数为0.5

（b）侧压力系数为0.6

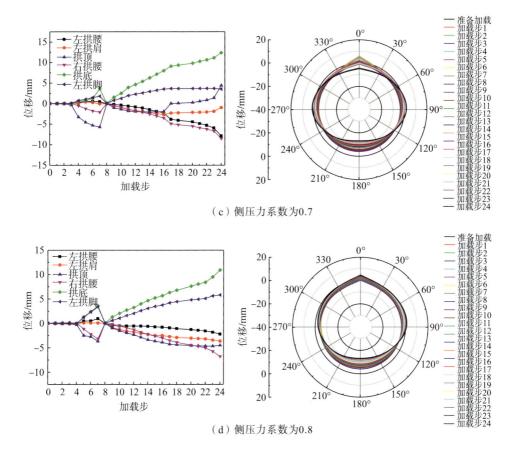

（c）侧压力系数为0.7

（d）侧压力系数为0.8

图 5.7　不同侧压力系数条件下衬砌变形随加载步变化图

表 5.3　双层衬砌失稳变形统计表

侧压力系数	失稳荷载等级	失稳位置	失稳位移/mm
0.5	14	拱底	15.17
0.6	14	拱底	10.68
0.7	21	拱底	10.59
0.8	22	拱底	9.45

　　为探明双层衬砌中二次衬砌与管片衬砌的相互作用关系，进一步分析地层侧压力系数对双层衬砌结构受力及变形特性的影响，需对双层衬砌内力与变形结果进行联合分析。基于此，将试验中二次衬砌失稳破坏时双层衬砌的关键数据汇总于表 5.4。

表 5.4 双层衬砌结构失稳破坏试验结果汇总

参数		二次衬砌失效对应的衬砌结构试验数据				
		竖向外荷载 /kPa	最大径向位移 /mm	最大弯矩值 /(kN·m)	最大轴力 /kN	最大偏心距 /m
侧压力系数	0.5	57.34	15.17	954.26	4322.43	220.77
	0.6	57.34	10.68	885.52	5699.15	155.54
	0.7	91.42	10.59	845.73	8030.46	105.32
	0.8	95.41	9.45	750.54	9421.30	79.66

由表 5.4 中各项数据可以看出，在二次衬砌的辅助下，失稳破坏阶段双层衬砌整体的内力与变形量均处于较高水平，管片衬砌的承载能力得到了强化。地层侧压力系数增加使得双层衬砌能够承受更大的外部荷载。侧压力系数从 0.5 增长至 0.8，二次衬砌失效时的竖向外荷载增加了 66.39%，管片衬砌所承受的最大轴力增大了 117.96%，最大弯矩减小了 21.35%。此时，双层衬砌的最大径向位移反而从 15.17mm 减小至 9.45mm，最大偏心距从 220.77mm 减小至 79.66mm，表明结构的失稳变形减小，结构可靠性增强。其中，地层侧压力系数由 0.6 变为 0.7 时变化最为明显，双层衬砌结构承载能力提高了 59.43%；侧压力系数为 0.6 时，双层衬砌结构所能承受的最大竖向外荷载虽然没有改变，但最大径向位移与最大偏心距均大幅减小，很好地改善了双层衬砌结构的受力状态与变形。

试验过程中，存在管片衬砌结构内力突变先于二次衬砌的现象。究其原因，是二者的刚度存在差异，两者共同承载的过程中，刚度较低的管片衬砌通过变形将部分外部荷载传递给二次衬砌（管片衬砌与二次衬砌的相互作用），完成了其自身的内力调整；二次衬砌则由于刚度较大，通过变形进行内力调整的能力相对较弱，在其荷载持续增加的情况下，内力随之增加，达到其承载极限时会出现损伤及局部破坏，进而释放变形，导致其内力突变。两者发生内力突变的本质不同，管片衬砌结构的内力突变通过与二次衬砌接触传递荷载实现，二次衬砌结构的内力突变则通过结构损伤破坏实现[19]。

5.3.4 双层衬砌接触压力分析

如图 5.8 所示，柱状图表示在施作二次衬砌完成之后，管片衬砌与二次衬砌、管片衬砌与地层在拱顶位置处的接触压力与理论拱顶外荷载，随加载进行的变化及其之间的相互关系。

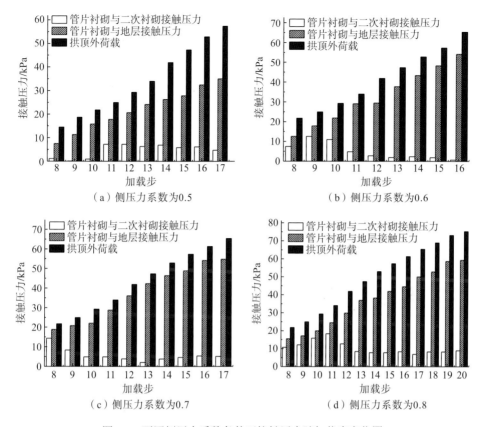

图 5.8 不同侧压力系数条件下接触压力随加载步变化图

当侧压力系数为 0.5 时,在二次衬砌施作完成至第 11 加载步,管片衬砌所受接触压力逐渐增大;继续加载至第 17 加载步,管片衬砌承受最大土体接触压力为 34.98kPa,理论拱顶压力为 57.34kPa,承受外荷载比例为 61.0%;在二次衬砌施作完成之后的第 11 加载步,二次衬砌受到来自管片衬砌的接触压力达到最大值 7.18kPa,并在后续加载步中逐渐降低。当侧压力系数为 0.6 时,在二次衬砌施作完成至第 11 加载步,管片衬砌所受接触压力随加载进行呈线性递增,在第 15、16 加载步加载过程中,管片衬砌所受地层接触压力由 48.28kPa 增大到 54.21kPa,增幅为 12.3%。当侧压力系数为 0.7 时,在二次衬砌施作完成至第 15 加载步,管片衬砌所受接触压力随加载进行逐渐增大;在第 16、17 加载步由于管片衬砌进一步损伤,结构刚度降低,其所受接触压力基本不变;在第 17 加载步,管片衬砌承受地层接触压力达到最大值 54.82kPa,理论拱顶外荷载为 61.33kPa,承受外荷载比例为 89.4%,在二次衬砌施作完成后,其与管片衬砌之间的接触压力达到最大值 14.31kPa,并在后续加载步逐渐降低。当侧压力系数为 0.8 时,二次衬砌在施作完成后加载至第 18 加载步,管片衬砌与土体之间的接触压力逐渐增大；在第 20 加载步，其所受来自地层接触压力达到最大值 59.27kPa，理论拱顶外荷载为 75.20kPa，承受外荷载比例为 78.8%，二次衬砌在施作完成后加载至第 11 加载步，其与管片衬砌之间的接触压力逐渐增大并达到最大值 18.35kPa，在后续加载步中逐渐减小，第 13 加载步之后趋于稳定。

结合以上的分析结果，得到接触压力数据汇总表 5.5，侧压力系数从 0.5 增大到 0.8，二次衬砌与管片衬砌接触压力最大值由 7.18kPa 增大到 18.35kPa，增幅为 155.6%，管片衬砌与土体接触压力最大值由 34.98kPa 增大到 59.27kPa，增幅为 69.4%。由此可知，侧压力系数的增大，对二次衬砌承载能力提高的效果优于对管片衬砌承载能力提高的效果，尤其在侧压力系数由 0.5 增大到 0.6 的过程中，二次衬砌与管片衬砌接触压力最大值由 7.18kPa 增大到 12.53kPa，增幅为 74.5%，管片衬砌与土体接触压力最大值由 34.98kPa 增大到 54.21kPa，增幅为 55.0%，其增幅明显高于侧压力系数由 0.6 到 0.7、由 0.7 到 0.8 过程中管片与土体的最大接触压力的增幅。因此，土体侧压力系数在 0.5～0.6 范围内变化，其对管片衬砌及二次衬砌极限荷载承载力的影响最为明显。总体上，随着侧压力系数的增大，围岩土体承载能力提高，二次衬砌在加载过程中所受极限荷载增大，同时所受极限荷载时机越晚；管片衬砌在加载过程中，承受外荷载能力增大，同时其承受极限外荷载时机与二次衬砌一样滞后。因此，从二次衬砌所受外荷载与管片衬砌所受外荷载这两个指标来看，侧压力系数的增大有利于提高管片衬砌及二次衬砌承载极限承载能力；同时，二次衬砌的施作能够协助管片衬砌进行承载，尤其在管片衬砌处于弹塑性力学状态时。总体上，侧压力系数增大有利于提高管片衬砌及二次衬砌抵抗外荷载能力，也有利于提高盾构隧道双层衬砌极限承载能力。

表 5.5　接触压力信息表

试验序号	二次衬砌与管片衬砌接触压力最大值及其加载步	管片衬砌与土体接触压力最大值及其加载步
1	7.18kPa(第 11 加载步)	34.98kPa(第 17 加载步)
2	12.53kPa(第 9 加载步)	54.21kPa(第 16 加载步)
3	14.31kPa(第 8 加载步)	54.82kPa(第 17 加载步)
4	18.35kPa(第 11 加载步)	59.27kPa(第 20 加载步)

5.3.5　双层衬砌渐进性破坏过程声发射信息分析

试验全过程利用声发射仪器监测不同地层侧压力系数下随加载步变化的声发射事件率及累计声发射事件数，从能量角度揭示双层衬砌的损伤过程及地层侧压力系数改变带来的影响。侧压力系数分别为 0.5、0.6、0.7、0.8 时声发射事件率及累计声发射事件数随加载步变化曲线如图 5.9 所示。

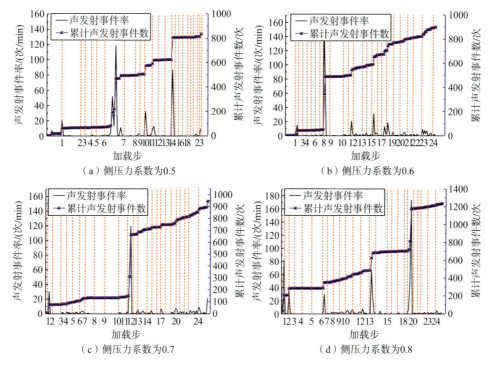

图 5.9　不同侧压力系数下加载全过程声发射信息

由图 5.9 可知，当侧压力系数为 0.5 时，管片衬砌在第 6～7 加载步下从弹性阶段过渡到了弹塑性阶段，施作二次衬砌后声发射信号趋于平稳，直到施加第 14 加载步后，双层衬砌整体失稳破坏，此时累计声发射事件数达 836 次。随着侧压力系数的增大，管片衬砌单独承载情况下进入弹塑性阶段需要的荷载不断增大，同时双层衬砌失稳破坏的临界荷载也逐渐增大。当侧压力系数为 0.6 时，在第 8～9 加载步的加载过程中，声发射事件率及累计声发射事件数第一次迅速增大，根据管片衬砌内力及位移变形结果，管片衬砌弹性受力状态结束，并进入弹塑性阶段；在随后的加载过程中，声发射事件率变化较小，累计声发射事件数持续增大，在加载至第 15 加载步，声发射事件率突然增大，整个管片衬砌发生失稳破坏，其累计声发射事件数达到最大值 900 次。当侧压力系数为 0.7 时，加载至第 11～12 加载步，声发射事件率及累计声发射事件数迅速增大，根据管片衬砌内力及位移变形结果，在加载至第 10 加载步，管片衬砌弹性状态结束进入弹塑性状态；在后续加载过程中，声发射事件数持续增大，并在第 17 加载步，累计声发射事件率发生变化，管片衬砌发生失稳破坏，其累计声发射事件数达到最大值 945 次。当侧压力系数增至 0.8 时，整体失稳破坏累计声发射事件数达到 1236 次，增加了 47.8%，可认为破坏前双层衬砌整体吸收了更多能量而产生了更多裂纹。

　　总体上，由试验加载过程中的声发射事件率及累计声发射事件数可知，声发射事件率及累计声发射事件数发生突变的加载步与管片衬砌内力及位移变形发生突变的加载步相对应，随着侧压力系数的增大，声发射事件率及累计声发射事件数发生突变时，管片衬砌所承受荷载增大，并在其整体失稳破坏时，声发射事件率及累计声发射事件数呈逐渐降低的趋势，限制了管片衬砌侧向位移变形，使声发射事件率及声发射事件数迅速增大的时机滞后。同时，在二次衬砌施作完成之后，声发射事件数增长速度受到抑制，管片衬砌的破坏过程受到抑制。

5.3.6　双层衬砌破坏形态分析

　　在加载试验结束之后，对辅助承载的二次衬砌进行清理，观察作为主要承载结构的管片衬砌的宏观破坏裂纹。如图 5.10 所示，为研究不同地层侧压力系数下双层衬砌结构破坏形态的影响规律，结合加载全过程声发射信息，最终绘制出管片衬砌破坏形态素描图。素描图以拱底为起点沿顺时针绘制，数字表示破坏区域编号，红色实线代表管片衬砌外侧破坏裂纹，绿色虚线代表内侧破坏裂纹。

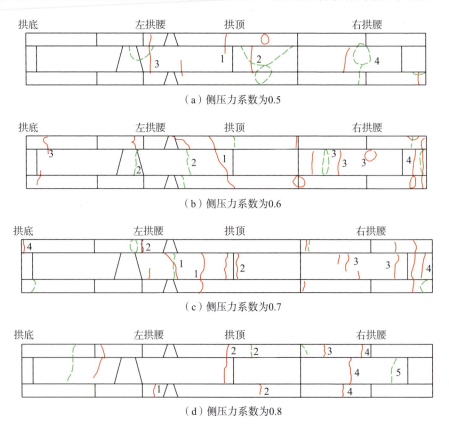

（a）侧压力系数为0.5

（b）侧压力系数为0.6

（c）侧压力系数为0.7

（d）侧压力系数为0.8

图 5.10　管片衬砌破坏形态素描图

由图 5.10 可知,在侧压力系数为 0.5 的条件下,管片衬砌破坏裂纹早期主要出现在拱顶位置,随后向拱腰位置延伸,裂纹具体表现为拉伸破坏和剪切破坏以及局部掉块现象。随着地层侧压力系数的增大,二次衬砌破坏裂纹数量少量增长,裂纹整体发育程度下降,局部掉块现象减少,剪切与拉伸破坏产生的裂纹由左右拱腰向拱顶转移。在侧压力系数为 0.8 的条件下,管片衬砌局部掉块现象消失,仅在左右拱腰处有少数剪切破坏及拉伸破坏裂纹出现。由此可见,地层侧压力系数的增加延缓了管片衬砌局部裂纹的产生,提高了双层衬砌的承载能力及结构的整体安全性。随着侧压力系数的增大,管片衬砌破坏形式由局部的挤压式破坏向拉伸式破坏、剪切式破坏变化,同时,管片衬砌从开始损伤到最终失稳破坏,其宏观裂纹数量降低,表现为脆性破坏特征,整个破坏过程开始从拱顶开始,遍历整个管片衬砌,最终在拱底位置处发生失稳破坏后,整个管片衬砌失稳破坏。

通过模型试验破坏过程监测,综合管片衬砌破坏全过程信息,得到管片衬砌破坏过程记录表(表 5.6)。随着加载的进行,管片衬砌内侧和外侧的破坏都是由左拱腰和拱顶位置发起,并在右拱腰和拱底位置发生失稳破坏时,整个管片衬砌失稳破坏,失去对外荷载的承载能力,同时随着侧压力系数的增大,管片衬砌从开始失稳破坏到最终失稳破坏所经历的破坏过程越长,最终失稳破坏所能承受极限荷载越大。

表 5.6　管片衬砌破坏过程记录表

试验序号	衬砌(内/外)	破坏过程
1	内	拱顶→右拱腰
	外	左拱腰→拱顶→右拱腰
2	内	左拱腰→拱顶→右拱腰→拱底
	外	拱顶→右拱腰→拱底
3	内	左拱肩→拱顶→右拱腰→拱底
	外	左拱肩→拱顶→右拱肩→右拱腰→拱底
4	内	左拱肩→拱顶→右拱肩→右拱腰→拱底
	外	左拱肩→拱顶→右拱肩→右拱腰→拱底

通过以上不同侧压力系数管片衬砌破坏过程的比较,可知随着侧压力系数的增大,管片衬砌出现挤压式局部掉块的可能性降低,破坏裂纹主要集中位置由左右拱腰变为拱顶和拱底,同时管片破坏裂纹数量减少,管片承受荷载能力增强;随着侧压力系数的增大,管片衬砌从开始失稳破坏到最终整体失稳破坏所经历的失稳过程变长。综上所述,侧压力系数的增大有利于提高管片衬砌的承载能力和衬砌结构的安全性。

参 考 文 献

[1] 何川, 封坤. 大型水下盾构隧道结构研究现状与展望[J]. 西南交通大学学报, 2011, 46(1): 1-11.

[2] 王士民, 刘畅, 马晓斌, 等. 盾构隧道双层衬砌结构受力特点及影响因素研究[J/OL]. [2024-09-01]. https://doi.org/10.15951/j.tmgcxb.23100903.

[3] 马晓斌, 王士民, 刘畅, 等. 地层侧压力系数对盾构隧道双层衬砌结构力学特性影响模型试验研究[J/OL]. [2024-09-01]. http://kns.cnki.net/kcms/detail/32.1124.TU.20240315.0912.002.html.

[4] 黄锋, 朱涛, 刘星辰, 等. 侧压系数对高应力破碎区隧道结构受力影响的试验研究[J]. 铁道学报, 2023, 45(12): 174-181.

[5] 郭瑞, 何川. 盾构隧道管片衬砌结构稳定性研究[J]. 中国公路学报, 2015, 28(6): 74-81.

[6] 王士民, 申兴柱, 彭博, 等. 侧压力系数对盾构隧道管片衬砌受力及破坏形态的影响研究[J]. 铁道学报, 2019, 41(7): 102-109.

[7] 梁英俊. 土层侧压力系数试验测定及其对盾构管片内力的影响分析[D]. 北京: 北京交通大学, 2011.

[8] 郭瑞, 何川, 封坤, 等. 弱抗力地层盾构隧道失稳破坏的模型试验研究[J]. 铁道学报, 2015, 37(3): 72-78.

[9] 蒋洪胜, 刘国彬. 基坑主动区土压力计算模式的分析研究[J]. 山东建筑工程学院学报, 1998, 13(2): 16-20.

[10] 黄院雄, 刘国彬, 张建峰. 考虑时空效应的有支护深基坑主动区土压力的取值[J]. 地下工程与隧道, 1998, (2): 14-21, 25.

[11] 宋玉香, 贾晓云, 朱永全. 地铁隧道竖向土压力荷载的计算研究[J]. 岩土力学, 2007, 28(10): 2240-2244.

[12] 张厚美, 张良辉, 马广州. 盾构隧道围岩压力的现场监测试验研究[J]. 隧道建设, 2006, (S2): 8-11, 46.

[13] 土木学会. 隧道标准规范(盾构篇)及解说[M]. 朱伟, 译. 北京: 中国建筑工业出版社, 2001.

[14] 何川. 水下隧道[M]. 成都: 西南交通大学出版社, 2011.

[15] 邹志林. 海底取水盾构隧道双层衬砌结构受力特性研究[D]. 长沙: 中南大学, 2013.

[16] 王士民, 陈兵, 王先明, 等. 盾构隧道二次衬砌合理施作时机模型试验研究[J]. 岩土工程学报, 2020, 42(5): 882-891.

[17] Wang S M, Jian Y Q, Lu X X, et al. Study on load distribution characteristics of secondary lining of shield under different construction time[J]. Tunnelling and Underground Space Technology, 2019, 89: 25-37.

[18] 刘洋, 龚振华, 梁敏飞, 等. 考虑变荷载影响的水下盾构隧道双层衬砌力学特性分析[J]. 铁道标准设计, 2022, 66(7): 101-107.

[19] Wang S M, Ruan L, Shen X Z, et al. Investigation of the mechanical properties of double lining structure of shield tunnel with different joint surface[J]. Tunnelling and Underground Space Technology, 2019, 90: 404-419.

第6章 二次衬砌结构参数对盾构隧道双层衬砌力学特性的影响

衬砌结构参数是盾构隧道结构设计中的关键问题,不同的管片衬砌结构参数,在管片衬砌对地层的支护作用过程中所反映出的物理、力学性能是有差别的,已有研究针对管片衬砌结构参数展开,主要涉及管片衬砌分块方式、厚度、环宽、接头设计等方面[1-4]。良好的参数选择不仅可以降低成本、提高安全性,对于结构的环境适应性、后期的管理维护效率也能起到有益作用。同理,二次衬砌结构参数对于盾构隧道双层衬砌力学特性的重要性不言而喻,二次衬砌结构参数不同,管片衬砌与二次衬砌结构之间的相互作用机理亦有所不同,因此探究不同二次衬砌结构参数对双层衬砌力学性能的影响具有较高的实际工程意义。

6.1 二次衬砌结构参数研究

近年来,随着大断面盾构隧道的兴起,断面结构尺寸增大,工程地质环境复杂,对于结构安全的要求也日益提高,开展盾构隧道二次衬砌不同设计参数对其力学特性的影响研究,对于保证盾构隧道二次衬砌结构中的管片衬砌及二次衬砌结构受力的合理性十分重要。基于此,部分学者对二次衬砌结构参数进行了研究,主要包括建筑材料、衬砌结构形式、二次衬砌厚度等。

1. 建筑材料

建筑材料是二次衬砌设计的首要因素,设计时需要考虑到结构整体强度、耐久性、防水性能等方面。除了水工隧道等特殊用途的地下结构,盾构隧道二次衬砌的材料多选用素混凝土,如日本东京湾海底隧道、沪通铁路吴淞口长江隧道,有时也可以按照将来荷载的变化情况设置若干钢筋。对于铁路、公路盾构隧道,从耐久性观点考虑,也有以控制二次衬砌裂缝宽度为目的而实施的工程案例,在实际作业中多配置网筋和构造钢筋。本书的依托工程广深港客运专线狮子洋隧道,在设计时考虑到高速铁路隧道的洞内空气压力变化剧烈、行车所产生的洞内瞬时风速极高的影响,采用普通素混凝土极有可能导致局部衬砌混凝土掉落而影响行车安全,最终选择了"管片+钢筋混凝土"。

目前,对于盾构隧道双层衬砌结构材料的选择,国内外规范给出了参考性原则，日本规范《隧道标准示范书》(2006 年版)指出，一般情况下二次衬砌不承担荷载，仅将其设计为安全储备，采用 30cm 厚的素混凝土即可；我国规范中对于城轨交通、铁路、城市道路及公路盾构隧道，并不建议采用素混凝土结构[5]。研究人员也对隧道衬砌结构的材料选择进行了研究，杨建民和谭忠盛[6]依托郑州至西安高速铁路隧道工程，采用数值模拟对高铁隧道二次衬砌设置钢筋混凝土的必要性与配筋设计原则进行了研究，经过对比中国、德国和日本的隧道设计规范，发现现阶段按照规范设计荷载进行配筋设计过于保守，设计过程中应重点通过工程类比，并结合计算综合确定，在考虑混凝土收缩徐变、安全储备及施工因素等诸多不利影响后，给出二次衬砌配筋设计原则维持现行的建议。张建刚等[7]采用壳-弹簧计算模型探究了钢筋混凝土管片的优化配筋措施，并结合施工现场调查提出了对应的局部配筋方法。贾永刚等[8]基于传统盾构隧道管片存在的整体性差、抗变形能力弱的问题，在钢筋混凝土结构的基础上引入了预应力系统，通过数值模拟验证了该系统的优越性。姜华龙[9]为确保盾构隧道无配筋二次衬砌大断面隧道结构安全与稳定性，提出了相应素混凝土衬砌隧道施工关键技术，包括二次衬砌结构加固技术、注浆加固技术及监控量测技术等。张冬梅等[10]提出钢筋钢纤维混凝土内衬形式，并开展了室内原型试验。研究发现，盾构管片衬砌接缝是双层衬砌抗拉薄弱部位，在内衬开裂后钢纤维起到了很好的限裂作用。

通过调研发现，一般来说，盾构隧道双层衬砌结构常选择素混凝土与钢筋混凝土，但对于两种建筑材料的选择，国内外规范及现有研究并未形成统一的计算方法和定量指标，大多依靠工程类比，缺乏有效的数据支持，因此对于二次衬砌结构材料的选择，还需要进一步研究。

2. 衬砌结构形式

盾构隧道双层衬砌结构发展至今，工程领域内常见的是全环双层衬砌，即管片衬砌+全断面内衬的形式，如图 6.1(a)所示。单层管片衬砌施工完成后，在其

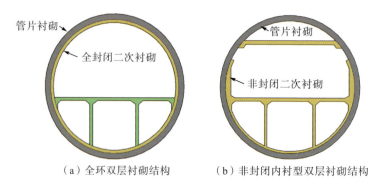

（a）全环双层衬砌结构　　　　（b）非封闭内衬型双层衬砌结构

图 6.1　盾构隧道双层衬砌结构形式

内部再现浇一层二次衬砌的结构，目前在水工隧道、城市下水道等领域广泛应用，部分公路、铁路隧道有特殊需要时也采用该种结构类型。通过调研分析发现，在交通隧道中采用双层衬砌结构或在管片衬砌内部施加内衬的案例并不多见，尤其在考虑经济性及长期安全性的前提下，对于内衬或双层衬砌的使用更是慎之又慎。然而，在面对火灾、车辆撞击，甚至爆炸等潜在威胁时，应对软弱地层，管片衬砌结构刚度或安全储备的缺乏又让设计者难以权衡。

鉴于此，部分学者提出管片衬砌+拱部非封闭内衬的"非封闭内衬型双层衬砌结构"[11,12]。具体做法为：在管片衬砌施工完成后，在隧道的仰拱和边墙部位再现浇一层二次衬砌，在隧道的拱顶部位不设置二次衬砌，因此是非封闭的。当隧道内设置有用于铺设公路交通的车道板时，车道板可以作为非封闭内衬的一部分加以应用。该种结构类型是近年来开发的，适用于高水压、强透水的粉细砂地层的公路隧道，二次衬砌是利用圆形隧道内轮廓与建筑限界之间的富余空间浇筑的，因此与单层衬砌相比，没有增加隧道直径；与双层衬砌相比，可减小隧道直径，如图 6.1(b)所示。

3. 二次衬砌厚度

衬砌厚度是影响管片衬砌力学特征和破坏形态的重要因素，也是结构设计的重要参数。二次衬砌的厚度需根据隧道的使用目的、隧道洞径和施工方法等因素来确定，且衬砌厚度与隧道的直径关系不大，非结构性二次衬砌的厚度一般为 15～30cm，结构性二次衬砌的厚度则由计算结果来确定。郭文琦等[13]依托工程实际建立了盾构隧道纵向三维壳-弹簧力学分析模型，结合结构变形受力与工程造价给出了盾构隧道双层衬砌结构的合理厚度取值建议，以直径 12m 级盾构隧道为例，其二次衬砌厚度取为 35cm 为宜。邓亚虹等[14]对双层衬砌结构在地裂缝作用下的受力和变形进行了数值模拟研究，结果表明，内衬厚度对衬砌受力和变形均有较大影响，衬砌越厚，应力和变形越小，但厚度超过 30cm 后再增加厚度，效果明显减弱。晏启祥等[15]采用梁-接头弹簧-接合面压杆模型探讨了二次衬砌厚度对双层衬砌力学行为的影响，结果表明，特定荷载下，当管片衬砌厚度一定时，增加二次衬砌厚度，双层衬砌的弯矩明显增大，而双层衬砌的轴力变化较小；双层衬砌的弯矩在管片衬砌和二次衬砌之间的分配比例与管片衬砌和二次衬砌的相对厚度无线性关系。周济民[16]结合狮子洋隧道施工现场情况，建立了盾构隧道双层衬砌横向有限元计算模型。研究发现，较大的二次衬砌厚度对管片衬砌和二次衬砌结构受力存在不利的影响，仅从结构受力角度出发，二次衬砌厚度取值在 30～40cm 较为合理，在设计时应考虑管片衬砌与二次衬砌结构的受力条件和使用要求，并参照以往工程实例，综合确定盾构隧道二次衬砌的厚度。Wang 等[17]采用室内模型试验探讨了在管片衬砌厚度一定的条件下，二次衬砌厚度增加对管片衬砌和二次衬砌极限承载能力的提升效果，研究发现，当二次衬砌厚度超过 30cm 后，增加二次衬砌厚度对于双层衬砌极限承载能力的提升幅度减小。

综上，目前针对盾构隧道二次衬砌结构参数的研究已经形成了一定成果，但以数值模拟为主，模型试验方法并不多见，且缺乏系统性研究，相对而言，数值模拟简便高效但为工程提供的参考性意义不足。因此，本章采用模型试验对盾构隧道二次衬砌结构参数进行研究，结合工程实际，主要探索二次衬砌材料（钢筋混凝土/素混凝土）、二次衬砌厚度两种因素变化下的双层衬砌结构力学特性。

6.2　二次衬砌配筋对盾构隧道双层衬砌结构力学特性的影响

6.2.1　试验设计

由文献调研可知，目前常见的盾构隧道双层衬砌结构材料有素混凝土、钢筋混凝土两种形式，因此本节对以上两种材料进行研究。为便于量化试验材料指标，以二次衬砌配筋与否对二次衬砌材料进行简单界定，试验分组如表 6.1 所示。试验 1 对应二次衬砌配筋工况，在试验过程中，预先放置绑扎好的钢筋笼，然后浇筑二次衬砌，并烘干至标准强度；试验 2 对应二次衬砌不配筋工况（素混凝土工况），在试验过程中，直接浇筑二次衬砌并烘干至标准强度即可，如图 6.2 所示。

表 6.1　试验工况表

试验序号	隧道规模/m	二次衬砌厚度/cm	连接方式	侧压力系数	水头高低/m	二次衬砌配筋	施作时机
1	10.8	30	复合	0.5	30	是	100%
2						否	100%

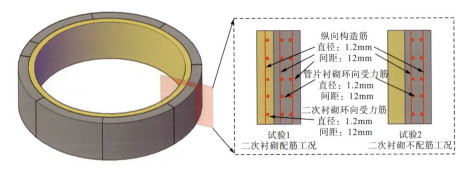

图 6.2　盾构隧道双层衬砌配筋试验设计

6.2.2　试验结果分析

1. 管片衬砌内力分析

在二次衬砌配筋与不配筋情况下管片衬砌轴力变化曲线如图 6.3 所示。从图中不难看出，两种工况下，前 6 加载步加载过程中管片衬砌所受到轴力随外荷载增大而线性增大，可认为此阶段为管片衬砌弹性受力阶段，因此将第 6 加载步定义为管片衬砌弹性分界点。在此加载步后，两个工况下的管片衬砌轴力开始出现非均匀变化。在二次衬砌配筋条件下，当荷载加载至第 14 加载步时，管片衬砌拱底位置处所受轴力迅速增大并呈不收敛状态。根据模型试验观测结果，管片衬砌在拱底位置发生破坏，可认定此时结构发生失稳，将第 14 加载步定义为二次衬砌配筋工况时的管片衬砌失稳破坏临界点。在第 6～14 加载步，管片衬砌处于弹塑性受力阶段；在二次衬砌不配筋条件下，当荷载加载至第 12 加载步时，管片衬砌拱底位置处所受轴力突增，随后迅速减小并不收敛，同理可将第 12 加载步定义为二次衬砌不配筋工况时的管片衬砌失稳破坏临界点。在第 6～12 加载步，管片衬砌处于弹塑性受力阶段。

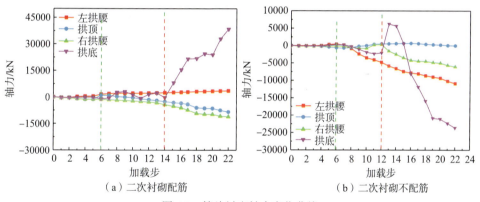

（a）二次衬砌配筋　　　　　　　（b）二次衬砌不配筋

图 6.3　管片衬砌轴力变化曲线

当二次衬砌配筋时，管片衬砌轴力变化较大，在第 6 加载步，管片衬砌最大轴力为 1462.40kN，出现在左拱腰位置；随着荷载的增大，到常时设计荷载（第 8 加载步）时，管片衬砌最大轴力为 2514.2kN，出现在拱底处；管片衬砌发生失稳破坏（第 14 加载步）时，管片衬砌最大轴力为 4322.43kN，出现在右拱腰处。当二次衬砌不配筋时，在第 6 加载步，管片衬砌最大轴力为 727.41kN，出现在拱顶位置；到常时设计荷载（第 8 加载步）时，管片衬砌最大轴力为 929.21kN，出现在左拱腰处；管片衬砌发生失稳破坏（第 12 加载步）时，管片衬砌最大轴力为 4864.46kN，出现在左拱腰处。两种工况下的管片衬砌结构轴力变化具有显著的区别。从上述内容不难发现，管片衬砌失稳前，二次衬砌配筋下的管片衬砌轴力要大于不配筋的情况。

在二次衬砌配筋及不配筋条件下的管片衬砌弯矩变化曲线如图 6.4 所示。两种工况下的弯矩变化曲线变化规律与轴力具有一定的一致性。在二次衬砌配筋时，在前 6 加载步过程中，管片衬砌所受到的弯矩与外部荷载呈线性关系；在第 6~14 加载步的加载过程中，管片衬砌开始进入弹塑性状态，其内部开始产生微观裂纹，并随着荷载的增大，管片衬砌中微观裂纹逐渐增大、发展以至贯通；在加载至 14 加载步时，管片衬砌拱底位置处的弯矩迅速增大，并表现为不收敛状，除拱底弯矩增幅不规律外，其他各关键点弯矩变化仍比较均匀。在二次衬砌不配筋的条件下，与二次衬砌配筋情况类似，在第 6 加载步前管片衬砌弯矩呈均匀线性增长，此后各关键点弯矩随荷载增大呈现反弯趋势；在第 12 加载步时，管片衬砌拱底位置处的弯矩迅速增大并不收敛。

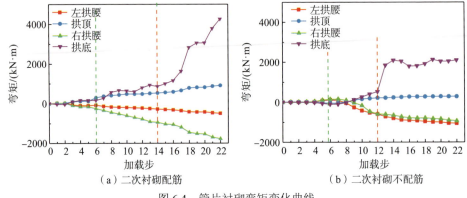

图 6.4   管片衬砌弯矩变化曲线

由上述的分析可知，在轴力方面，管片衬砌所受轴力的基本规律为全环受压，同时二次衬砌配筋时，管片衬砌弹性阶段承受荷载增大，弹塑性阶段也有所延长，其承受极限荷载能力增强；管片衬砌失稳的位置主要集中在拱底位置。在弯矩方面，管片衬砌所受弯矩的形式表现为拱底、拱顶内侧受拉，左拱腰、右拱腰外侧受拉，在二次衬砌配筋的情况下，相较于不配筋情况，管片衬砌发生失稳破坏时所受荷载级别增大；整个加载过程中，二次衬砌配筋情况下的管片衬砌弯矩更大，且变化更加均匀，因此二次衬砌配筋时，盾构隧道双层衬砌中管片衬砌承受荷载能力增强，同时管片衬砌主要失稳破坏位置为拱底。综合管片衬砌弯矩与轴力变化特征可以看到，二次衬砌的配筋对管片衬砌受力特性有所改善，二次衬砌配筋情况下的管片衬砌受力更加均匀，特别是在管片衬砌开始发生失稳破坏后，管片衬砌各关键点总体还继续保持较为均匀的变化。同时，二次衬砌配筋也使得管片衬砌失稳破坏时荷载级别增大，承受的内力增大，表明二次衬砌配筋有助于管片衬砌承载能力的提高，为双层衬砌结构提供一定的安全储备。

2.二次衬砌内力特性分析

二次衬砌配筋及不配筋条件下的二次衬砌轴力和弯矩变化曲线分别如图6.5和图 6.6 所示。二次衬砌配筋工况下，第 5 加载步施作二次衬砌，衬砌轴力和弯矩均随荷载均匀增大，加载至第 13 加载步时，二次衬砌的拱顶位置所受轴力迅速增大并不收敛，根据模型试验观测结果，二次衬砌拱顶位置发生失稳破坏；相较于配筋工况，二次衬砌不配筋时的关键点轴力变化规律更不均匀，且各关键点间轴力差值较大，弯矩变化规律与配筋情况基本一致，结构内力曲线并未出现突变。由以上分析可知，二次衬砌所受轴力和弯矩的变化规律与管片衬砌基本一致，轴力方面都表现为二次衬砌全环受压，弯矩方面都表现为拱底、拱顶内侧受拉，左拱腰、右拱腰外侧受拉；二次衬砌配筋，使得二次衬砌正常工作时间增加，且随着荷载的增大，二次衬砌轴力和弯矩相较于不配筋时明显增大，也更加均匀。二次衬砌配筋有利于增强二次衬砌的承载能力，并保证盾构隧道结构的安全性。

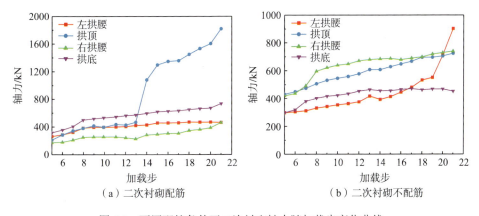

（a）二次衬砌配筋　　　　　（b）二次衬砌不配筋

图 6.5　不同配筋条件下二次衬砌轴力随加载步变化曲线

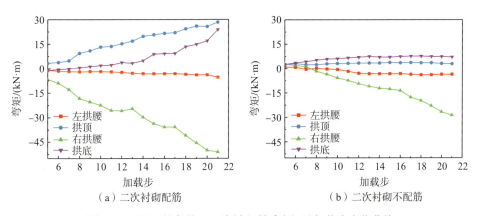

（a）二次衬砌配筋　　　　　（b）二次衬砌不配筋

图 6.6　不同配筋条件下二次衬砌所受弯矩随加载步变化曲线

3. 双层衬砌内力分配情况分析

为表征二次衬砌配筋对盾构隧道双层衬砌荷载分担的影响，提取出二次衬砌轴力平均分担比例随加载步变化曲线，如图 6.7 所示。随着围岩压力的增大，管片衬砌在配筋与不配筋两种工况下的二次衬砌轴力平均分担比例变化规律基本一致，均呈抛物线形；二次衬砌施作之后，其轴力平均分担比例逐渐增大，说明二次衬砌开始分担部分外部荷载。随着外部荷载的增大，二次衬砌不配筋工况下，轴力平均分担比例变化曲线在第 8 加载步到达顶点 20%，随后逐渐降低；二次衬砌配筋工况下，轴力平均分担比例变化曲线在第 9 加载步到达顶点 40%，但由于曲线过拟合，本试验中二次衬砌配筋工况下在第 11 加载步处，其二次衬砌轴力平均分担比例接近 50%。以上规律说明，盾构隧道双层衬砌结构中，二次衬砌大多充当辅助承载的角色，二次衬砌不配筋工况下，该现象更为显著，自二次衬砌施作至加载结束，管片衬砌轴力平均分担比例始终不低于 80%。

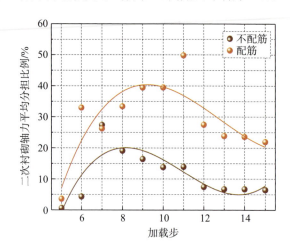

图 6.7 二次衬砌轴力平均分担比例随加载步变化曲线

4. 接触压力分析

二次衬砌配筋及不配筋条件下的管片衬砌与二次衬砌拱顶处接触压力变化情况如图 6.8 所示。在二次衬砌配筋时，二次衬砌施作完成至第 11 加载步，管片衬砌所受接触压力逐渐增大；在第 11 加载步之后，由于管片衬砌的进一步损伤破坏，二次衬砌承受接触压力增幅较小；继续加载至第 14 加载步，管片衬砌受到来自土体的接触压力达到最大值 34.98kPa，其理论拱顶压力为 57.34kPa，管片衬砌承受外荷载比例为 61.0%；同时，在二次衬砌施作完成之后的第 9 加载步，二次衬砌受到来自管片衬砌的接触压力达到最大值 7.18kPa，并在后续加载步中，由于其损伤破坏，二次衬砌承受接触压力逐渐降低。在二次衬砌不配筋时，拱顶管片衬砌与地层接触压力呈现均匀增加的趋势，但从第 12 加载步其所受土体接触压力达到最大值 24.75kPa，此时理论拱顶压力为 47.31kPa，管片衬砌承受外荷载比例为 52.3%；继续加载，由于管片衬砌进一步损伤破坏，其所受接触压力逐渐降低，同时，二次衬砌与管片衬砌之间的接触压力在第 11 加载步达到最大值 7.45kPa；随后，二次衬砌发生破损，接触压力开始减小，直至结构破坏。同时从图中可以看到，在管片衬砌出现宏观裂缝、开始发生失稳破坏后，二次衬砌配筋情况下管片衬砌所承受的外荷载仍有所增加，且幅度较大。

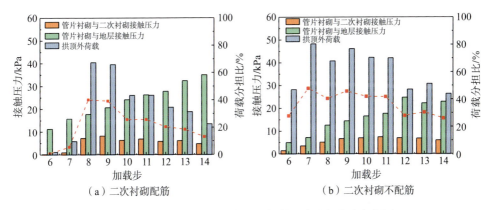

图 6.8　二次衬砌不同配筋条件下接触压力随加载步变化图

综合以上试验分析结果，结合表 6.2 中的接触压力信息可知，二次衬砌从不配筋到配筋的过程中，二次衬砌与管片衬砌之间的接触压力最大值由 7.45kPa 增大到 8.18kPa，增幅为 9.8%；管片衬砌与土体最大接触压力从 24.75kPa 增大到 34.98kPa，增幅为 41.3%。因此，对二次衬砌进行配筋能够有效地提高盾构隧道双层衬砌整体承载能力，同时，二次衬砌配筋对管片衬砌极限承载能力的提升效果明显优于对二次衬砌极限承载能力的提升效果。总体而言，相较于二次衬砌不配筋的情况，二次衬砌配筋情况下管片衬砌承受的外荷载较大，与理论值之间的差值较小，但二次衬砌受接触压力变化趋势较为一致。说明二次衬砌钢筋的施作，使得管片衬砌承受外荷载能力提高，特别是在管片衬砌发生宏观裂缝后，管片衬砌仍能够继续承受较大的外荷载。

表 6.2　接触压力信息表

试验序号	二次衬砌与管片衬砌接触压力的最大值及其加载步	管片衬砌与土体接触压力的最大值及其加载步
1	8.18kPa(第 9 加载步)	34.98kPa(第 14 加载步)
2	7.45kPa(第 11 加载步)	24.75kPa(第 12 加载步)

　　由上述分析可知，两种工况下的接触面作用机制具有较大差异，二次衬砌配筋不仅提升了结构的强度与延性，也改变了管片衬砌与二次衬砌之间的相互作用模式。在理想状态下，盾构隧道双层衬砌结构在外部荷载作用下的内力传递机制是"围岩—管片衬砌—二次衬砌"。其中，围岩压力是双层衬砌结构的外部作用荷载，大部分由管片衬砌承担，小部分通过管片衬砌以变形的自身应力调整方式传递至二次衬砌，在内力传递过程中，二次衬砌可以视为管片衬砌结构应力调整的约束，因此二次衬砌自身刚度变化对内力传递过程的影响较大。二次衬砌配筋时其结构刚度较大，约束较大，管片衬砌内力传递过程中受到的抵抗也相对较大，因此外部围岩压力大部分由管片衬砌承担；二次衬砌不配筋时则情况相反，在管片衬砌内力传递时，二次衬砌与管片衬砌变形相对协调，二者始终紧密接触，外部围岩压力传递至二次衬砌的量值更多，大部分荷载都被二次衬砌通过变形释放，因此其围岩压力更小，二次衬砌荷载分担比更大。

5. 双层衬砌变形分析

　　二次衬砌结构收敛变化曲线如图 6.9 所示，以向衬砌内侧位移为正，反之为负。两组工况下的衬砌结构横向、竖向收敛值均随外部荷载的增加而逐渐增大，竖向收敛大于横向收敛，结构发生"横鸭蛋"式变形。相同荷载级别下，不配筋工况下的衬砌结构整体收敛大于配筋工况，这种差异随着外部荷载的增加也愈发显著，分别以第 6、12、14 加载步为例。第 6 加载步时，配筋工况下二次衬砌横向收敛与竖向收敛分别为-3.07cm、3.34cm，不配筋工况下二次衬砌横向收敛与竖向收敛分别为-4.15cm、5.2cm，此时外部荷载相对较小，两个工况结构变形相差不大；第 12 加载步(不配筋工况管片衬砌破坏时刻)时，配筋工况的二次衬砌横向收敛与竖向收敛分别为-6.67cm、7.09cm，不配筋工况下二次衬砌横向收敛与竖向收敛分别为-9.19cm、11.23cm，此时在外部荷载的作用下，两个工况二次衬砌结构变形差异逐渐显著；随着荷载的进一步增加，第 14 加载步(配筋工况管片衬砌破坏时刻)时，配筋工况的二次衬砌横向收敛与竖向收敛分别为-11.98cm、13.38cm，不配筋工况下二次衬砌横向收敛与竖向收敛分别为-17.92cm、21.88cm，此时不配筋工况下的衬砌收敛已经接近配筋工况的 2 倍。

　　椭圆度能更好地描述双层衬砌结构整体变形特性，计算出两组试验不同加载步下的椭圆度，如图 6.10 所示。随着荷载增加，结构椭圆度呈线性增加，二次衬砌不配筋时的结构刚度低于配筋情况，因此二次衬砌不配筋时结构的椭圆度较大，结构椭变程度更显著。通过对比发现，当荷载级别较低时(常时设计荷载下)，不配筋工况下的结构椭圆度与配筋工况差别不大，但随着外部荷载的进一步增大，其变化速率明显大于配筋工况，特别是在管片衬砌发生破坏之后；而二次衬砌配筋情况下的结构椭圆度变化相对稳定，说明二次衬砌不配筋时结构强度不足以维持整体结构在超载作用下的稳定，存在较大的失稳风险。

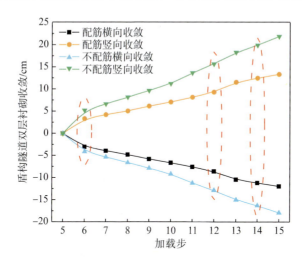

图6.9 二次衬砌结构收敛变化曲线

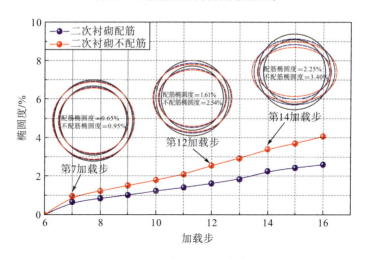

图6.10 二次衬砌椭圆度变化

6. 双层衬砌渐进性破坏过程声发射信息分析

两种工况下的二次衬砌结构声发射率与累计声发射事件数随加载步变化曲线如图 6.11 所示。随着外部荷载的增加，盾构隧道双层衬砌结构内部损伤及微观裂纹逐渐增多，相应的结构累计声发射事件数也在逐渐增加。两种工况下在第 6 加载步时声发射率与累计声发射事件数均产生突变，对应前文所述，在第 6 加载步时施作二次衬砌结构。此后，二次衬砌配筋工况下累计声发射事件数呈阶梯式增长，并在第 14 加载步时发生突变，结构出现损坏。二次衬砌不配筋工况下累计声发射事件数稳步增长，并于第 12 加载步时发生突变，结构发生损坏。在整个加载过程中，二次衬砌不配筋工况下最终采集到的累计声发射事件数为 681次，二次衬砌配筋工况下最终采集到的累计声发射事件数为 836 次。这是由于二次衬砌配筋工况下整体结构极限承载力较大，其失稳所需的外部荷载较高，在高应力作用下结构内部出现的损伤也就更多。

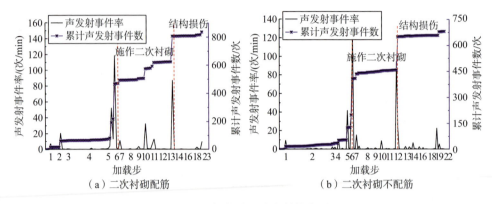

图 6.11　加载过程声发射信息图

7. 二次衬砌是否配筋对管片衬砌破坏过程的影响

在试验加载完成后，对二次衬砌结构进行清理，观察并记录结构裂缝和压溃区位置，如图 6.12 所示，图中实线表示管片衬砌外侧破坏形态，虚线表示二次衬砌内侧破坏形态，数字表示破坏位置编号。由图可知，在二次衬砌配筋工况下，管片衬砌破坏裂纹主要分布在拱顶、左拱腰和右拱腰位置，这些位置同时出现了拉伸破坏、剪切破坏和挤压式破坏，二次衬砌内表面在拱顶与左拱腰和右拱腰处均出现了压溃区域；在二次衬砌不配筋工况下，管片衬砌破坏裂纹主要分布在拱顶与拱底位置，且多为贯通裂缝，右拱腰也有若干条短裂缝，而二次衬砌内表面在拱顶与右拱腰有多条纵向裂缝，与配筋情况有较大区别。由管片衬砌破坏形态的比较可知，二次衬砌配筋对于盾构隧道双层衬砌结构强度的增幅比较明显。相对于二次衬砌不配筋工况，二次衬砌配筋工况下的衬砌结构多为表面压溃区域，管片衬砌破坏性裂纹数量减少，几乎没有贯通性裂缝；拱顶、拱底及右拱腰处的病害问题也得以减轻。

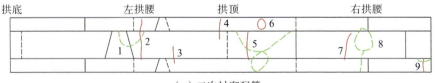

（a）二次衬砌配筋

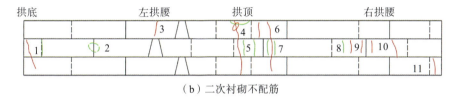

（b）二次衬砌不配筋

图 6.12　管片衬砌破坏过程素描图

通过模型试验破坏过程监测，综合管片衬砌破坏全过程信息，得到管片衬砌破坏过程记录，如表 6.3 所示。随着加载的进行，管片衬砌内侧和外侧的破坏都是由左拱腰和拱顶位置发起，并在右拱腰和拱底位置发生失稳破坏，整个管片衬砌失稳破坏，失去对外荷载的承载能力。同时二次衬砌的配筋使得管片衬砌从开始失稳破坏到最终失稳破坏所经历的破坏过程更长，最终失稳破坏所能承受的极限荷载更大。

表 6.3　管片衬砌破坏过程记录表

试验序号	衬砌(内/外)	破坏过程
1	内	拱顶→右拱腰
	外	左拱腰→拱顶→右拱腰
2	内	拱顶→右拱腰
	外	拱顶→右拱腰→拱底

通过以上二次衬砌不同配筋条件下管片衬砌破坏过程的比较可知，二次衬砌配筋后，管片衬砌出现突然失稳破坏的可能性降低，破坏裂纹主要集中位置由左右拱腰变为拱顶和拱底，同时管片衬砌破坏裂纹数量减少，管片衬砌承受荷载能力增强；而二次衬砌不配筋时，管片衬砌出现贯通裂缝，从而产生突然破坏的可能性增加。综上所述，二次衬砌的配筋能够有效延长管片衬砌完全破坏的时间，有利于提高管片衬砌的承载能力，以及衬砌结构的安全性。

6.3　二次衬砌厚度对盾构隧道双层衬砌结构力学特性的影响

6.3.1　试验设计

盾构隧道二次衬砌厚度的确定一般情况下需结合隧道的使用目的、隧道洞径和施工方法等因素，一般情况下，非结构性二次衬砌的厚度为 15～30cm，结构性二次衬砌的厚度则需要经过计算来确定。研究发现，盾构隧道二次衬砌结构厚度一般设置在 30cm 左右为宜，为进一步确定厚度因素对该种结构的影响，本节以武汉长江公铁隧道为依托，结合以下 3 组试验，展开不同二次衬砌厚度对管片衬砌及二次衬砌承载过程中的力学特性及破坏过程的模型试验研究，试验设计如图 6.13 所示。试验工况如表 6.4 所示，分别在二次衬砌厚度为 25cm、30cm、35cm 的条件下，对比分析了二次衬砌厚度对盾构隧道双层衬砌力学特征与破坏形态的影响。

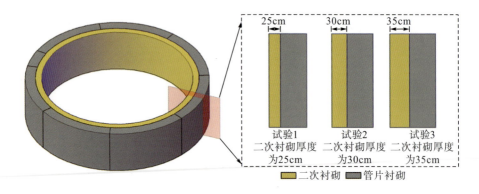

图 6.13   盾构隧道双层衬砌厚度试验设计

表 6.4   试验工况表

试验序号	隧道规模/m	二次衬砌厚度/cm	连接方式	施作时机	水头高低/m
1	15.6	25	复合	80%	70
2	15.6	30	复合	80%	70
3	15.6	35	复合	80%	70

6.3.2   试验结果分析

1. 管片衬砌内力分析

管片衬砌弯矩和轴力变化曲线分别如图 6.14 和图 6.15 所示。分析三个工况下的内力发现，在弯矩方面，整个试验过程中管片衬砌的拱顶、拱底为正弯矩，拱腰为负弯矩。随着加载步的增加，各监测点的弯矩不断增大且增长趋势未出现较大改变，说明三组试验中的管片衬砌结构均没有发生失稳情况。

当二次衬砌厚度为 25cm 时，管片衬砌结构拱腰位置处的弯矩大致呈线性增长，二次衬砌失效时左右拱腰的弯矩分别达到-4157.51kN·m 和-3352.51kN·m。管片衬砌的拱顶弯矩和拱底弯矩十分相近，增长过程中出现了几处小幅波动，在二次衬砌失效时分别达到 4030.04kN·m 和 3686.15kN·m。

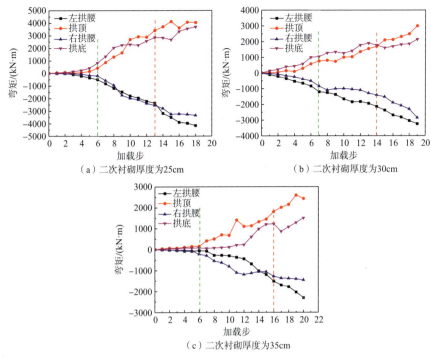

图 6.14　不同二次衬砌厚度条件下管片衬砌弯矩-加载步曲线

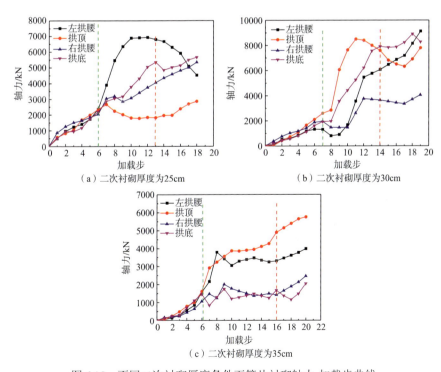

图 6.15　不同二次衬砌厚度条件下管片衬砌轴力-加载步曲线

当二次衬砌厚度为 30cm 时，管片衬砌弯矩的变化情况与试验 1 类似，但在施作二次衬砌(第 6 加载步)后，同一加载步下几乎所有的管片衬砌弯矩均小于试验 1 中相同位置处的管片衬砌弯矩。例如，在第 10 加载步时，试验 2 的管片衬砌拱顶弯矩为 992.45kN·m，仅占试验 1 中管片衬砌拱顶弯矩的 37%左右。二次衬砌厚度为 35cm 时，管片衬砌弯矩则进一步减小，在第 10 加载步下的管片衬砌拱顶弯矩降低至 671.15kN·m。可见，在承受相同外荷载的情况下，二次衬砌的厚度越大，管片衬砌结构的弯矩越小。

对于轴力，整个试验过程中管片衬砌全环受压，管片衬砌轴力总体上呈增长趋势。同时，自二次衬砌施作后管片衬砌各部位轴力开始出现差异并且变化显著。相比于试验 1，试验 2 中管片衬砌的整体轴力水平有所增大。相同加载步下工况 2 管片衬砌轴力最大，甚至可以达到试验 1 中同一位置处管片衬砌轴力的 4.8 倍。但通过计算偏心距($e=M/N$，M 为弯矩，N 为轴力)发现，试验 2 中的偏心距大小较试验 1 下降明显。可见，当二次衬砌厚度从 25cm 增加到 30cm 时，虽然管片衬砌轴力增大，但管片衬砌结构的受力状态得到了改善，有利于管片衬砌的承载。当二次衬砌厚度继续增加到 35cm 时，管片衬砌轴力出现大幅降低，偏心距则略微增大。当二次衬砌失效时，试验 2 和试验 3 管片衬砌最大轴力分别为 9129.19kN 和 5746.81kN，最大偏心距分别为 0.71 和 0.74。

另一方面，二次衬砌厚度的改变对管片衬砌不同位置的轴力变化规律也将产生一定的影响。二次衬砌施作后，试验 1 中管片衬砌拱顶的轴力表现为先减小后增大，且变化相对平缓；而试验 2 中管片衬砌拱顶的轴力迅速增大，在第 11 加载步时达到峰值(8489.22kN)后开始减小，降低约 2000kN 后又再次增加；试验 3 中管片衬砌拱顶的轴力在加载过程中则不断增加。对于管片衬砌左拱腰位置的轴力，随着外荷载的增加，其在试验 1 和试验 3 中表现为先增后减，但试验 2 中的变化趋势与前两者相反。

2. 二次衬砌内力分析

二次衬砌弯矩和轴力变化曲线如图 6.16 和图 6.17 所示。三组试验中的二次衬砌弯矩虽然在变化趋势上与管片衬砌弯矩基本一致，但其弯矩水平明显更低，且增长更为平缓。试验 1 中二次衬砌结构在第 18 加载步时失效，此时二次衬砌弯矩值最大，为 333.33kN·m；同一加载步下试验 2 和试验 3 中的二次衬砌并未失效，其最大弯矩值分别为 295.04kN·m 和 222.84kN·m。可见二次衬砌厚度的增大可直接降低二次衬砌结构本身的整体弯矩水平。对于二次衬砌的轴力，受装配应力和石膏水化作用的影响，二次衬砌自施作后便开始承受一定的轴力。但随着二次衬砌厚度的增加，二次衬砌的初始轴力逐渐降低，其中拱顶和拱底处的降幅最明显。试验 3 中二次衬砌拱顶和拱底处的初始轴力仅分别为试验 1 的 1/4 和 1/7。

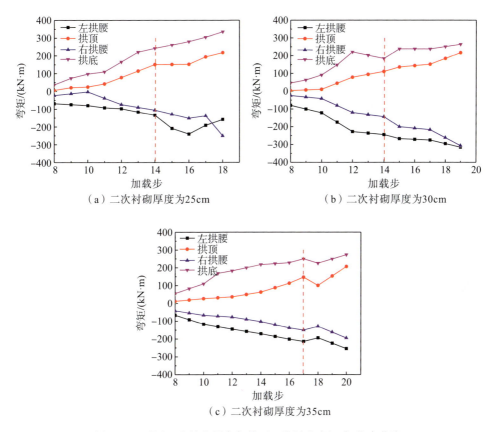

（a）二次衬砌厚度为25cm

（b）二次衬砌厚度为30cm

（c）二次衬砌厚度为35cm

图 6.16 不同二次衬砌厚度条件下二次衬砌弯矩-加载步曲线

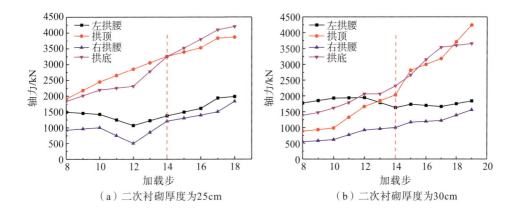

（a）二次衬砌厚度为25cm

（b）二次衬砌厚度为30cm

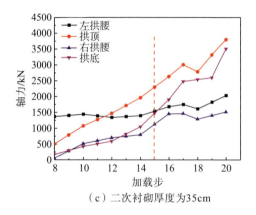

（c）二次衬砌厚度为35cm

图 6.17   不同二次衬砌厚度条件下二次衬砌轴力-加载步曲线

在整个加载过程中，三组试验中的二次衬砌轴力均表现为持续增长，其中拱腰处的二次衬砌轴力比拱顶和拱底处的二次衬砌轴力变化得更为平稳。在二次衬砌失效时，三组试验的二次衬砌轴力分布情况如表 6.5 所示。二次衬砌厚度的增加使得二次衬砌结构失效时的二次衬砌轴力减小，且最大轴力位置也发生了改变。

表 6.5   最终破坏时的二次衬砌轴力分布

试验序号	最大二次衬砌轴力		最小二次衬砌轴力	
	值/kN	出现位置	值/kN	出现位置
1	4186.67	拱底	1818.56	右拱腰
2	4232.28	拱顶	1547.64	右拱腰
3	3799.76	拱顶	1513.50	右拱腰

总体来说，在试验加载过程中，外荷载越大，管片衬砌和二次衬砌的内力越大，且管片衬砌内力水平高于二次衬砌内力水平，可见双层衬砌中管片衬砌仍是主要的承载结构。而二次衬砌的施作改变了管片衬砌的内边界受力状态，二次衬砌厚度的增加提高了双层衬砌结构的整体刚度，从而使管片衬砌和二次衬砌的内力均得到了有效降低。此外，当二次衬砌厚度增大时，二次衬砌失效时所对应的外荷载也在增大，说明双层衬砌结构体系的整体承载力有所提高，进一步保证了隧道结构的安全性。

3.管片衬砌与二次衬砌接触压力分析

二次衬砌与管片衬砌存在接触面间的相互作用，因此能共同构成双层衬砌结构承载体系。探明两者之间接触压力的变化规律对研究二次衬砌厚度对管片衬砌与二次衬砌间相互作用的影响有重要意义。图 6.18 展示了加载过程中管片衬砌

与二次衬砌间各监测点位置的接触压力变化情况。下面对三组试验中的接触压力
数据进行对比分析。

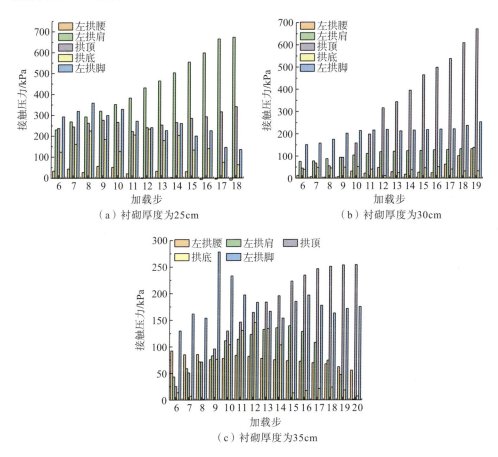

（a）衬砌厚度为 25cm　　　　　　　　（b）衬砌厚度为 30cm

（c）衬砌厚度为 35cm

图 6.18　加载过程中管片衬砌与二次衬砌间的接触压力分布

在试验 1 中，左拱肩位置的管片衬砌与二次衬砌间接触压力一直处于较高水
平，且随加载步的增加而逐步增长，在二次衬砌失效时达到了 673.66kPa，这远
大于其余监测点位置的接触压力。可见在左拱肩处管片衬砌与二次衬砌结构的相
互作用最强。而左拱腰位置的接触压力最小，加载过程中始终低于 60kPa，甚至
在加载后期出现负值。其原因可能是为了模拟环向接头，在左拱腰位置对管片衬
砌结构进行了割槽处理，不仅削弱了该处的管片衬砌结构刚度，也影响了二次衬
砌和管片衬砌之间的接触面贴合效果，如图 6.19(a) 所示。相比之下，拱顶、拱
底和左拱脚位置的管片衬砌与二次衬砌的接触压力则较为接近。随着外荷载的增
加，虽然这三处接触压力的变化趋势不尽相同，但三者的变化幅度均相对较小，
量值基本保持在 120～330kPa 范围。

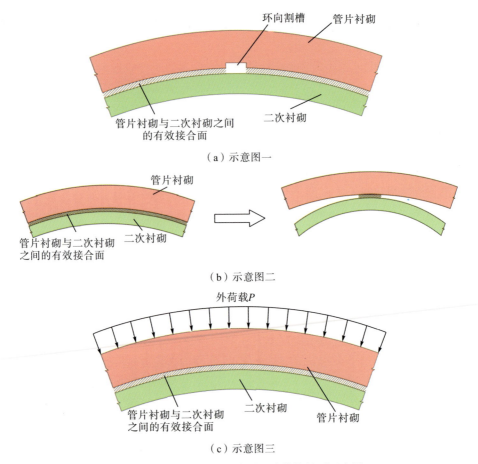

图 6.19　管片衬砌与二次衬砌结构接触面示意图

与试验 1 中监测数据比较，试验 2 中左拱肩位置管片衬砌与二次衬砌之间的接触压力水平剧烈下降，加载过程中最大值仅为 138.72kPa。这是由于二次衬砌结构的厚度增加使其本身的柔性减弱，二次衬砌的变形无法与管片衬砌变形相协调，故管片衬砌与二次衬砌之间的接触面面积减小，进而降低了管片衬砌与二次衬砌之间的相互作用强度，如图 6.19(b)所示。类似地，拱底位置的管片衬砌与二次衬砌之间的接触压力水平较试验 1 中也有所降低，整体维持在 50kPa 以内。

在拱顶位置，管片衬砌与二次衬砌间的接触压力随加载步的增加而大幅增长，自第 12 加载步后该处的接触压力最大并在二次衬砌失效时达到了 672.36kPa。拱顶处的管片衬砌变形方向与外荷载方向一致，加之二次衬砌厚度增加时能在更大程度上抵御管片衬砌变形，因此拱顶处管片衬砌与二次衬砌的接触面面积不会发生较大改变，此时外荷载的增大引起拱顶接触压力增大，管片衬砌与二次衬砌的相互作用强度也就随之增大[图 6.19(c)]。对于左拱腰和左拱脚位置，试验 2 中管片衬砌与二次衬砌间的接触压力较试验 1 并未发生显著变化，其中左拱腰处管片衬砌与二次衬砌结构的相互作用仍然较弱，左拱脚处两者的相互作用则相对较强。

　　试验 3 中，对比发现拱顶处管片衬砌与二次衬砌的接触压力尽管在加载过程中的变化规律与试验 2 中相同，但在量值上较试验 1 和试验 2 降低了许多，其最大值降至 254.52kPa，这可能是管片衬砌与二次衬砌的有效接触面面积进一步减小引起的。

　　与此同时，在第 15 加载步之前，同一加载步下试验 3 中左拱腰、左拱肩及拱底位置的管片衬砌与二次衬砌间的接触压力均大于试验 2 中的对应位置数值，而在第 15 加载步以后，两组试验中的接触压力大小关系出现了反转。据此，可以认为当二次衬砌厚度从 30cm 增加到 35cm 时，在外荷载不超过 2 倍实际隧道覆土厚度的情况下，继续增大二次衬砌刚度可以小幅提升局部管片衬砌与二次衬砌间的相互作用效果；但在外荷载超过 2 倍实际隧道覆土厚度之后，二次衬砌结构的变形协调能力成为影响管片衬砌与二次衬砌相互作用的关键因素，它的降低使得管片衬砌与二次衬砌的有效接合范围减小，进而减弱了二者的相互作用强度。但综合拱顶位置的接触压力变化情况来看，将二次衬砌厚度增加到 35cm 并不能更有效地发挥二次衬砌结构辅助管片衬砌承载的作用。

　　图 6.20 展示了管片衬砌-二次衬砌间的接触压力在截面总接触压力中的占比随加载步的变化。三组试验中管片衬砌与二次衬砌间的接触压力在截面总接触压力中所占的比例均随加载步呈现先增大后波动下降的趋势。此外，在试验 1 中，管片衬砌与二次衬砌间的接触压力在截面总接触压力中所占比例最大为 0.21，明显小于试验 2 和试验 3 中的最大占比（分别为 0.35 和 0.33）。可见，当二次衬砌厚度为 25cm 时，二次衬砌整体刚度较小，二次衬砌与管片衬砌之间的相互作用弱，二次衬砌分担荷载小。在二次衬砌厚度增加到 30cm 和 35cm 后，二次衬砌刚度增大，二次衬砌与管片衬砌间的相互作用加强，二次衬砌进一步承担了外荷载。

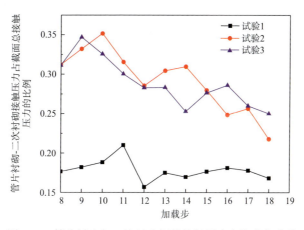

图 6.20　管片衬砌与二次衬砌间的接触压力占比变化曲线

　　另一方面，二次衬砌的厚度对相同位置处管片衬砌与二次衬砌的接触面相互作用也有显著的影响。对比三组试验中拱顶、拱底及左拱腰位置的接触压力，如图 6.21 所示，其中三组试验中均是拱顶处的接触压力水平最高。在拱顶处，试验 1 和试验 3 中管片衬砌与二次衬砌的接触压力相近，且随着外荷载的增加，接触压力增长较为平缓。而试验 2 中接触压力自第 12 加载步后高于其余两组试验，在最后一个加载步时达到 672.36kPa，说明二次衬砌与管片衬砌之间的相互作用最强。此时，拱顶处双层衬砌结构的总体内力水平也高于试验 1 和试验 3。基于抗压缩模型，可见当二次衬砌厚度为 30cm 时，拱顶位置管片衬砌与二次衬砌之间的法向压力传递充分，共同承载效果较好。

　　在拱底位置，试验 1 和试验 3 的接触压力在波动上升后从第 12 加载步开始下降，而试验 2 的接触压力变化很小。在二次衬砌失效时，三组试验在拱底处的接触压力均较小(65kPa 以下)。在整个加载过程中，二次衬砌厚度对拱底位置管片衬砌与二次衬砌的相互作用强度影响不大。

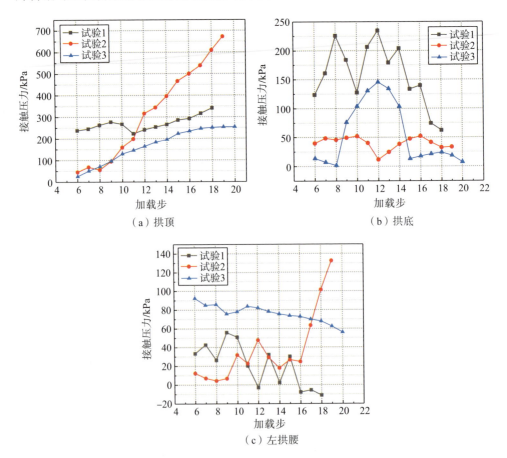

（a）拱顶　　　　　　　　　　　　　　　　（b）拱底

（c）左拱腰

图 6.21　典型部位接触压力变化

在左拱腰位置，可以发现试验 2 的接触压力随外荷载的增加而增加，而试验 1 和试验 3 的接触压力变化规律则与试验 2 完全相反。在第 16 加载步之前，试验 3 中的接触压力最大，而此后，试验 2 的接触压力迅速增长。在二次衬砌失效时，试验 2 中管片衬砌与二次衬砌在左拱腰的接触压力(132.46kPa)最大，试验 3 次之，试验 1 最小。可见，当二次衬砌厚度从 25cm 增加到 30cm 时，在拱腰位置管片衬砌与二次衬砌的接触状态良好，接触面相互作用大幅增强。当二次衬砌厚度从 30cm 增加到 35cm 时，则需要分阶段考虑：在外荷载不超过 2 倍实际隧道覆土厚度的情况下，二次衬砌厚度增大可以小幅提升拱腰处管片衬砌与二次衬砌间的相互作用强度；在外荷载超过 2 倍实际隧道覆土厚度之后，可能由于二次衬砌与管片衬砌的协调变形能力开始降低，管片衬砌与二次衬砌的有效接合范围减小，进而减弱了二者的接触面相互作用强度。

总体来看，在三组试验中，试验 2 的管片衬砌与二次衬砌的整体接触压力水平最高，接触面相互作用最强。

4. 双层衬砌变形分析

通过整理加载过程中的监测点位移数据得到双层衬砌结构的收敛变形情况(图 6.22)，规定结构沿径向朝内收缩时变形值为正，反之为负。三组试验中结构拱腰处的水平收敛值为负，拱顶、拱底间的竖向收敛值为正。结构变形主要表现为拱顶、拱底内缩，拱腰外扩。

当二次衬砌厚度为 25cm 时，在第 8 加载步前为未施作二次衬砌条件下管片衬砌位移变化趋势，明显可以看出该阶段管片衬砌位移变化幅度要明显大于二次衬砌施作后管片衬砌位移变化幅度，这是由于施作二次衬砌后结构整体刚度有所增加，使得管片衬砌位移变化受到约束；同时可以看出，随着荷载的增大，各关键点的位移呈现逐渐增大的趋势，直到第 12 加载步时，拱底位置的位移呈现明显突变，此时管片衬砌拱底位置处于临界失稳状态，其临界失稳位移为 10.71mm，与整个盾构隧道半径之比为 2.11%；继续加载，拱底位置变形值呈非线性增大，结合管片衬砌变形雷达图，管片衬砌变形整体上主要呈左拱腰、右拱腰内凹，拱顶和拱底外凸的椭圆形。当二次衬砌厚度为 30cm 时，二次衬砌的施作增大管片衬砌的变形刚度，拱顶、拱脚及拱底变形随加载进行增长速率明显降低，在加载至第 13 加载步时，拱顶的位移迅速增大，拱顶位置处变形处于临界失稳状态，其临界失稳位移为 9.85mm，与整个盾构隧道半径之比为 1.89%；继续加载，拱顶位置的变形值表现为不收敛状态，拱顶位置失稳破坏，结合管片衬砌变形雷达图，管片衬砌也呈现出拱顶、拱底外凸，拱腰内凹的椭圆形。当二次衬砌厚度为 35cm 时，施作二次衬砌后，和前面两组一致，管片衬砌各个位置由于刚度增大，其随加载进行的变形速率降低，在第 15 加载步时，管片衬砌拱底位置的位移突然变化，此时管片衬砌拱底位置处于临界失稳状态，其临界失稳位移为 8.71mm，与整个盾构隧道半径之比为 1.68%；继续加载，管片衬砌开始发生失稳破坏，结合变形雷达图，管片衬砌变形仍然表现为拱顶、拱底外凸，拱腰内凹的椭圆形；与二次衬砌厚度为 25cm 与 30cm 时位移变化相比能够看出，其拱顶、拱底位移明显减小，并且更加均匀。

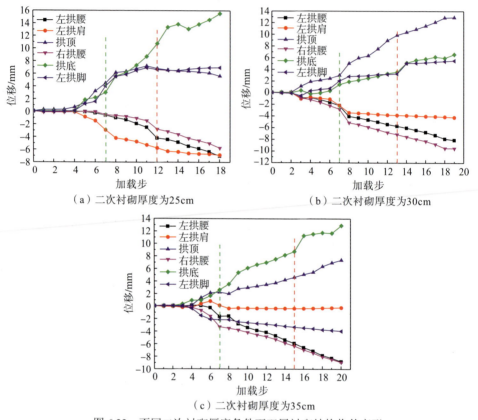

图 6.22　不同二次衬砌厚度条件下双层衬砌结构收敛变形

　　椭圆度是描述隧道衬砌结构整体变形特性的一个重要指标，计算各试验组中不同加载步下的结构椭圆度如图 6.23 所示。随着荷载的增加，不同厚度二次衬砌条件下双层衬砌结构的椭圆度都呈现增大趋势。在施作二次衬砌前，三组试验中结构椭圆度均在 1.20% 左右；施作二次衬砌后，椭圆度的变化曲线将在不同加载步下出现反弯点，随后曲线不收敛，说明结构进入失稳阶段。三组试验临界失稳时的椭圆度分别为 3.14%、3.29% 和 3.01%。由此可以看出，二次衬砌厚度的增加能延缓结构发生失稳破坏的时间。除此以外，在结构弹塑性变形阶段，相对于试验 1 和试验 2 的椭圆度，试验 3 的椭圆度略微偏小，这表明试验 3 中双层衬砌结构的环向变形更加均匀。

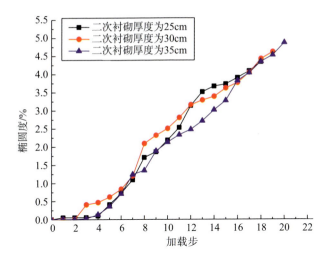

图 6.23 盾构隧道双层衬砌结构椭圆度-加载步曲线

综合以上对比分析结果，结合表 6.6 所示的管片衬砌失稳变形信息可知，在二次衬砌厚度由 25cm 增大到 35cm 的过程中，管片衬砌临界失稳处的变形值与其隧道半径之比由 2.11%降低到 1.68%。由此可以得出，随着二次衬砌厚度增大，管片衬砌相对变形量降低，二次衬砌厚度的增大直接增大了二次衬砌及整体结构抵抗外荷载变形的刚度；总体上，随着二次衬砌厚度的不断增大，管片衬砌变形特征均为由拱腰外凸到拱顶和拱底外凸，但二次衬砌厚度的增加，使得拱顶、拱底与拱腰位置的位移差值逐渐减小，管片衬砌位移沿环向分布逐渐均匀。同时二次衬砌施作后管片衬砌各关键点的位移变化幅度随二次衬砌厚度的改变趋于减小的趋势，且二次衬砌厚度的增加，使得管片衬砌破坏时对应的荷载级别有所增大，从而改善双层衬砌结构抵抗荷载的能力。因此，二次衬砌厚度的增加有利于改善管片衬砌承受外荷载形式，使得管片衬砌变形更加均匀，并有效增大管片衬砌承受外荷载的能力。

表 6.6 管片衬砌失稳变形位移信息表

试验序号	失稳荷载等级	失稳位置	失稳位移/mm	相对隧道半径变形比例/%
1	12	拱底	10.71	2.11
2	13	拱顶	9.85	1.89
3	15	拱底	8.71	1.68

5. 双层衬砌渐进性破坏过程声发射信息对比

在加载过程中，衬砌结构内部会产生微观裂纹，而裂纹的出现及扩展将以弹性波形式释放出应变能，称为声发射现象。通过声发射装置可以检测到结构内部的声发射信号，帮助分析隧道衬砌在试验过程中的损伤情况。

图 6.24 统计了结构的声发射信息，包括声发射事件(AE)率和累计声发射事件数。在加载过程中，三组试验的 AE 率呈波动状，累计 AE 数则不断增大。当 AE 率和累计 AE 数出现激增时，说明双层衬砌结构内部出现了损伤。试验 1 中 AE 率和累计 AE 数在第 6~7 加载步中第一次出现了激增，而试验 2 和试验 3 中第一次激增现象分别出现在第 6~7 加载步和第 9~10 加载步的过程中。可见，随着二次衬砌厚度的增加，试验中双层衬砌结构出现损伤时所对应的外荷载也在增加。

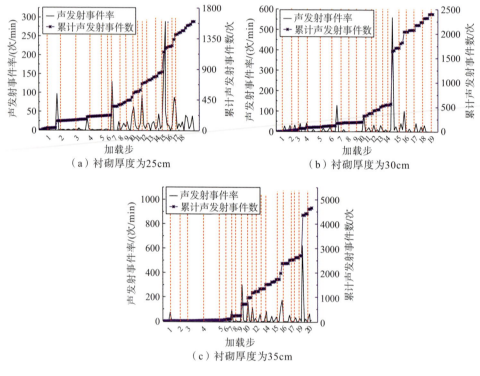

（a）衬砌厚度为25cm

（b）衬砌厚度为30cm

（c）衬砌厚度为35cm

图 6.24   声发射-加载步曲线

对比三组试验中的声发射信息量值可以发现，试验 3 中结构的 AE 率峰值为 627 次/min，其分别比试验 1 和试验 2 中的结构 AE 率峰值大了 337 次/min 和 65 次/min。在二次衬砌失效所对应的加载步下，三组试验的累计 AE 数出现了翻倍增长，试验 1、试验 2、试验 3 中的累计 AE 数分别为 1410 次、2401 次和 4609 次。这可能是因为二次衬砌厚度的增大使双层衬砌结构的整体刚度增大，外力功转化成的能量更多用于衬砌中裂缝的产生及扩展，而非结构的宏观变形。

6. 双层衬砌破坏形态分析

如图 6.25 所示，其中红色实线表示管片衬砌外侧破坏裂纹，绿色虚线表示管片衬砌内侧破坏裂纹。当二次衬砌厚度为 25cm 时，管片衬砌外侧拱顶、拱底及左右拱腰均存在不同程度的裂缝，相比之下两侧拱腰位置裂缝数目较多，且均为剪切破坏与拉伸破坏类型，而在拱顶位置管片衬砌外侧呈现局部压溃区域，表明拱顶外侧为受压破坏。当二次衬砌厚度为 30cm 时，管片衬砌外侧拱顶位置裂缝数目较多，且多为剪切破坏，相比之下两侧拱腰位置裂缝仅存在两条短小裂缝，而拱底位置由于外侧受压破坏呈现出局部受压掉块区域，较试验 1 而言，管片衬砌外侧裂缝数量明显减少。当二次衬砌厚度为 35cm 时，管片衬砌外侧基本没有明显宏观裂缝，但拱顶、拱底存在局部压溃区域，同时伴有管片衬砌接头位置的破损。

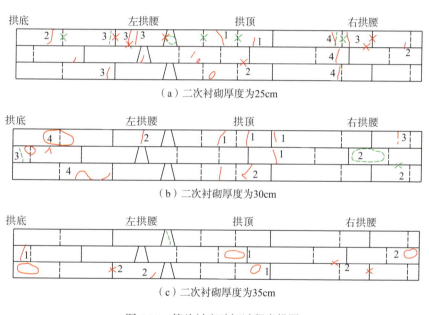

（a）二次衬砌厚度为25cm

（b）二次衬砌厚度为30cm

（c）二次衬砌厚度为35cm

图 6.25　管片衬砌破坏过程素描图

通过对模型试验过程的记录，并综合管片衬砌破坏全过程信息，得到管片衬砌破坏过程记录，如表 6.7 所示。随着荷载增加，管片衬砌外侧的破坏均由拱底和拱顶位置发起，并在拱顶和拱底位置发生失稳破坏时，整个管片衬砌失稳破坏，失去对外荷载的承载能力。同时随着二次衬砌厚度的增大，管片衬砌从开始失稳破坏到最终失稳破坏所经历的破坏过程越长，最终失稳破坏所能承受极限荷载越大。

表 6.7　管片衬砌破坏过程记录表

试验序号	衬砌(内/外)	破坏过程
1	内	右拱腰→拱底
	外	拱顶→左拱腰→拱底
2	内	拱顶→左拱腰
	外	拱顶→拱底→左拱腰→右拱腰
3	内	左拱腰→右拱肩
	外	拱顶→拱底→右拱腰

通过以上不同二次衬砌厚度条件下管片衬砌破坏过程的比较可知,随着二次衬砌厚度的增大,管片衬砌出现拉伸破坏及剪切破坏的可能性降低,破坏裂纹主要集中位置为拱顶和拱底,同时管片衬砌破坏裂纹数量减少,管片衬砌承受荷载能力增强;同时随着二次衬砌厚度的增加,管片衬砌从开始失稳破坏到最终整体失稳破坏所经历的失稳过程变长。综上所述,二次衬砌厚度的增大有利于提高管片衬砌的承载能力,以及衬砌结构的安全性。

6.3.3　二次衬砌合理厚度及设计方法

根据上述分析可知,在二次衬砌厚度从 25cm 增长至 35cm 的过程中,虽然双层衬砌结构的整体刚度和承载能力在逐步提升,但结构的力学性能及管片衬砌与二次衬砌间的相互作用强度并未有类似的持续增强趋势,并且在对二次衬砌厚度变化的两个阶段的敏感性上也存在差异。管片衬砌在整个双层衬砌结构中承担了大部分外荷载作用,因此进一步地针对管片衬砌结构的一些关键试验数据进行汇总,如表 6.8 所示。

通过对比发现:①二次衬砌失效时,结构所承受的拱顶外荷载在相邻两组试验之间的变化幅度相近,可见其基本随二次衬砌厚度的增加呈线性变化。此外,管片衬砌的弯矩峰值和位移峰值也具有相似的变化规律。②对于管片衬砌的轴力峰值,其在二次衬砌厚度从 25cm 增加到 30cm 的过程中表现出较大幅度的增大,结合偏心距变化情况可知,这一过程中管片衬砌结构的承载状态得到了有效改善。而在二次衬砌厚度从 30cm 增加到 35cm 的过程中,尽管管片衬砌轴力减小,但偏心距有轻微的增大。③二次衬砌失效时,相比于工况 1,工况 2 中管片衬砌与二次衬砌的平均接触压力仅增加了 14.93%,而工况 3 中该值大幅降低,说明工况 3 中管片衬砌与二次衬砌结构之间的相互作用效果不佳。

表 6.8　大直径盾构隧道双层衬砌结构关键数据(在最后的加载步骤)

工况	上覆土压力/kPa	管片衬砌最大弯矩/(kN·m)	管片衬砌最大轴力/kN	管片衬砌最大偏心距/m	二次衬砌最大弯矩/(kN·m)	二次衬砌最大轴力/kN	结构最大收敛/cm
1	955.97	4157.51	5654.75	1.41	193.34	2474.30	45.98
2	1052.60 (+10.11%)	3244.83 (−21.95%)	9129.18 (+61.44%)	0.71 (−49.64%)	292.75 (+52.20%)	3401.71 (+37.48%)	40.78 (−11.31%)
3	1178.92 (+12.00%)	2428.95 (−25.14%)	5746.81 (−37.05%)	0.74 (+4.23%)	347.96 (+18.86%)	3349.44 (−1.54%)	38.82 (−4.81%)

注：表中的百分比表示相对于上一组的增加或减少。

在二次衬砌厚度从 25cm 增加到 30cm 的过程中，不仅大直径盾构隧道双层衬砌结构的力学性能得到了提高，管片衬砌与二次衬砌之间的相互作用也有所增强。而在二次衬砌厚度从 30cm 增加到 35cm 的过程中，由于二次衬砌结构的柔性变差，管片衬砌与二次衬砌结构之间的相互作用程度出现了大幅减弱，进而影响了管片衬砌的承载状态。结构整体刚度的增加使其所能承受的外荷载仍在增大，但实际上 35cm 厚的二次衬砌结构的辅助承载作用并不如 30cm 厚的二次衬砌结构突出。因此，对于大直径盾构隧道，由于其衬砌结构与薄壳结构类似，有必要考虑管片衬砌与二次衬砌之间的刚度匹配问题来对二次衬砌厚度进行优化。

综合来看，在盾构隧道的双层衬砌结构中，通常将管片衬砌设计为承载主体，将二次衬砌设计为辅助承载结构。管片衬砌的分块形式、接头布置及隧道直径等因素决定了管片衬砌的力学性能，且其在二次衬砌的帮助下能有所提升。因此，为了尽可能地发挥二次衬砌的辅助承载作用，进而有效提高双层衬砌的承载性能，应当基于管片衬砌与二次衬砌刚度相匹配、变形相协调的原则，为盾构隧道选择合理的二次衬砌厚度。

另一方面，管片衬砌与二次衬砌之间的接触压力可以反映两者的接触状态和变形协调能力。因此，提取出管片衬砌与二次衬砌之间在关键加载步的接触压力进行进一步分析，如表 6.9 所示。

表 6.9　双层衬砌结构接触压力

项目	工况 1	工况 2	工况 3
最大接触压力/kPa	153.96(第 17 加载步)	593.05(第 15 加载步)	674.44(第 17 加载步)
全环最大接触压力/kPa	153.96(第 17 加载步)	564.42(第 15 加载步)	663.72(第 17 加载步)
最后加载步的平均接触压力/kPa	57.99	194.83	180.72
最后加载步的有效接触传感器数量/个	7	6	3

图 6.18 和表 6.9 显示，工况 1 的整体衬环接触压力水平明显低于工况 2 和工况 3。说明对于 25cm 厚的二次衬砌，二次衬砌刚度不足导致其在受到外荷载作用时容易发生变形，无法通过与管片衬砌相互作用来有效抑制管片衬砌变形。但当二次衬砌厚度为 30cm 或 35cm 时，管片衬砌与二次衬砌接触面上的相互作用加强。当二次衬砌厚度为 25cm 时，虽然管片衬砌与二次衬砌间的接触压力较低，但其环向差异较小，存在有效接触的位置较多，表明此时管片衬砌与二次衬砌接触面较大，接触压力分布均匀。随着二次衬砌厚度的增加，圆周上的接触压力差异显著增大。当二次衬砌厚度为 35cm 时，由于管片衬砌与二次衬砌不能协调变形，二者之间的有效接触面积较少。这说明管片衬砌与二次衬砌的相互作用区域减小，二次衬砌仅在局部发挥作用。因此，与厚度为 25cm 或 35cm 的二次衬砌相比，采用 30cm 厚的二次衬砌能有效增强管片衬砌与二次衬砌的相互作用强度，同时也能保证两者有更大的相互作用范围，进而使二次衬砌能够充分发挥其辅助承载作用。

综合考虑结构承载能力、受力状态、协同变形及施工成本，研究者认为武汉长江公铁隧道双层衬砌结构中采用厚度为 30cm 的二次衬砌是合理的，不仅有效改善了双层衬砌结构的受力状态，还增强了管片衬砌与二次衬砌接触面的相互作用。前人的一些相关数值计算结果也可以在一定程度上验证模型的试验结果，如杨塞舟[18]和李雨强等[19]通过数值模拟的方法分析了 12 个大直径盾构隧道中二次衬砌厚度对双层衬砌力学特性的影响。他们认为，二次衬砌厚度的增加，可以提高双层衬砌结构的整体刚度和承载能力，但结构受力状态并非一直得到改善。因此，二次衬砌厚度的确定也应以保证结构在长期服役过程中处于安全受力状态为目标。

目前，盾构隧道双层衬砌结构设计尚无系统指南，二次衬砌厚度通常根据以往经验确定。因此，基于武汉长江公铁隧道及相关试验结果，建议在大直径盾构隧道二次衬砌厚度设计时，可考虑管片衬砌与二次衬砌的刚度匹配，以获得良好的协同承载效果。

以试验中的结构拱顶为例[图 6.21(a)]，若二次衬砌厚度较小，刚度不足可能无法保证在外荷载增大时与管片衬砌共同承载，两者之间的接触状态不是很好，且二次衬砌厚度较大时，其刚度增大，二次衬砌与管片衬砌之间会出现变形不协调现象。管片衬砌与二次衬砌的局部相互作用较强，但在二次衬砌周围，二者的有效接触面面积有所下降。综上所述，如果二次衬砌刚度与管片衬砌刚度之间存在良好的匹配关系，不仅有助于提高二者的协同承载性能，还能使二次衬砌的辅助承载作用得到有效发挥。管片衬砌和二次衬砌的刚度计算如下：

$$E_1 I_1^* = \eta E_1 I_1 = 1.19 \times 10^9 \, \mathrm{N \cdot m^2} \tag{6.1}$$

$$E_2 I_2 = 1.26 \times 10^8 \, \mathrm{N \cdot m^2} \tag{6.2}$$

式中，$E_1 I^*$ 为管片衬砌有效刚度；E_1 为管片衬砌弹性模量，取 3.45×10^4MPa；I_1 为管片衬砌惯性矩，$I_1 = b_1 h_1^3 / 12 = 0.046\text{m}^4$；$\eta$ 为侧向有效刚度系数，对于大直径盾构隧道，范围为 $0.7 \sim 0.81$，取 0.75；E_2 为二次衬砌弹性模量，取 2.80×10^4MPa；I_2 为二次衬砌惯性矩，$I_2 = b_2 h_2^3 / 12 = 0.0045\text{m}^4$。

管片衬砌与二次衬砌的刚度比计算如下：

$$S = E_1 I^* / (E_2 I_2) \approx 9.4 \tag{6.3}$$

在武汉长江公铁隧道中，当管片衬砌与二次衬砌刚度比 $S=9.4$ 时，认为二次衬砌刚度与管片衬砌刚度相匹配。对于直径为 15m 左右的类似盾构隧道的双层衬砌结构，可利用上述刚度比 S 计算出合理的二次衬砌厚度。盾构隧道二次衬砌合理厚度计算流程如图 6.26 所示。

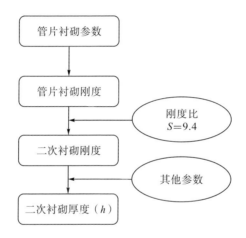

图 6.26　盾构隧道二次衬砌合理厚度计算流程

参 考 文 献

[1] 李围, 何川. 双车道公路盾构隧道管片合理分块型式研究[J]. 现代隧道技术, 2007(4): 16-19, 23.

[2] 黄式浩, 狄宏规, 王友文, 等. 管片厚度对大直径盾构隧道受力及变形的影响[J]. 华东交通大学学报, 2020, 37(1): 15-22.

[3] 董飞, 张顶立, 房倩, 等. 考虑管片接头影响的大直径盾构隧道地震响应分析[J]. 现代隧道技术, 2015, 52(4): 111-120.

[4] 柳献, 张晨光, 张宸. 地铁盾构隧道纵向接缝承载能力试验研究与解析分析[J]. 土木工程学报, 2016, 49(10): 110-122.

[5] 中华人民共和国住房和城乡建设部. 盾构隧道工程设计标准: GB/T 51438—2021[S]. 北京: 中国建筑出版传媒有限公司, 2021.

[6] 杨建民, 谭忠盛. 对高铁隧道二次衬砌钢筋设计问题的思考[J]. 现代隧道技术, 2017, 54(3): 1-7.

[7] 张建刚, 何川, 杨征. 大型水下盾构隧道管片衬砌结构配筋问题研究[J]. 铁道学报, 2009, 31(5): 72-78.

[8] 贾永刚, 张航, 何岳. 强刚度低配筋预应力盾构隧道管片衬砌技术研究[J]. 都市快轨交通, 2022, 35(6): 124-130.

[9] 姜华龙. 土压平衡盾构近距离下穿既有地铁无配筋二次衬砌大断面隧道施工技术[J]. 隧道建设(中英文), 2023, 43(5): 837-846.

[10] 张冬梅, 周文鼎, 卜祥洪, 等. 盾构-钢筋钢纤维混凝土双层衬砌内水压下破坏机理试验研究[J]. 岩土工程学报, 2022, 44(8): 1528-1534.

[11] 肖明清, 邓朝辉, 鲁志鹏. 武汉长江隧道盾构段结构型式研究[J]. 现代隧道技术, 2012, 49(1): 105-110.

[12] 邱月, 封坤, 游龙飞, 等. 大断面越江地铁盾构隧道衬砌结构方案研究[J]. 地下空间与工程学报, 2019, 15(3): 856-864.

[13] 郭文琦, 陈健, 王士民, 等. 二衬厚度对盾构隧道双层衬砌纵向力学性能的影响[J]. 铁道标准设计, 2020, 64(2): 142-148.

[14] 邓亚虹, 彭建兵, 范文, 等. 地裂缝活动环境下盾构隧道双层衬砌性状分析[J]. 岩石力学与工程学报, 2008(S2): 3860-3867.

[15] 晏启祥, 姚超凡, 何川, 等. 水下盾构隧道双层衬砌分析模型的比较研究[J]. 铁道学报, 2015, 37(12): 114-120.

[16] 周济民. 水下盾构法隧道双层衬砌结构力学特性[D]. 成都: 西南交通大学, 2012.

[17] Wang S M, He X H, Peng X Y, et al. Influence of secondary lining thickness on mechanical behaviours of double-layer lining in large-diameter shield tunnels[J]. Underground Space, 2024, 18: 130-150.

[18] 杨赛舟. 大直径水下盾构隧道双层衬砌力学性能研究[D]. 成都: 西南交通大学, 2018.

[19] 李雨强, 王士民, 梁敏飞, 等. 盾构隧道双层衬砌横向力学结构参数优化研究[J]. 地下空间与工程学报, 2020, 16(6): 1711-1721.

第7章 盾构隧道二次衬砌合理施作时机

在盾构隧道双层衬砌结构中，二次衬砌是施作于管片衬砌内侧的结构，其合理施作时机是结构设计过程中需要考虑的重要因素，关系到结构的整体受力协调和施工效率。盾构隧道掘进结束后，其围岩荷载主要由管片衬砌承担，因此二次衬砌施作时机的选择需要充分考虑管片衬砌结构的受力形态。需要注意的是，相较于新奥法修建的山岭隧道初期支护，盾构法施工的管片衬砌结构强度高，变形协调能力强，关于新奥法隧道二次衬砌施作时机的确定方法并不适用于盾构隧道。通过文献调研发现，现阶段关于二次衬砌施作时机的研究大多集中于山岭隧道，在盾构隧道方面鲜见报道。因此，本章主要考虑盾构隧道中二次衬砌不同施作时间，并对双层衬砌结构受力特性、荷载分担比例及损伤劣化特性进行探讨，论证得到盾构隧道二次衬砌的合理施作时机，为盾构隧道双层衬砌选择结构设计方案及二次衬砌合理施作时机的确定提供理论依据。

7.1 二次衬砌施作时机研究

关于二次衬砌合理施作时机的研究，早期常见于新奥法隧道工程，新奥法结构设计理论认为二次衬砌的施作应同时满足变形控制与荷载分担的要求，即能够充分利用和发挥围岩的自承能力，并且允许隧道洞室四周围岩存在一定的变形，以减少支护结构的围岩作用力[1-6]，从而减少新奥法隧道支护结构的承载压力，保证二次衬砌的安全性与耐久性。因此，在新奥法隧道设计过程中，二次衬砌合理施作时机的确定往往需要考虑围岩及初期支护结构的变形稳定，Panet[7]根据隧道洞周围岩收敛变形量进行隧道衬砌的反馈设计，同时引入支护特征线及围岩特征线概念对隧道二次衬砌合理施作时机进行表述。杨红军等[8]在基于隧道周边收敛随时间及开挖面距离变化的基础上建立理论计算模型，对软硬岩隧道二次衬砌施作时机进行了探讨。刘志春等[9]结合乌鞘岭隧道工程，通过计算分析现场实测的隧道洞周位移与模拟计算得到的隧道开挖后的洞周极限位移的比例关系，将二次衬砌施作时变形速率限值作为二次衬砌施作时机判别指标。随着新奥法的不断推广与发展，工程及学术界逐渐接受了在初支变形稳定后进行二次衬砌施作的时机理念，进而在各隧道及地下工程设计、施工规范中明确提出了二次衬砌的施工标准，如表 7.1 所示。

表 7.1   相关规范中新奥法隧道二次衬砌施作时机标准

规范指南名称	二次衬砌施作时机标准	
	一般围岩段	围岩大变形段
《铁路隧道喷锚构筑法技术规范》（TB 10108—2002）	深埋隧道拱顶下沉小于 0.1mm/d；浅埋隧道应尽早施作	初支变形初步稳定，变形速率小于 0.5mm/d
《岩土锚杆与喷射混凝土支护工程技术规范》（GB 50086—2015）	连续 5d 洞周收敛速率小于 0.2mm/d，拱顶下沉小于 0.1mm/d；相对收敛达到允许值的 90%以上	根据监控量测结果确定
《公路隧道施工技术细则》（JTG/T F60—2009）	洞周位移速率小于 0.2mm/d，拱顶下沉速率小于 0.15mm/d 后尽早施作	—

由表 7.1 可知，针对不同的围岩条件规范提出了不同的二次衬砌施作时机要求：在变形较小的一般围岩段，主张将二次衬砌的施作时机安排在新奥法初期支护变形稳定后，具体标准包括拱顶下沉小于 0.1～0.15mm/d；在围岩大变形条件下，为保证隧道开挖面的稳定，对初支的变形速度标准进行了提前控制，要求在变形速率小于 0.5mm/d 后即施作二次衬砌，同时对二次衬砌的强度与刚度作出了相应的要求。

由上述分析可知，对于一般性围岩隧道，大多数研究采用现场变形监测数据拟合、数值计算等方法对二次衬砌施作时间进行分析，并结合规范规定的二次衬砌施作标准，针对不同围岩条件的具体工程提出相应的二次衬砌合理施作时机。与新奥法隧道二次衬砌施作时机确定理念基本一致，针对盾构隧道双层衬砌结构的二次衬砌合理施作时机研究同样基于对管片衬砌结构变形，以及轴力弯矩与损伤破坏信息的分析[10]。为了确定地铁车站站厅隧道二次衬砌施作的最佳时机，张新金等[11]采用 FLAC 有限元软件对不同施作时机下的隧道衬砌结构内力进行对比分析，最终以最小地表沉降结果作为二次衬砌最佳施作时机的判定依据，选择在横通道开挖之前施作二次衬砌。张智博[12]依托南京地铁 10 号线越江地铁盾构隧道工程，基于可靠度理论对二次衬砌的施作时机进行了研究，最终以衬砌圆环竖直直径变形值为控制指标，在正常使用极限状态下，认为当管片衬砌截面可靠度低于 2.5 时需马上施作二次衬砌。

目前对盾构区间隧道二次衬砌施作时机的研究较少，关于二次衬砌是在管片衬砌刚拼装完成后立即施作，还是在管片衬砌承受一定外荷载条件下开始施作，国内尚无统一的说法，并且以上两种情况下对于管片衬砌承受荷载级别的界定和二次衬砌施作后整体结构的受力特性研究还不充分。在盾构隧道管片衬砌拼装完成后，管片衬砌变形及其内力的变化具有明显的时间效应，二次衬砌施作时机对管片衬砌结构内力及承载极限具有重要的影响，二次衬砌施加过早或过晚均不能有效利用管片衬砌的承载能力[13]。

7.2　试　验　设　计

　　建筑工程的失稳或破坏通常与时间有关，特别是对于水下盾构隧道，周围岩土体承载能力较差，由于围岩体的蠕变与固结，地层的荷载与抗力强度将随着时间的推移而发生较大变化。若二次衬砌的施作时间过早，则管片衬砌结构尚未受力稳定，会使二次衬砌的受力和变形都较大，由于二次衬砌的承载能力较低，过大的外力作用会引起衬砌出现开裂、失稳、剥落等破坏现象；若二次衬砌的施作时间过晚，则管片衬砌可能由于劣化而发生损伤，或因为管片衬砌受到意外荷载的作用而使隧道发生破坏。

　　模型试验主要考虑二次衬砌施作时机分别为 30%、50%、80%、100%，及管片衬砌超载 130%、200% 的情况。管片衬砌超载 130%、200% 是对单层管片衬砌结构在长期自然环境及不同病害条件下劣化的等效模拟，即认为超载的施加实际上是由结构劣化导致的结构自身承载能力下降及使用寿命减少的等效。试验方案分组如表 7.2 所示。

表 7.2　试验方案分组

试验分组	拼装方式	侧压力系数	中间目标环 K 块位置	二次衬砌施作时机	备注
1	相对中间目标环管片衬砌旋转 49.08° 布置	0.4	左拱腰	30%	管片衬砌承担 30% 的常时设计土荷载
2	相对中间目标环管片衬砌旋转 49.08° 布置	0.4	左拱腰	50%	管片衬砌承担 50% 的常时设计土荷载
3	相对中间目标环管片衬砌旋转 49.08° 布置	0.4	左拱腰	80%	管片衬砌承担 80% 的常时设计土荷载
4	相对中间目标环管片衬砌旋转 49.08° 布置	0.4	左拱腰	100%	管片衬砌承担 100% 的常时设计土荷载
5	相对中间目标环管片衬砌旋转 49.08° 布置	0.4	左拱腰	130%	管片衬砌承担 130% 的常时设计土荷载
6	相对中间目标环管片衬砌旋转 49.08° 布置	0.4	左拱腰	200%	管片衬砌承担 200% 的常时设计土荷载

　　依托工程在管片衬砌和二次衬砌之间布设有防水层结构，因此本次试验设定管片衬砌与二次衬砌为复合衬砌结构体系，如图 7.1 所示。

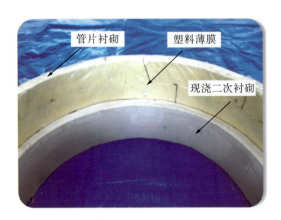

图 7.1　复合双层衬砌结构模型

7.3　试验结果分析

7.3.1　双层衬砌内力变化

1.管片衬砌内力分析

图 7.2 为不同施作时机下管片衬砌内力变化曲线,图中虚线代表二次衬砌施作时机,待二次衬砌固结完成后再进行下一步加载,规定管片衬砌外表面受压、内表面受拉弯矩为正,反之为负。由图可知,第 1～6 组试验在二次衬砌施加前后,相邻加载等级管片衬砌各关键点弯矩出现明显的增大,最大增幅为 147%,主要由于二次衬砌的施加改变了管片衬砌的荷载边界条件,管片衬砌弯矩增幅较大,之后管片衬砌弯矩增幅明显变缓,且随着施作时机的推迟该变化越明显。同样地,管片衬砌轴力变化也存在该特征。施作时机为 200%是指在管片衬砌出现破坏后施作二次衬砌,可以看出拱顶轴力、弯矩呈现先增大后减小的变化趋势,

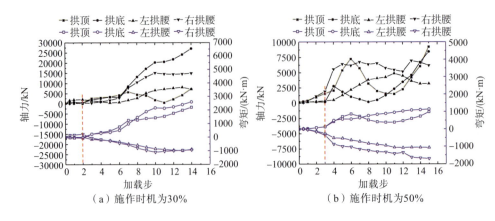

（a）施作时机为30%　　　　　　　　（b）施作时机为50%

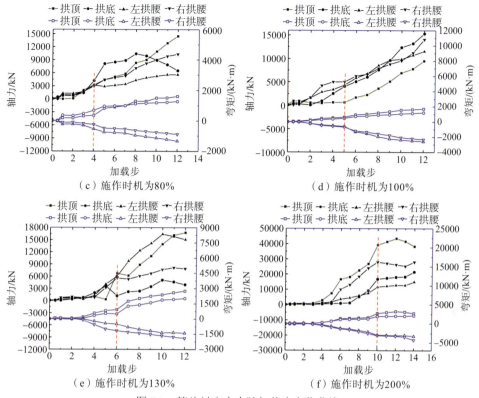

图 7.2　管片衬砌内力随加载步变化曲线

其他各关键点轴力、弯矩增大幅度亦有所减小，表明二次衬砌的施作能够有效分担管片衬砌结构外荷载，减小管片衬砌内力，进而提高结构极限承载能力。施作时机为 50%时，管片衬砌内力变化趋势相对于其他各组试验明显不同，其拱顶轴力和弯矩呈现先增大后减小再增大的变化趋势，且其衬砌各关键点的轴力和弯矩均较小，第 8 加载步时拱顶的轴力和弯矩分别为 3192.54kN 和 516.48kN·m，结构出现宏观破坏的荷载级别相对其他试验组较大。

　　施作时机为 200%时，其第 8 加载步单层管片衬砌承载过程中出现宏观可见裂缝，该加载步可认为是管片衬砌宏观破坏初始阶段。为分析该加载步不同施作时机双层衬砌结构受力特性，各组试验管片衬砌环向轴力和弯矩分布如图 7.3 所示。由图可以看出，管片衬砌轴力表现出全环受压的特点；弯矩分布呈"扁鸭蛋"状，表现出拱顶、拱底内侧受拉，左拱腰、右拱腰外侧受拉的特点，内侧、外侧反弯点位置主要分布于拱顶、拱底关键点 30°～45°范围。但各曲线之间存在一定差异，表明二次衬砌施作时机并没有改变管片衬砌轴力与弯矩的分布规律，但对其内力分布均匀程度及量值均存在一定影响。二次衬砌施作时机为 50%时，其管片衬砌的轴力和弯矩相对其他试验组分布比较均匀且数值相对较小，平均轴力为 4112.28kN，最大正弯矩为 990.33kN·m，最大负弯矩为−1236.15kN·m。在管片衬砌超载情况下施作二次衬砌时，管片衬砌内力相对于在常时设计荷载以内施作时更大，且分布也更不均，易在管片衬砌关键点位置出现应力集中现象。例如，施作时机为 200%时，拱顶轴力出现突变，其值为 22592kN，相对于施作时机为 100%时，其增幅达到 156%，表明二次衬砌在常时设计荷载以内施作能够有效减小管片衬砌结构环向内力分布量值，且轴力分布趋于均匀化，有利于改善双层衬砌结构承载体系，提高管片衬砌结构的承载能力；在施作时机为 50%的情况下，管片衬砌环向内力分布最均匀。因此，二次衬砌的施作应尽量在管片衬砌结构出现损伤劣化之前进行早施作，对结构整体受力有利。

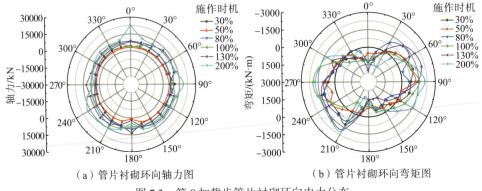

（a）管片衬砌环向轴力图   （b）管片衬砌环向弯矩图

图7.3   第8加载步管片衬砌环向内力分布

图 7.4 为管片衬砌结构最大轴力和最大弯矩随加载步变化情况。由图可知，加载初期管片衬砌内力变化缓慢，在此之后不同二次衬砌施作时机下，管片衬砌和二次衬砌变形协调性能有所差异，导致各施作时机下管片衬砌内力增长不同。在二次衬砌施作时机为 30%时，管片衬砌在常时设计荷载(第 5 加载步)前增长均匀，在此之后管片衬砌内力增长速度加快且呈线性增长，最后发展为不收敛状态。原因是二次衬砌施作过早，在加载初期管片衬砌承载性能未能发挥，二次衬砌作为主要承载体系，管片衬砌内力增长均匀且量值较小，随着加载进行，二次衬砌出现损伤破坏，承载性能逐渐削弱，管片衬砌开始作为主要承载体系发挥承载作用，表现为管片衬砌内力量值加速增加。在二次衬砌施作时机为 50%～100%时，二次衬砌施作后管片衬砌内力增长出现先加快后放缓的趋势，原因在于施作二次衬砌后，管片衬砌的变形受到二次衬砌的约束，管片衬砌内力增加，且该过程中产生变形的管片衬砌与二次衬砌两者之间的变形协调性能有所提高，在后期加载过程中两者共同承担外部荷载，管片衬砌内力增长速度放缓。在超出常时设计荷载进行二次衬砌施作(施作时机大于 100%)时，常时设计荷载内管片衬砌荷载最大内力变化相对缓慢，在超出常时设计荷载后，最大内力增长速度加快，原因在于在常时设计荷载以内由管片衬砌单独承载。在此之后施作二次衬

砌,对已产生变形甚至损坏的管片衬砌变形进行抑制,但由于管片衬砌变形过大,施加二次衬砌并不能改善已产生较大变形的管片衬砌承载性能,在后续加载过程中管片衬砌变形速度将加快,管片衬砌内力加速增加。

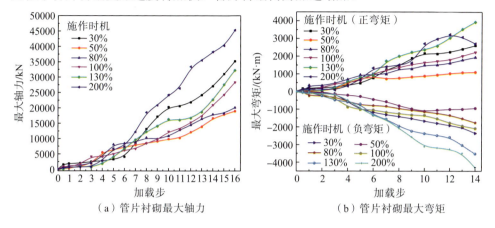

（a）管片衬砌最大轴力

（b）管片衬砌最大弯矩

图 7.4 管片衬砌最大轴力和弯距随加载步变化曲线

2. 二次衬砌内力分析

不同施作时机下第 8 加载步二次衬砌环向轴力和弯矩分布如图 7.5 所示。由图可以看出,二次衬砌环向轴力并不随施作时机的增加而增加,其中施作时机为 80% 时,二次衬砌平均轴力最大,为 3501.41kN;施作时机为 50% 时,环向弯矩较大,拱顶弯矩为 907.28kN·m,拱底弯矩为 596.04kN·m。与管片衬砌内力分布对比可知,各组试验二次衬砌环向不同截面轴力分布更为不均,原因在于二次衬砌的内力源于管片衬砌和二次衬砌之间的接触面压力,两者刚度均较大,在加载过程中变形协调性能难以保证,从而导致二次衬砌内力突变情况更为显著。

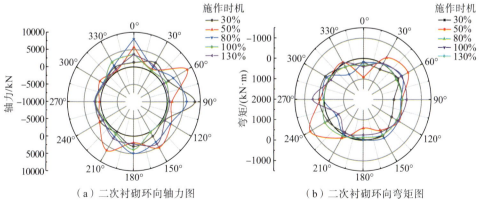

（a）二次衬砌环向轴力图

（b）二次衬砌环向弯矩图

图 7.5 第 8 加载步二次衬砌环向内力分布
施作时机 200% 在该加载步下还未进行二次衬砌施作

第 8 加载步二次衬砌内力占截面总内力环向分布比例如图 7.6 所示，其中二次衬砌弯矩占截面总弯矩比例以管片衬砌与二次衬砌弯矩绝对值进行计算。由图可以看出，双层衬砌截面内力分担比例及量值范围随二次衬砌施作时机不同有所差别，施作时机为 50%时二次衬砌环向弯矩占截面总弯矩比例超过 50%，分布范围相对于其他试验组较大，管片衬砌截面弯矩相对较小，分布范围集中在环向截面 0°～30°、210°～240°；施作时机为 100%时环向截面弯矩占总截面弯矩比例较小，管片衬砌截面弯矩相对较大，最大值为拱顶 22%，如图 7.5(b) 二次衬砌环向弯矩图所示。施作时机为 50%时二次衬砌环向平均轴力占截面总平均轴力比例相对于其他试验组较大，且二次衬砌平均轴力与管片衬砌平均轴力基本一致，表明二次衬砌在常时设计荷载以内进行施作能够有效分担荷载。其中，施作时机为 50%时二次衬砌对于双层衬砌结构截面总内力分担比例最高，其次是施作时机为 30%时。

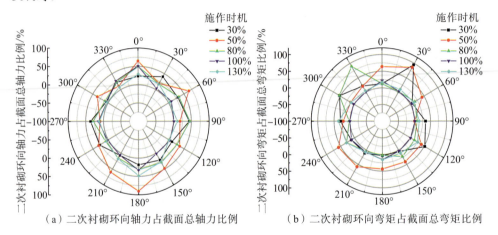

（a）二次衬砌环向轴力占截面总轴力比例　　（b）二次衬砌环向弯矩占截面总弯矩比例

图 7.6　第 8 加载步二次衬砌内力占截面总内力环向分布比例

为了进一步探究二次衬砌施作时机对双层衬砌承载特性的影响，将第 8 加载步不同二次衬砌施作时机下双层衬砌最大内力量值汇总于表 7.3。

表 7.3　第 8 加载步双层衬砌最大内力

试验分组	二次衬砌施作时机	二次衬砌最大内力			管片衬砌最大内力		
		轴力/kN	正弯矩/(kN·m)	负弯矩/(kN·m)	轴力/kN	正弯矩/(kN·m)	负弯矩/(kN·m)
1	30%	8359.4	418.0	-252.6	13165.9	1406.1	-1456.4
2	50%	8498.9	907.3	-1132.5	6385.1	1236.1	-990.3
3	80%	8096.0	585.3	-303.0	10398.9	1347.1	-1286.9
4	100%	3770.3	332.4	-249.7	13540.4	1951.7	-1463.8
5	130%	4112.4	546.2	-591.7	12910.3	2538.0	-2001.6

由表 7.3 可知，同一加载步不同二次衬砌施作时机下双层衬砌内力大小有所差异。在常时设计荷载内施作二次衬砌时，随着二次衬砌施作的推迟，二次衬砌内力基本呈现先增大后减小的趋势。当二次衬砌施作时机超出 100%时，二次衬砌内力比二次衬砌施作时机为 100%时有所增加，管片衬砌内力变化与之相反。引入二次衬砌内力与管片衬砌内力比值作为不同二次衬砌施作时机下双层衬砌承载性能评价指标，该比值越接近于 1，表明二次衬砌在承载过程中发挥的作用越显著，二次衬砌与管片衬砌变形协调性能越好，反之则越差。试验具体计算结果如表 7.3 所示，分析可知二次衬砌施作时机分别为 50%和 80%时，二次衬砌内力更接近管片衬砌内力，能充分发挥管片衬砌和二次衬砌承载性能，更有利于提高双层衬砌整体承载性能。

为了便于比较，本书绘制了不同施作时机下，管片衬砌和二次衬砌所承担的平均内力随加载步变化曲线，如图 7.7 所示。总体上看，管片衬砌和二次衬砌两者之间内力差值随施作时机变化趋势相同，即随着二次衬砌施作时机推迟，两者之间的内力差值出现先减小后增大的趋势。在施作时机为 30%时，管片衬砌和二次衬砌之间轴力差值为 3489.83kN，弯矩差值为 497.98kN·m；随着施作时机延缓到 50%，两者内力差值分别缩小为 1028.29kN 和 71.47kN·m，随着施作时机的进一步推迟，两者内力差值逐渐拉大，在施作时机为 100%时分别达到 8098.92kN 和 1074.37kN·m，相比于施作时机为 50%时，内力差值增幅分别达到 87.2%和 93%。这表明二次衬砌对双层衬砌结构内力改善效果随施作时机延缓表现出先增强后减弱的趋势，在施作时机为 50%左右达到最大。

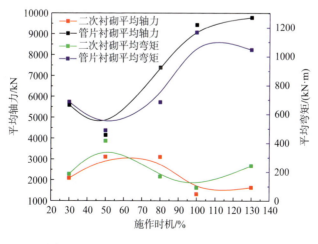

图 7.7　双层衬砌平均内力随施作时机变化图

7.3.2 双层衬砌截面内力分配

盾构隧道双层衬砌结构是在盾构管片衬砌结构内侧浇筑混凝土，管片衬砌与二次衬砌共同形成的一种支护体系。针对水下盾构隧道可能发生的管片衬砌开裂破损、渗漏水等病害问题，通常在管片衬砌与二次衬砌之间设置防水垫层。为此，选择在施作时机分别为 50%、100% 及 200% 时对二次衬砌施作后管片衬砌结构与二次衬砌结构之间的荷载传递机制、荷载分担比例等问题进行研究。

图 7.8 为施作时机为 50% 时二次衬砌内力随荷载等级变化曲线及二次衬砌环向内力分担比例示意图。由图可以看出，二次衬砌轴力和弯矩均随加载等级增加呈递增趋势，在初始加载步阶段(第 4 加载步及第 5 加载步)增幅较大，在后期加载步阶段增幅较小，其中二次衬砌拱顶、右拱肩、右拱脚及左拱脚位置处内力相对较大。从二次衬砌环向内力分担比例来看，二次衬砌轴力分担比例变化幅度随加载等级变化较大，如第 4 加载步拱底位置轴力分担比例为 6%、第 8 加载步拱底位置轴力分担比例为 86%、第 15 加载步拱底位置轴力分担比例为 9%，各加载步中截面轴力分担比例超过 50% 范围较多；而二次衬砌弯矩分担比例除右拱肩

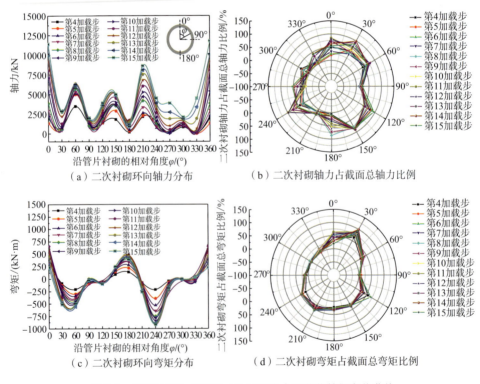

(a) 二次衬砌环向轴力分布   (b) 二次衬砌轴力占截面总轴力比例

(c) 二次衬砌环向弯矩分布   (d) 二次衬砌弯矩占截面总弯矩比例

图 7.8   施作时机为 50% 时二次衬砌内力随荷载等级变化曲线

超过 50%之外，其他位置截面弯矩分担比例均较小，表明在施作时机为 50%的情况下，二次衬砌随加载等级对截面轴力起主要分担作用，而对截面弯矩分担承载较小。

图 7.9 为施作时机为 100%时二次衬砌内力随荷载等级变化曲线及二次衬砌环向内力分担比例示意图。由图可以看出，二次衬砌轴力、弯矩随加载等级逐步递增，其中二次衬砌拱顶、拱底、左拱肩的轴力、弯矩及其增加幅度均相对较大；第 6 加载步二次衬砌平均轴力为 660.39kN，最大正弯矩为 137.89kN·m，最大负弯矩为–57.82kN·m；第 12 加载步二次衬砌平均轴力为 2244.89kN，相对于第 4 加载步增大 240%，最大正弯矩为 363.18kN·m，最大负弯矩为–66.55kN·m，弯矩随加载等级整体变化相对较小。从二次衬砌环向内力分担比例来看，二次衬砌轴力分担比例除初始加载步(第 6 加载步及第 7 加载步)变化幅度较大外，其他加载步变化幅度均较小，且在左拱肩位置轴力分担比例超过 50%；同时，二次衬砌弯矩分担比例均小于 20%。表明在施作时机 100%的情况下，二次衬砌随加载等级对截面轴力及弯矩的分担作用较小，尤其是截面弯矩，其分担比例均小于20%，管片衬砌对外荷载起主要承载作用。

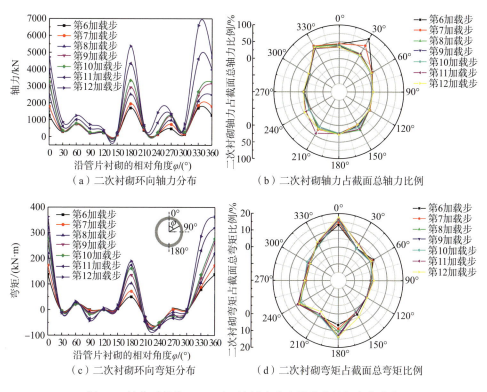

（a）二次衬砌环向轴力分布　　　（b）二次衬砌轴力占截面总轴力比例

（c）二次衬砌环向弯矩分布　　　（d）二次衬砌弯矩占截面总弯矩比例

图 7.9　施作时机为 100%时二次衬砌内力随荷载等级变化曲线

　　图 7.10 为施作时机为 200%时二次衬砌内力随荷载等级变化曲线及二次衬砌环向内力分担比例示意图。由图可以看出，二次衬砌的轴力、弯矩随加载等级逐步递增，在第 14 加载步相对于其他加载步增幅较大。第 10 加载步二次衬砌平均轴力为 1088.84kN，最大正弯矩为 294.46kN·m，最大负弯矩为-238.46kN·m；第 14 加载步二次衬砌平均轴力为 4620.28kN，相对于第 4 加载步增大 324%，最大正弯矩为 762.17kN·m，最大负弯矩为-172.27kN·m，弯矩随加载等级整体变化相对较小。从二次衬砌环向内力分担比例来看，二次衬砌轴力分担比例随加载等级增加呈增大趋势，且仅在左拱脚位置轴力分担比例超过 50%，同时二次衬砌弯矩分担比例均小于 25%。表明在施作时机为 200%的情况下，二次衬砌随加载等级对截面轴力及弯矩的分担作用较小，尤其是截面弯矩，其分担比例均小于 25%；双层衬砌在结构超载情况下，管片衬砌对外荷载起主要承载作用。

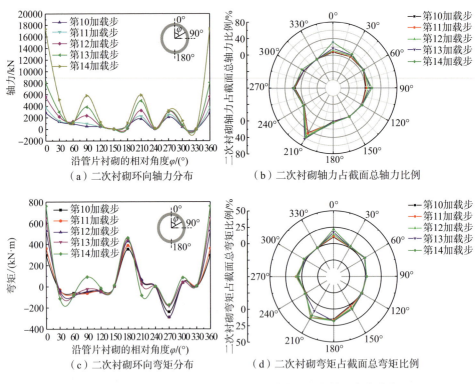

（a）二次衬砌环向轴力分布　　　　　　（b）二次衬砌轴力占截面总轴力比例

（c）二次衬砌环向弯矩分布　　　　　　（d）二次衬砌弯矩占截面总弯矩比例

图 7.10　施作时机为 200%时二次衬砌内力随荷载等级变化曲线

　　对比图 7.8～图 7.10 不同施作时机下二次衬砌内力加载等级变化曲线及二次衬砌环向内力分担比例示意图可以看出，二次衬砌轴力、弯矩随加载等级增加呈递增趋势，但同一加载步不同施作时机环向轴力大小不同。其中，施作时机为 50%时二次衬砌平均轴力较大，环向轴力超过 5000kN，分布范围相对于其他试验组较广，如第 11 加载步施作时机分别为 0%、50%、100%、200%时，平均轴力分别为 1203.01kN、3460.11kN、1762.80kN、1371.74kN，表明施作时机为 50%时二次衬砌轴力占截面总轴力分担比例相对较大，管片衬砌轴力相对较小，管片衬砌结构安全储备较大。施作时机为 50%时，环向截面 0°、180°、240°对应的正弯矩和负弯矩大小基本一致，环向分布比较均匀。施作时机为 100%及 200%时，二次衬砌内力以拱顶及拱底弯矩为主，左拱腰和右拱腰的弯矩相对较小。在施作时机为 50%的情况下，二次衬砌随加载等级增加对截面轴力起主要分担作用，而对截面弯矩的分担比例较小；在施作时机为 100%及 200%的情况下，二次衬砌对截面内力分担作用较小，管片衬砌对外荷载起主要承载作用。

7.3.3　双层衬砌结构层间相互作用特性

与单层管片衬砌相比，双层衬砌在承载过程中，管片衬砌不仅要承担结构外侧土体压力，还需要承受二次衬砌与管片衬砌间的接触面压力，形成与单层管片衬砌截然不同的支护体系。图 7.11 为不同施作时机下管片衬砌与二次衬砌接触面压力平均值随加载步变化曲线。

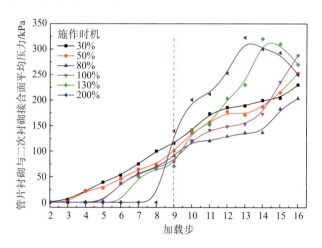

图 7.11　接触面压力平均值随荷载变化曲线

由图 7.11 可知，各施作时机下二次衬砌与管片衬砌层间接触面压力平均值随加载步增加表现为逐渐增大的趋势。在第 2~9 加载步内，相同加载步条件下，接触面压力平均值随施作时机推迟呈逐渐减小的趋势，这是由于该加载区段内随着施作时机推迟，管片衬砌与二次衬砌在外荷载作用下的变形较为协调，二次衬砌与管片衬砌间能够更好地贴合，使得压力测试元件附近有效贴合区域面积逐渐增加，从而在各关键点所测得的量值逐渐减小。在第 9 加载步以后，结构在加载过程中产生的裂缝引起结构荷载重分布，使得接触面压力平均值随加载步增加表现为两种不同的趋势：当施作时机介于 30%～100%时，随着加载步增加，接触面压力呈逐渐增大趋势，在第 14 加载步之后，接触面压力增加速度进一步加大，表明管片衬砌与二次衬砌接触面面积加速减小，两者之间的变形协调性能逐渐减弱；当施作时机大于 100%时，加载至第 9～13 加载步，二次衬砌与管片衬砌之间的接触面压力平均值增加速度较施作时机为 30%～100%条件下大，此后接触面压力平均值呈减小趋势，原因在于二次衬砌施作过晚，已产生大变形的管片衬砌与二次衬砌两者变形协调性能弱，二次衬砌为了抑制大变形管片衬砌继续变形，将增加与大变形管片衬砌的接触面积，承受较大荷载，进而表现为压力盒所测压力偏小。为进一步探明承载过程中二次衬砌发挥的作用，现以管片衬砌所受外部荷载平均值为比较基准，将二次衬砌所受层间接触面压力平均值进行无量纲化处理。图 7.12 为管片衬砌与二次衬砌接触面压力平均值占地层土压力分担比例图。

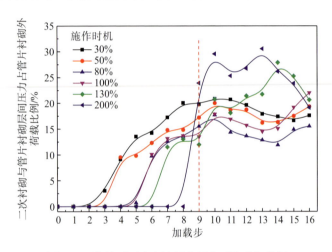

图 7.12　接触面压力占地层土压力平均分担比例

由图 7.12 可知，各工况下接触面压力平均占比随加载步增加基本呈现先增大后减小的趋势。在加载步等级较小时，随着外荷载的增加，二次衬砌在结构体系中承担外荷载的比例逐渐增大，承载作用逐渐增强，待二次衬砌发生宏观裂缝前达到峰值。对比各工况下分担比例曲线可知，在第 9 加载步内，相同加载条件下，随着二次衬砌施作时机的推迟，相同加载步下接触面压力平均占比基本呈递减趋势；在第 10～16 加载步内，常时设计荷载内施作二次衬砌，二次衬砌所受层间压力平均值占比均小于超载情况，这是因为超载情况下二次衬砌施作时管片衬砌已产生大变形，随着荷载增加，管片衬砌承载能力逐渐削弱，二次衬砌承受荷载加大，导致二次衬砌所受层间压力平均值占比较大，但整个加载过程中二次衬砌所承受层间接触面压力占比均小于 50%，表明盾构双层衬砌承载过程中，二次衬砌仅作为辅助承载结构。

7.3.4　双层衬砌结构变形

将不同施作时机下双层衬砌结构关键点位移换算成径向收敛值，以沿圆心径向向内收敛方向为正方向，图 7.13 为各加载步下结构径向收敛值随加载步变化曲线。由图可知，各组衬砌结构横向、竖向收敛值均随荷载增加呈逐渐增大的趋势，但同一荷载级别下结构径向收敛值有所差异。在常时设计荷载内（第 5 加载步），结构径向收敛值变化缓慢，且无明显差异；在此之后，竖向收敛变形加速增加，且逐渐大于横向变形收敛值，同时各施作时机下结构径向收敛值差异逐渐显著。其中最为显著的是施作时机为 80%时，竖向变形从第 5 加载步的 21.57cm 增长到第 10 加载步的 43.96cm；横向变形收敛值从第 5 加载步的 12.32cm 增长到第 10 加载步的 46.5cm，相比于纵向变形，横向收敛值增长幅度增加了 52.7%。

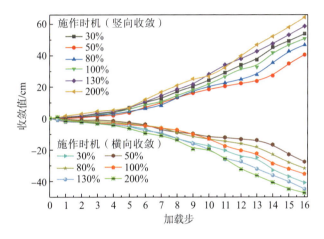

图 7.13　各组试验结构径向收敛值随加载步变化曲线

在加载初始阶段，结构变形处于弹性阶段，结构径向收敛值随荷载呈线性变化，随着加载的进行，结构变形出现内部损伤，呈现非线性变化。同时，随着二次衬砌施作时机推迟，径向收敛值随加载步变化表现出三种不同趋势：施作时机为 30%～50%时，变化趋势均匀；施作时机为 80%～100%时，变化趋势由均匀变化逐渐趋于收敛状态；而在施作时机超出 100%时，变化趋势由均匀变化逐渐发展为不收敛状态。原因在于较早施作二次衬砌（施作时机为 30%），管片衬砌未能充分发挥承载能力，使得二次衬砌承受荷载相对较大，在外荷载作用下二次衬砌产生变形，对管片衬砌变形抑制效果逐渐减弱，结构变形相对较大；二次衬砌施作过晚时（施作时机大于 100%），管片衬砌单独承受荷载增大，时间延长，施作二次衬砌时管片衬砌已产生较大变形甚至已损坏，施作二次衬砌后结构内部应力重分布，二次衬砌承受较大荷载，随着荷载增加产生大变形，进而对抑制管片衬砌变形效果不佳，导致结构变形相对较大；而在施作时机为 50%～80%时，管片衬砌在单独承载情况下已产生一定变形，此时施作二次衬砌，变形后的管片衬砌和二次衬砌所承受荷载均与自身刚度相匹配，两者变形协调性能相对较好，二次衬砌能够在一定程度上抑制管片衬砌变形，减缓了第 9～13 加载步荷载作用下结构径向收敛变形的发展，充分发挥管片衬砌和二次衬砌的承载能力。

　　椭圆度能更好地描述双层衬砌结构整体变形特性，因此计算各组试验不同加载步下的椭圆度，如图 7.14 所示。随着荷载增加，结构整体椭圆度呈逐渐增加趋势，根据不同二次衬砌施作时机下结构椭圆度随加载步变化速率的快慢，可将结构变形分为三个阶段：弹性变形阶段、弹塑性变形阶段和结构失稳阶段。在常时设计荷载内结构椭圆度变化均匀且量值较小，为结构弹性变形阶段；而在不同施作时机下，结构弹塑性区段有所差异，施作时机分别为 50%、80%时结构弹塑性阶段在第 5～13 加载步，结构椭圆度随加载步增加而加速增加，在加载后期有收敛趋势，表明此收敛阶段管片衬砌和二次衬砌变形协调性能相对较好；而其他施作时机下结构弹塑性阶段在第 5～10 加载步，在此之后，结构椭圆度随加载步变化速度进一步加快，表现为不收敛状态，处于结构失稳阶段，表明合理的二次衬砌施作时机可延长结构弹塑性变形阶段，有利于提高结构整体承载性能。

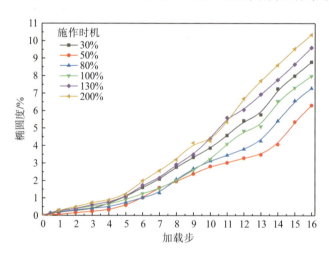

图 7.14　各组试验结构椭圆度随加载步变化曲线

　　表 7.4 为试验过程中二次衬砌开始发生宏观破坏荷载级别(二次衬砌开始出现开裂或被压溃)及相应位移特征统计表。由表可以看出，施作时机为 30%～100%时及超载情况下最大位移与隧道半径比值在 2.20%～5.50%，虽然施作时机为 200%时二次衬砌宏观破坏开始荷载级别较大，但在二次衬砌施作时管片衬砌已经出现损伤，二次衬砌施作后仅经过 10m 土柱开始发生宏观破坏，管片衬砌

的安全储备相对较低；施作时机为 30%时双层衬砌开始发生宏观破坏时其最大位移与隧道半径比值相对较小，双层衬砌结构整体变形协调能力较差，结构整体刚度较大；施作时机为 50%时双层衬砌宏观破坏开始荷载级别及其变形量均最大，结构能在一定荷载级别内通过自身变形量的增加释放应变能维持结构的稳定，避免结构某一部分出现应力集中现象，结构整体变形性能较好。因此，二次衬砌在合理的施作时机进行施作，一方面可以改善双层衬砌结构的整体协调变形能力，另一方面可以提高双层衬砌结构的极限承载力，增加衬砌结构的安全储备。

表 7.4　双层衬砌结构破坏特征统计

试验组号	破坏特征					
	模型最大位移/mm	原型最大位移/cm	最大位移与隧道半径之比/%	施作荷载步	宏观破坏开始荷载步	最大位移点所在位置
1	5.08	10.16	2.21	2	10	拱顶
2	12.62	25.24	5.49	3	12	拱顶
3	−11.64	−23.28	5.06	4	9	右拱腰
4	10.23	20.46	4.44	5	9	拱顶
5	10.46	20.92	4.55	6	10	拱顶
6	10.17	20.34	4.42	9	11	拱顶

7.3.5　双层衬砌渐进性破坏过程声发射信息

图 7.15 为模型试验过程中的累计声发射事件数（累计 AE 数）与声发射事件率（AE 率）随加载步变化曲线。由图可以看出，结构累计 AE 数随着加载进行呈增大趋势，一方面，随着荷载增大，结构本身产生一定程度损伤破坏，使得累计 AE 数有一定的增长；另一方面，加载过程中结构接头间产生一定挤压变形；在施作二次衬砌以后，管片衬砌与二次衬砌结构间产生一定层间错动，都会对结构累计 AE 数产生一定的影响。

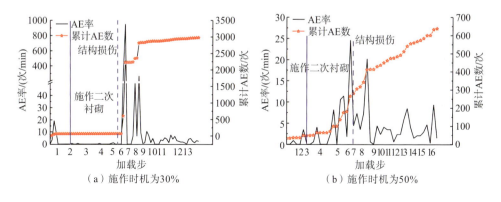

（a）施作时机为30%　　　　（b）施作时机为50%

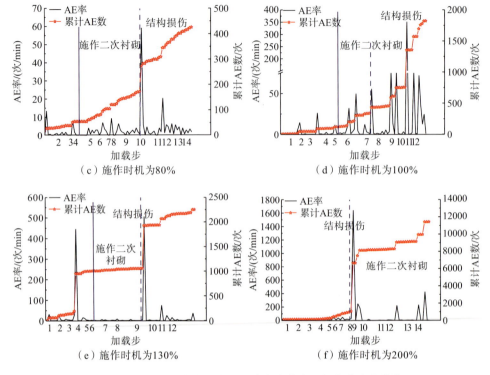

图 7.15　累计声发射事件数和声发射事件率随加载步变化曲线

对试验过程中累计 AE 数及 AE 率研究发现，声发射信息变化规律主要分为以下三种情况。

1）施作时机小于 50%

管片衬砌作为柔性支护体系，在单独承载作用下与外部土体表现出良好的协调性，累计 AE 数及 AE 率均无明显变化。而在施作时机较小时，二次衬砌以刚性支护形式作用于双层衬砌结构，承担较大荷载，由于所受荷载和承载能力的不协调，管片衬砌与二次衬砌两者变形协调能力差，二次衬砌内部产生损伤破坏引起双层衬砌结构累计 AE 数和 AE 率突变。在施作时机为 30% 时，结构在第 5 加载步时出现了显著 AE 率和累计 AE 数突变情况，其 AE 率达 949.8 次/min，累计 AE 数为 2212 次，可见二次衬砌已出现显著内部损伤，在该加载步双层衬砌结构开始进入损伤破坏阶段[2]。

2）施作时机为 50%～100%

在施作时机为 50%、80% 时，AE 率变化较为缓和，最大 AE 率分别为 25 次/min 及 59 次/min，结构累计 AE 数呈渐进性增大特点，其增长趋势较为均匀，直至结构产生失稳破坏，累计 AE 数相对其他施作时机下较小，结构内部损伤破坏较轻。由图 7.15(b) 和 (c) 可知，双层衬砌结构分别在第 7、10 加载步开始进入损伤破坏阶段，管片衬砌和二次衬砌的变形协调能力良好，双层衬砌结构内部损伤发展均匀，延缓了损伤破坏阶段的出现，结构整体受力性态有所提高。

在施作时机为 100%时，结构声发射信息变化规律与施作时机为 50%～80%时相似，但在量值上相比于施作时机为 50%～80%时有所增大，在第 10 加载步AE 率和累计 AE 数发生突变，分别达到 351.56 次/min 和 1354 次，结构开始进入损伤破坏阶段。在该施作时机下双层衬砌结构表现出的损伤破坏性态不及施作时机 50%～80%，但该施作时机避免了二次衬砌施作时机过早时，在较小加载步下由管片衬砌与二次衬砌整体变形协调能力不佳导致的结构内部损伤，延缓了损伤破坏阶段的出现，利于结构整体承载性的提高。

3）施作时机大于 100%

当施作时机为 200%时，在外部荷载达到常时设计荷载（第 5 加载步）前，结构累计 AE 数变化较为平缓，在超过常时设计荷载以后，结构 AE 率变化较为显著，累计 AE 数呈急剧增大的特点。在第 8 加载步结构 AE 率和累计 AE 数产生突变，累计 AE 数从 1051 次急剧增大至 6657 次，此时还尚未施作二次衬砌，从加载过程中记录到管片衬砌内侧在该加载步时产生了失稳破坏，此突变现象揭示了结构内部应变能被一次性释放，衬砌结构在局部区域出现急剧破坏的特征。

结构出现一定程度损伤劣化后进行二次衬砌施作。例如，在施作时机为130%的条件下，在第 9 加载步时出现了显著的 AE 率及累计 AE 数突变情况，结构开始进入损伤破坏阶段，相比于施作时机为 200%的情况，该加载步下二次衬砌施作同样延缓了结构损伤破坏阶段的出现，表明二次衬砌在结构出现一定程度损伤劣化时也可起到一定改善结构承载体系的作用。但结构存在劣化时，与施作时机为 50%～100%时相比，声发射信息的变化更为显著，隧道内部损伤破坏情况也更为严重，不利于结构整体承载性能的提高。

通过上述分析可知，当二次衬砌施作时机为 30%（施作过早）时，结构累计AE 数呈阶梯性增长，结构于第 5 加载步出现了显著 AE 率和累计 AE 数突变，表明结构出现显著内部损伤，原因在于二次衬砌施作较早时，二次衬砌以刚性支护形式作用于双层衬砌结构，承担较大荷载，所受荷载和承载能力不协调导致二次衬砌内部产生损伤破坏引起双层衬砌结构累计 AE 数和 AE 率突变。当二次衬砌施作时机为 50%～80%时，双层衬砌结构累计 AE 数呈渐进性增长，增长趋势相对均匀，双层衬砌结构分别于第 7、10 加载步出现显著 AE 率突变，但突变量值较小。当二次衬砌施作时机为 100%时，结构声发射信息变化规律与施作时机为50%～80%时相似，但在量值上有所增大，结构 AE 率和累计 AE 数于第 10 加载步发生突变。当二次衬砌施作时机为 130%和 200%（施作过晚）时，结构累计 AE 数呈阶梯性增长，结构 AE 率和累计 AE 数分别于第 9、8 加载步出现突变且量值较其他施作时机大；与施作时机为 50%～100%时相比，声发射信息变化更为显著，结构内部损伤也更为严重。

二次衬砌的施作能够有效减少结构内部裂纹的扩展及损伤，降低累计声发射事件数，进而提高双层衬砌结构的承载能力。但不同施作时机对结构损伤降低程度不同，施作时机为 30%和 50%时损伤程度相对较小；在施作时机为 80%以上时，双层衬砌损伤破坏过程以阶梯形增幅变化为主，尤其是施作时机为 200%时，在第 8 加载步时出现较大增幅的跳跃性增长。二次衬砌在合理的施作时机进行施作，一方面能够充分利用管片衬砌结构自承载能力，减少管片衬砌结构在单独承载过程中的损伤程度，另一方面可以改善二次衬砌施作后双层衬砌结构整体受力状态，提高其极限承载力。其中，施作时机为 50%时高能量声发射事件出现较晚。

7.3.6 双层衬砌破坏形态

图 7.16 为 6 组试验管片衬砌结构内侧破坏素描图，图中数字表示裂缝或压溃区位置标号，所标角度以拱顶为 0°，沿逆时针方向取值，椭圆形填充区代表管片衬砌结构被压溃区域。从图中衬砌结构内表面主裂缝或压溃区发生位置可以看出，管片衬砌发生损伤的主要部位集中在拱顶、拱底、左拱腰、右拱腰附近，这与管片衬砌结构最大环向内力分布相关；而二次衬砌宏观破坏开始的位置多位于拱顶及拱底附近，左拱腰、右拱腰位置开始发生相对较少，主要由于试验加载过程中 I 方向(拱顶及拱底位置)为主加载方向，其量值相对较大，管片衬砌与二次衬砌结构相对于左拱腰、右拱腰位置协调变形。6 组试验管片衬砌裂缝多集中于管片衬砌环向接头或纵向接头的位置，可见管片衬砌接头抗弯刚度的削弱对结构破坏有一定的影响，二次衬砌的施作对该种破坏形式影响较小。二次衬砌不同施作时机对管片衬砌结构破坏位置及损伤程度影响不同，从管片衬砌结构的裂损程度来看，第 6 组试验由于在管片衬砌结构发生宏观破坏后开始施作二次衬砌，其裂缝或压溃区位置最多。另外，施作时机为 50%时管片衬砌破坏位置相对最少，管片衬砌裂损程度较轻，其次是施作时机为 30%时，而施作时机为 80%以上时管片衬砌裂损较严重。该变化规律与图 7.15 累计声发射事件数变化相一致，表明相对于施作时机为 80%以上时，在施作时机为 50%、30%时管片衬砌结构的裂损程度较轻，能够有效减少管片衬砌结构在承载过程中的裂损，进而提高其承载能力。

0°（拱顶）   270°   180°   90°

（a）施作时机为30%

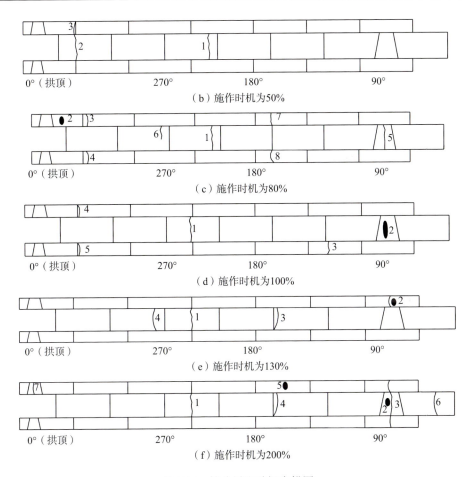

（b）施作时机为50%

（c）施作时机为80%

（d）施作时机为100%

（e）施作时机为130%

（f）施作时机为200%

图 7.16　管片衬砌破坏素描图

试验过程中将结构出现宏观裂缝的荷载级别定义为结构宏观破坏荷载级别。其中第 1～5 组二次衬砌较管片衬砌先出现宏观裂缝，第 6 组则为管片衬砌较二次衬砌先出现宏观裂缝。图 7.17 为施作时机为 50%时结构宏观破坏示意图。

（a）拱顶宏观裂缝

（b）拱底宏观裂缝

图 7.17　第 2 组试验宏观破坏示意图

　　结合双层衬砌结构内部损伤和试验过程中结构宏观破坏对应荷载级别，对不同施作时机下双层衬砌结构整体承载性能进行评价。表 7.5 为对双层衬砌结构内部损伤信息及宏观破坏荷载步的统计。

表 7.5　双层衬砌内侧破坏特征

试验组号	二次衬砌施作时机/%	二次衬砌施作荷载步	结构内部损伤出现荷载步	结构宏观破坏出现荷载步	主裂缝位置	主裂缝方向
1	30	2	5	9(二次衬砌)	拱顶	纵向、斜向
2	50	3	7	12(二次衬砌)	拱顶、拱底	纵向
3	80	4	10	10(二次衬砌)	拱底、左拱肩	拱底纵向、拱肩斜向
4	100	5	10	10(二次衬砌)	拱顶	纵向
5	130	6	9	9(二次衬砌)	拱底	纵向
6	200	9	8	8(管片衬砌)	拱顶、拱底	纵向

　　由表 7.5 可知，双层衬砌开始发生宏观破坏主裂缝的位置多集中于拱顶和拱底，拱顶与拱底部位破坏形式多为拉伸破坏，其裂缝破坏形式如图 7.17 所示。与施作时机为 80%以上时相比，双层衬砌施作时机为 30%和 50%时，管片衬砌结构的裂损程度较小，能够有效减少管片衬砌结构在承载过程中的裂损，进而提高其承载能力。施作时机为 50%时，结构出现宏观破坏荷载步最大，表明该组试验管片衬砌和二次衬砌变形协调性能良好，双层衬砌联合承载能力要优于其他组，其次是施作时机为 80%和 100%时。但是，施作时机为 50%时，结构开始出现内部损伤荷载级别相对于施作时机为 80%和 100%时低，表明较早施作二次衬砌可加速结构损伤阶段的出现，而在合理施作时机内施作二次衬砌对结构承载性能影响较小。相比于施作时机为 30%~100%，超载情况下结构内部损伤及宏观破坏荷载级别无差别，原因在于管片衬砌刚度较二次衬砌刚度大，在单独承载过程中不易出现内部损伤，进而延缓超载情况下损伤阶段的出现，但在提高结构承载性能、延缓结构宏观破坏方面作用不够显著。

<h2 style="text-align:center">参 考 文 献</h2>

[1] 路军富, 王明年, 贾媛媛, 等. 高速铁路大断面黄土隧道二次衬砌施作时机研究[J]. 岩土力学, 2011, 32(3): 843-848.

[2] 周烨, 李鹏飞, 张翾. 大断面黄土隧道初期支护合理施作时机[J]. 北京交通大学学报, 2012, 36(1): 41-47.

[3] 刘国庆. 高地应力软岩大变形隧道二次衬砌做时机研究[J]. 现代隧道技术, 2013, 50(2): 84-93, 101.

[4] 董磊, 宋红艳. 含水弱胶结粉细砂岩地层公路隧道开挖方案比选及二次支护施作时机研究[J]. 隧道建设, 2014, 34(9): 849-856.

[5] 王睿, 党发宁, 李明亮, 等. 基于概率统计法的隧道围岩变形稳定时间及二衬施作时机研究[J]. 西安理工大学学报, 2017, 33(2): 204-210.

[6] 郭小龙, 谭忠盛, 李磊, 等. 高地应力千枚岩隧道二次衬砌施作时机研究[J]. 中国公路学报, 2020, 33(12): 249-261.

[7] Panet M. Recommendation on the convergence-confinement method[J]. Paris: Association Fran aisedes Tunnels et de l Espace Souterrain (AFTES), 2001(1): 1-11.

[8] 杨红军, 夏才初, 彭裕闻, 等. 时空效应下隧道的收敛变形预测及二衬合理支护时机[J]. 探矿工程 (岩土钻掘工程), 2010, 37(2): 69-73.

[9] 刘志春, 李文江, 朱永全, 等. 软岩大变形隧道二次衬砌施作时机探讨[J]. 岩石力学与工程学报, 2008, 27(3): 580-588.

[10] 王士民, 陈兵, 王先明, 等. 盾构隧道二次衬砌合理施作时机模型试验研究[J]. 岩土工程学报, 2020, 42(5): 882-891.

[11] 张新金, 刘维宁, 彭智勇, 等. 盾构法与浅埋暗挖法结合建造地铁车站站厅隧道二衬施作时机的研究[J]. 中国铁道科学, 2012, 33(4): 25-30.

[12] 张智博. 基于可靠度理论的水下盾构隧道二衬合理施作时机研究[J]. 铁道建筑技术, 2016(8): 36-41.

[13] 于清洋. 盾构隧道双层衬砌结构横向相互作用机理研究[D]. 成都: 西南交通大学, 2016.

第8章 二次衬砌缺陷对盾构隧道双层衬砌结构力学特性的影响

盾构隧道二次衬砌是现浇混凝土施工，在施工过程中存在延伸距离长、差异性大、施工隐蔽的特点。因此，在浇筑过程中难以避免造成衬砌缺陷，且缺陷存在的位置及大小差异性大，缺陷发现难度大。衬砌质量缺陷的问题将降低结构承载力，轻则造成衬砌开裂渗水，重则引起衬砌脱落及影响运营安全[1]。

盾构隧道双层衬砌施工过程中，由于大多数二次衬砌都是现浇混凝土结构，浇筑过程中不可避免地会出现浇筑不均匀的现象，尤其对于隧道上方拱顶、拱肩、拱腰等位置，极易出现混凝土填充不全而产生二次衬砌缺陷的问题[2]。二次衬砌的缺陷不仅会影响二次衬砌本身的力学性能，还会对双层衬砌结构的整体承载特性造成影响[3]，针对二次衬砌的缺陷开展深入研究对今后盾构隧道双层衬砌结构的设计及长期安全具有重要的意义。现阶段由于双层衬砌结构在盾构隧道工程中的应用较少，关于盾构隧道缺陷的研究主要集中在壁后注浆缺陷[4]、施工期预制拼装管片开裂[5]等方向，针对二次衬砌的缺陷问题鲜有研究，而在采用类似双层衬砌结构的山岭隧道工程中，二次衬砌缺陷问题普遍存在[6]。因此，盾构隧道二次衬砌缺陷问题同样具有较高的研究价值。山岭隧道和盾构隧道虽同为复合衬砌结构，但在施工方法、相互作用模式及结构体系等方面存在较大差异[7]。因此，关于山岭隧道的研究成果无法直接套用在盾构隧道二次衬砌缺陷的研究中。

基于此，本章围绕二次衬砌缺陷的位置与深度展开试验研究，探究拱顶、左拱肩、左拱腰位置存在二次缺陷的情况下，盾构隧道双层衬砌力学特性与破坏形态的变化规律，通过对比分析确定最危险的二次衬砌缺陷位置，随后对不同二次衬砌缺陷程度下双层衬砌结构的变形分布、内力特征及结构损伤破坏特性进行分析。

8.1 二次衬砌缺陷研究

衬砌质量缺陷的成因主要从设计方面、施工方面考虑。①设计方面：囿于地下工程复杂的地质条件及施工技术，受限于地质勘查局限性，设计时难以全面准确认识地质条件，从而造成实际开挖支护与设计不尽相符的情况[8]。②施工方面：二次衬砌施工过程中泵送混凝土压力不足、流动性较差及抽拔泵送管过早，往往导致拱顶部位模筑混凝土难以饱和,进而导致背后存在较大空洞或衬砌厚度不足的缺陷发生;施工原材料质量把控不严;测量放线存在误差、模板过早拆除及施工管理不善等导致的衬砌与围岩不密贴,极易出现混凝土填充不全而产生二次衬砌缺陷的问题[9]。

开展隧道衬砌质量缺陷对衬砌结构力学性能的影响研究,对于结构的设计及长期运营安全具有重要的实际意义。这需要准确识别出衬砌质量缺陷,获取其相关参数,寻找产生隐患的根源,关于隧道二次衬砌空洞与衬砌厚度不足的质量缺陷检测手段分为破损检测和无损检测两大类。其中,破损检测又称为微损检测,通常指的是需要对隧道材料造成一定损伤或破坏才能进行的检测方法,常见的破损检测方法包括钻孔取芯法和拔出法。在某些特定情况下破损检测可以提供更为精确的材料性能数据,但是破损检测易破坏隧道原有结构层,影响使用寿命,也难以全面反映结构整体质量,破损后难以恢复[10],破损检测的运用场景更为苛刻。相比之下,在不破坏或不损害隧道结构本身的前提下,利用专门的技术和设备来检测隧道结构的物理特性、缺陷、损伤及其他各种性能指标的无损检测更能够有效保障隧道的结构安全和运营安全[11]。常见的无损检测方式主要有地质雷达法、声波反射法、回弹冲击波法、红外线热成像检测等。由于无损检测具有对结构损伤小、检测可靠度高、速度快、成本低、数据直观等优点,被广泛应用于隧道的日常检测和维护中。

二次衬砌作为有一定厚度的模筑混凝土,在限制围岩变形、防止局部垮塌等方面起着至关重要的作用[12]。二次衬砌常见的病损包括隧道二次衬砌厚度不足、内部空洞、强度不足、钢筋露筋、混凝土离析等[13]。为此 Ding 等[14]探究了厚度不足和空洞等缺陷位于隧道拱顶、拱肩、边墙时隧道结构的内力和变形在外部荷载下的变化规律,研究结果表明,拱顶处的二次衬砌缺陷影响更大。Zhang 等[15]通过模型试验探讨了连拱隧道的二次衬砌厚度不足缺陷分别位于左隧道的拱顶和右拱腰时,衬砌的内力变化和损伤破坏模式,发现在靠近中隔墙右拱腰处的衬砌缺陷会引起更严重的破坏。针对二次衬砌的裂缝缺陷,Song 等[16]通过对某运营中的黄土公路隧道进行现场调查,发现二次衬砌的裂缝主要分布在拱顶和侧壁,且拱顶裂缝长度占隧道裂缝总长度的 70%以上。此外,Xu 等[17]采用数值模拟方法,研究了裂纹位于拱顶、拱肩、拱腰、拱脚及仰拱时对衬砌内力和安全系数的影响。对于盾构隧道,Qin 等[18]采用足尺模型试验和数值模拟的方法对穿黄盾构隧道的二次衬砌拱顶处的缺陷进行研究,探讨了二次衬砌拱顶厚度减小时结构的变形、径向位移及环向应力变化规律。Wang 等[2]针对盾构隧道双层衬砌结构中二次衬砌缺陷问题,通过相似模型试验揭示了不同二次衬砌缺陷深度下衬砌结构的力学特性及结构损伤破坏过程。

通过对缺陷位置的试验研究发现,二次衬砌缺陷病害主要分布在隧道结构拱顶、拱肩、边墙等位置,尤其以拱顶处的二次衬砌缺陷问题对结构的力学性能影响最为严重[19]。在实际工程中，特别是在山岭隧道的施工中，二次衬砌的施作方法及施工质量控制过程中存在诸多不确定因素，易导致隧道拱顶及附近区域出现空洞等缺陷，其缺陷深度可达到设计厚度的 75%[20]，二次衬砌缺陷的深度变化对结构的整体受力影响也十分明显。为此，Motoyama 等[21]采用现场实测的方法，通过对衬砌空洞等缺陷进行现场检测，得到了结构缺陷的分布特征、发展规律和损伤等级。Moccichino 等[22]采用数值模拟方法，分析了二次衬砌厚度与空洞等缺陷问题引起的衬砌开裂，并提出了针对性的缺陷处理措施。Chen 等[23]采用探地雷达检测技术对二次衬砌空洞缺陷等进行了研究，获取了隧道病害范围，并基于高聚物注浆技术对二次衬砌缺陷病害进行了治理。

8.2　二次衬砌缺陷位置对盾构隧道双层衬砌结构力学特性的影响

8.2.1　试验设计

在二次衬砌混凝土浇筑过程中，受重力的作用与混凝土振捣不充分的影响，二次衬砌在上半环 180°位置均有出现缺陷的可能，特别是在拱顶、拱肩和拱腰的位置。但以上结论是基于山岭隧道给出的，对于盾构隧道双层衬砌结构这一新形式，由于隧道设计原则和施工方式不同，盾构隧道二次衬砌的荷载分布和运行环境明显不同，现有的研究成果不能直接沿用至盾构隧道。基于此，本节依托武汉长江公铁隧道，开展二次衬砌缺陷位置对盾构隧道双层衬砌力学特征与破坏形态的影响研究。

试验设计如下：本次试验研究的二次衬砌缺陷是由浇筑不均匀引起的空洞，根据现有研究，二次衬砌的缺陷往往集中在隧道拱顶、拱肩和拱腰位置。假定盾构隧道二次衬砌结构在运行过程中满足结构的对称关系，本试验主要考虑缺陷分别位于二次衬砌环的拱顶、左拱肩和左拱腰三个位置的情况，如图 8.1 所示，并设立一个单独的无缺陷对照组，探究二次衬砌缺陷对于盾构隧道双层衬砌结构承载性能的削弱作用。

在山岭隧道中，极端条件下二次衬砌缺陷空洞的深度可达设计厚度的80%[22]。鉴于此，本试验二次衬砌模型中缺陷的深度设计参考山岭隧道给出，确定为二次衬砌厚度的 80%，根据几何相似比，二次衬砌缺陷厚度为10.7mm，而缺陷沿隧道纵向的长度与隧道段的宽度保持一致，以确保双层衬砌结构的横向力学性能在隧道纵向上保持一致，因此缺陷的尺寸取为 30mm×10.7mm，如图 8.2 所示。

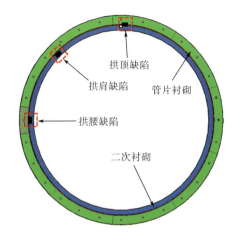

图 8.1　二次衬砌缺陷分布示意图

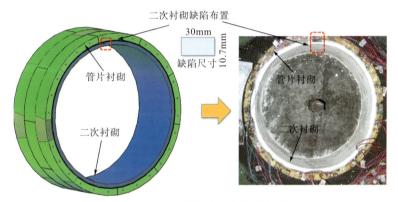

图 8.2　二次衬砌缺陷分布示意图

施作二次衬砌的具体过程如下：当管片衬砌结构加载至常时设计荷载时，在管片衬砌内侧敷设塑料薄膜，用于模拟实际工程中的防水层结构；然后在带有缺陷的模具中通过现浇的形式施作二次衬砌；待二次衬砌养护达到设计强度后再继续加载。在试验过程中通过放置一定缺陷尺寸的隔板，隔开缺陷空腔后直接将带有缺陷的二次衬砌浇筑成型，实现对不同位置二次衬砌缺陷的模拟。试验方案分组如表 8.1 所示。

表 8.1　试验工况表

试验组号	二次衬砌厚度/mm	缺陷位置	缺陷沿径向深度/mm	缺陷的环向尺寸
1	13.3	无缺陷	0	0
2	13.3	拱顶	10	30mm×67mm
3	13.3	左拱肩	10	30mm×67mm
4	13.3	左拱腰	10	30mm×67mm

8.2.2 试验结果分析

在盾构隧道复合双层衬砌结构中，管片衬砌结构与二次衬砌结构是通过径向接触压力的传递来共同承担外荷载。二次衬砌缺陷的存在会对结构的受力特性和承载性能产生影响，进一步影响二次衬砌结构和管片衬砌结构之间接触压力的传递，最终影响双层衬砌结构整体的承载能力[24]。因此，分析管片衬砌和二次衬砌结构在不同荷载等级下的内力变化规律有助于研究双层衬砌结构存在缺陷条件下的受力情况，以下分别对管片衬砌与二次衬砌内力进行分析。

1.管片衬砌内力分析

二次衬砌发生不同位置缺陷情况下管片衬砌结构各关键点的弯矩与轴力随加载步的变化曲线如图 8.3 和图 8.4 所示，其中，施作二次衬砌的加载步以红色点线标出。在管片衬砌和二次衬砌承载过程中，可以认为结构多处内力出现突变现象时该结构达到承载极限，在图 8.3 中以紫色虚线标出内力出现突变对应的加载步，规定结构所受弯矩以内表面受拉、外表面受压为正，反之为负；结构轴力以受压为正，受拉为负。

在双层衬砌结构中，管片衬砌是承载的主体结构，其内力变化特点与整体结构受力特征及变化规律密切相关。如图 8.3 所示，由弯矩变化曲线可以看出，拱顶和拱底外表面受压、内表面受拉，而左拱腰、右拱腰外表面受拉、内表面受压。在第 6 加载步之前，各组试验管片衬砌的弯矩、轴力的变化趋势基本一致，加载荷载与管片衬砌所受到的弯矩呈线性关系，管片衬砌处于弹性状态；在施作二次衬砌后，管片衬砌的弯矩变化规律开始出现差异，缺陷位于二次衬砌不同位置下的管片衬砌弯矩最终在不同加载步出现突变。当二次衬砌不存在缺陷时，双层衬砌结构的刚度沿环向均匀分布，且结构的整体刚度较大，故在加载至第 16 加载步之前，管片衬砌结构的弯矩整体上呈线性增加的趋势，当外荷载增加至第 16 加载

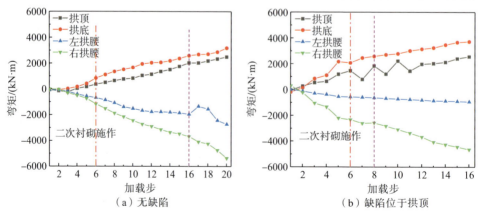

（a）无缺陷　　　　　　　　　　（b）缺陷位于拱顶

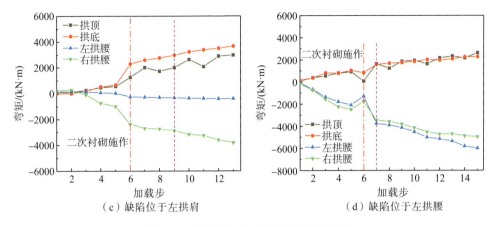

图 8.3　管片衬砌弯矩随加载步变化曲线

步，结构的弯矩变化曲线呈现离散、波动的特点。管片衬砌左拱腰位置处的弯矩迅速增大，并表现为不收敛状，表明管片衬砌左拱腰位置已经发生失稳破坏。

当二次衬砌缺陷位于拱顶时，加载至第 8 加载步，管片衬砌拱顶关键点弯矩产生突变，结构拱顶位置开始产生失稳破坏；当二次衬砌缺陷位于左拱肩时，加载至第 9 加载步的过程中，管片衬砌处于弹塑性阶段，再继续加载，管片衬砌拱顶关键点弯矩产生突变，结构拱顶位置开始产生失稳破坏；当二次衬砌缺陷位于左拱腰时，在第 6～7 加载步的加载过程中，管片衬砌处于弹塑性阶段，再继续加载至第 7 加载步时，管片衬砌左拱腰关键点弯矩产生突变，结构左拱腰位置开始产生失稳破坏。结合表 8.2 的管片衬砌结构内力突变信息，在二次衬砌无缺陷情况下，管片衬砌结构开始发生失稳破坏的临界荷载等级明显大于二次衬砌存在缺陷的情况，且当缺陷位于二次衬砌左拱腰时，管片衬砌弯矩突变的荷载等级相对于其他三组试验最小，管片衬砌结构所能承受的极限荷载最小，其次是缺陷位于拱顶的情况，极限承载能力最大的是缺陷位于左拱肩的情况。

如图 8.4 所示，在加载过程中，管片衬砌所受轴力的形式表现为拱顶、拱底、左拱腰、右拱腰处全环受压，管片衬砌各位置处轴力随外部荷载的增大呈线性增大。在二次衬砌无缺陷情况下，管片衬砌开始发生失稳破坏的临界荷载等级明显大于二次衬砌存在缺陷的情况，并且其轴力变化趋势相对均匀。在二次衬砌出现缺陷时，管片衬砌部分点位处的轴力变化在外荷载较大时会出现较大的波动。例如，当缺陷位于拱顶时，管片衬砌拱顶和拱底处的轴力从第 8 加载步开始减小；当缺陷位于左拱腰时，拱顶处的轴力从第 7 加载步开始便出现波动式上升。由此可见，二次衬砌缺陷的存在对管片衬砌结构的轴力变化趋势影响较大。当二次衬砌缺陷深度一定时，二次衬砌缺陷位置对管片衬砌失稳破坏荷载也产生一定影响，具体为当二次衬砌缺陷位于左拱肩位置时，管片衬砌开始发生失稳破坏的临界荷载等级大于二次衬砌缺陷位于拱顶及左拱腰位置，说明二次衬砌拱顶和左拱腰位置处出现缺陷时，管片衬砌结构的极限承载能力较差，在施工过程中应该格外关注该位置的病害问题。

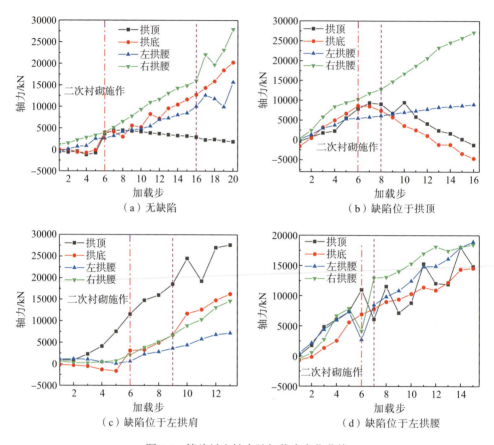

图 8.4　管片衬砌轴力随加载步变化曲线

　　如表 8.2 所示，当二次衬砌缺陷位于拱顶及拱腰时，关键点内力随加载变化较不均匀，在较小的加载步时管片衬砌产生失稳破坏，相比之下，二次衬砌缺陷位于拱肩时管片衬砌开始发生失稳破坏的临界荷载等级相对更大。通过偏心距（$e=M/N$）对比发现，管片衬砌结构的偏心距在无缺陷的情况下最小，为231.07mm；而在二次衬砌缺陷赋存于左拱腰时，偏心距达到最大值 443.63mm，增幅为 92%。当缺陷位于拱顶和左拱肩时，较之无缺陷的情况，管片衬砌的偏心距分别增大了 49% 和 84%。针对管片衬砌结构的偏心距，缺陷的存在会使偏心距增大，进而使结构受力不均匀，导致其过早地进入损伤破坏阶段，影响结构的承载能力。究其原因，二次衬砌作为管片衬砌的内边界起着支承和约束管片衬砌的作用。当二次衬砌存在缺陷时，二次衬砌结构的刚度降低，加载过程管片衬砌和二次衬砌之间接触面易产生脱空区域，导致管片衬砌与二次衬砌之间相互作用机制产生变化。进一步地,管片衬砌结构的承载特性受到影响,导致结构的受力状态变差,容易发生失稳破坏。但是,二次衬砌缺陷位于三种不同位置时,管片衬砌与二次衬砌之间的相互作用机制也不相同,故三种不同位置的二次衬砌缺陷对管片衬砌结构受力的影响程度有差异。其中,缺陷位于左拱腰是使偏心距增大的最不利情况。显然,无二次衬砌缺陷的双层衬砌结构的承载能力最好,应力的分布最为均匀,结构失效时对应的变形量最大,可以给工程人员足够的反应时间去加固和维护。因此,二次衬砌施工过程中应尽可能保证无缺陷,重视施工完成后的检测和维护作业。

表 8.2 　 管片衬砌内力突变信息统计

试验组号	管片衬砌内力突变对应荷载等级	突变位置	最大正弯矩/(kN·m)	最大正弯矩对应的轴力/kN	最大负弯矩/(kN·m)	最大负弯矩对应的轴力/kN	最大偏心距/mm
1	16	右拱腰	2557.64	12797.51	-3707.48	16044.66	231.07
2	8	拱顶	2554.00	7436.42	-2604.16	12838.03	343.44
3	9	拱顶	2973.70	6808.73	-2869.60	6763.98	424.25
4	7	左拱腰	1642.73	6115.57	-3761.93	8479.89	443.63

2. 二次衬砌内力分析

图 8.5 与图 8.6 为二次衬砌缺陷位于不同位置时的二次衬砌结构各关键点的弯矩与轴力随加载步的变化曲线。

二次衬砌模型在第 6 加载步加载完成后的浇筑过程中有石膏的水化作用,因此图中的二次衬砌结构在第 7 加载步就存在一定的弯矩和轴力。由于二次衬砌中缺陷赋存的位置不同,随着荷载等级的增加,二次衬砌内力的变化规律存在较大差异。分析图 8.5 的弯矩变化曲线可知,当结构开裂时,二次衬砌结构的弯矩产生突变。究其原因,随着外荷载等级逐渐增大,一般二次衬砌由于强度较低首先出现局部开裂损伤,导致结构内部应力重分布,最终引起结构多处弯矩产生突变现象。无缺陷存在的情况下,二次衬砌弯矩的变化曲线较为均匀,在第 18 加载步之前结构内力整体上呈线性增加趋势,当加载至第 18 加载步,二次衬砌结构的拱顶关键点的弯矩产生突变,结构拱顶位置开始产生失稳破坏,此后的内力曲线呈现出离散波动的特点。缺陷位置在拱顶时,二次衬砌结构拱顶弯矩产生突变,开始产生失稳破坏;在二次衬砌缺陷位于左拱肩,且缺陷深度保持不变的情况下,当加载至第 12 加载步时,二次衬砌结构拱顶位置弯矩产生突变,结构拱顶位置开始产生失稳破坏;在二次衬砌缺陷位于左拱腰的情况下,当加载至第 10 加载步时,二次衬砌结构左拱腰位置弯矩产生突变,结构左拱腰位置开始产生失稳破坏。

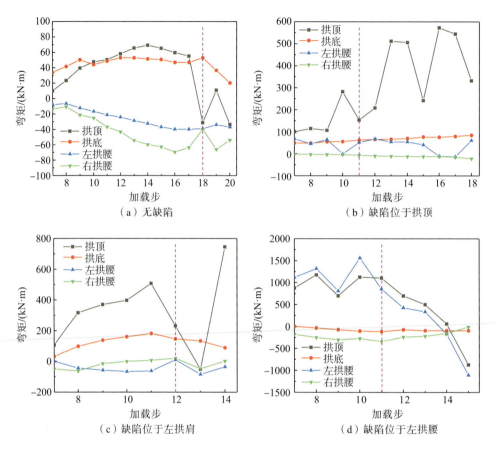

（a）无缺陷　　　　　　　　　　　（b）缺陷位于拱顶

（c）缺陷位于左拱肩　　　　　　　（d）缺陷位于左拱腰

图 8.5　二次衬砌弯矩随加载步变化曲线

　　由此可见，二次衬砌缺陷的存在削弱了结构的刚度，对二次衬砌结构本身，尤其是缺陷存在的局部位置的受力特性影响显著，降低了结构的承载能力，使二次衬砌在初期的加载步提前出现开裂损伤，进而产生弯矩突变现象。

　　如图 8.6 所示，二次衬砌无缺陷情况下，在加载至第 18 加载步时，二次衬砌结构拱顶关键点的轴力产生突变，结构拱顶位置开始产生失稳破坏；缺陷位于拱顶时，二次衬砌拱顶位置的轴力于第 11 加载步产生突变，结构开始产生失稳破坏；当二次衬砌缺陷位于左拱肩时，在缺陷深度为 10.7m 情况下，试验加载至第 12 加载步，二次衬砌结构拱顶位置的轴力产生突变，开始产生失稳破坏；当二次衬砌缺陷位于左拱腰时，加载至第 11 加载步，二次衬砌的轴力产生突变，开始产生失稳破坏。

　　在加载过程中，二次衬砌所受轴力的形式和管片衬砌承受轴力的形式一致，均表现为全环二次衬砌受压，并且由上述比较分析可知，二次衬砌开始失稳破坏要晚于管片衬砌失稳破坏。因此，二次衬砌能够在一定程度上分担作用在管片衬砌上的荷载，并且在二次衬砌无缺陷情况下开始发生失稳破坏的临界荷载等级明显大于二次衬砌存在缺陷的情况；当二次衬砌缺陷位于拱顶位置时，随着缺陷深度的增加，二次衬砌开始发生失稳破坏的临界荷载等级依次减小；当二次衬砌缺陷深度一定时，二次衬砌缺陷位置对自身失稳破坏产生一定影响，具体为当二次衬砌缺陷位于左拱肩位置时，开始发生失稳破坏的临界荷载等级明显大于二次衬砌缺陷位于拱顶及左拱腰位置，此时结构受力情况相对更好。

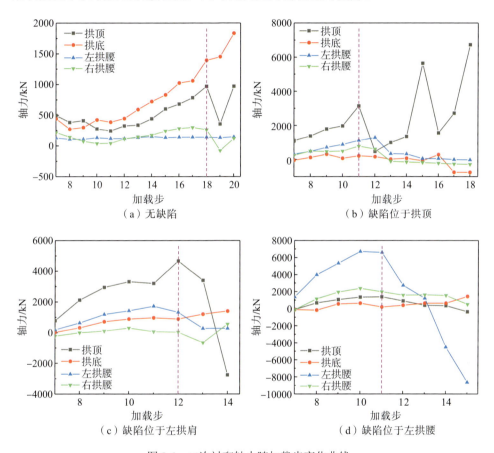

图 8.6　二次衬砌轴力随加载步变化曲线

作为辅助承载结构的二次衬砌施加后，改变了管片衬砌的内边界，对管片衬砌起着支承和约束作用，在外荷载作用下，管片衬砌和二次衬砌协调承载和变形，形成复合双层衬砌结构。就本质而言，管片衬砌结构和二次衬砌结构内力的产生源于两结构的相互作用，结构的内力分布与内力水平和相互作用强度密切相关。据此，提取图 8.6 中组 1～4 的管片衬砌和二次衬砌中的第 7～12 加载步（管片衬砌与二次衬砌协同承载期间）最大正弯矩和轴力及其占比，如图 8.7、表 8.3 和表 8.4 所示。其中，弯矩和轴力的最大值和占比可以体现出管片衬砌与二次衬砌的应力集中程度，也可以在一定程度看出管片衬砌与二次衬砌的内力分布情况。

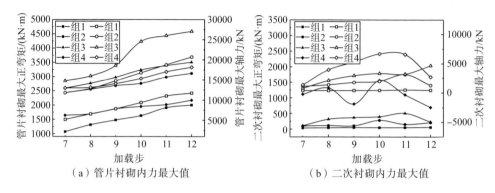

（a）管片衬砌内力最大值   （b）二次衬砌内力最大值

图 8.7　管片衬砌与二次衬砌内力最大值变化曲线

　　分析图 8.7 可知，随着外荷载等级的增加，管片衬砌结构的最大正弯矩和最大轴力逐渐增大，二次衬砌结构的最大轴力总体上呈增大的趋势，但是，二次衬砌的最大正弯矩无明显变化规律。当二次衬砌结构不存在缺陷时，二次衬砌的刚度大，对管片衬砌的支承和约束作用强，整体结构完整性好，管片衬砌和二次衬砌的接触压力大，两者协调承载状态达到最好。因此，在无缺陷情况下，管片衬砌和二次衬砌结构的弯矩和轴力随外荷载增加一直处于最低水平。

表 8.3　第 7~12 加载步管片衬砌最大内力范围及占比

试验组号	最大正弯矩 M_1/(kN·m)	最大正弯矩占比 $\dfrac{M_1}{M_1+M_2}$ / %	最大轴力 F_1/kN	最大轴力占比 $\dfrac{F_1}{F_1+F_2}$ / %
1	1070~2001	96.7~97.5	5207~11727	93.1~96.3
2	2429~3118	90.7~96.2	11811~20709	85.7~94.2
3	2591~3507	86.9~96.1	14799~27049	85.3~95.1
4	1642~2170	55.5~75.7	12992~18160	69.6~90.6

表 8.4　第 7~12 加载步二次衬砌最大内力范围及占比

试验组号	最大正弯矩 M_2/(kN·m)	最大正弯矩占比 $\dfrac{M_2}{M_1+M_2}$ / %	最大轴力 F_2/kN	最大轴力占比 $\dfrac{F_2}{F_1+F_2}$ / %
1	33~58	2.5~3.3	378~492	3.6~6.9
2	100~282	3.8~9.3	1095~3127	5.8~14.3
3	106~506	3.9~13.1	766~4659	4.9~14.7
4	694~1558	24.3~44.5	1335~6681	9.4~30.4

另外，由表 8.3 和表 8.4 可见，当缺陷位于左拱腰(组 4)时，二次衬砌的最大正弯矩占比达 24.3%～44.5%、轴力占比达 9.4%～30.4%，均远大于无缺陷和缺陷位于其他位置(组 1～3)时的弯矩和轴力，这表明二次衬砌承载比例显著增大。然而，管片衬砌的最大弯矩和轴力仍远大于无缺陷(组 1)二次衬砌的弯矩和轴力，双层衬砌结构变形快速增加，仅在第 11 加载步就破坏失效[图 8.5(d)]。类似地，当缺陷位于拱顶(组 2)、左拱肩(组 3)时，二次衬砌的弯矩、轴力也明显大于无缺陷(组 1)二次衬砌的弯矩和轴力，二次衬砌的承载比例增加，但双层衬砌结构所能承受的荷载等级降低。这种现象表明，带有缺陷的二次衬砌承担的外荷载比例增大，管片衬砌与二次衬砌之间的相互作用强度高，但承载比例的增加也使带有缺陷的二次衬砌结构局部应力集中、加速变形而快速破坏，导致二次衬砌很快就无法限制管片衬砌的变形。因此，缺少二次衬砌限制的管片衬砌内力也快速增加，在外荷载作用下很快就破坏，从而导致双层衬砌结构未能达到预期无缺陷状态进而早早破坏。

3. 管片衬砌与二次衬砌接触压力分析

由图 8.8 可以看出，当二次衬砌不存在缺陷时，从二次衬砌施作完成到第 18 加载步之间，管片衬砌结构拱顶与地层的接触压力逐渐增大，并在第 18 加载步达到最大值 56.52kPa，此时拱顶的外荷载为 73.72kPa；此后继续加载，管片衬砌的接触压力开始减小，表明双层衬砌结构发生破坏，结构的承载能力下降。当缺陷位于二次衬砌拱顶、左拱肩及左拱腰时，结构拱顶与地层的接触压力分别在第 11、14、10 加载步出现由递增到递减的突变，3 组试验拱顶接触压力的最大值分别为 41.88kPa、40.63kPa 及 29.76kPa。

上述分析表明，二次衬砌不存在缺陷时，整体结构的承载能力更大，缺陷的存在会加速双层衬砌结构的失效进程，进而降低整体结构的承载能力。其中，相较于其他位置的缺陷，二次衬砌左拱肩的缺陷对结构承载性能的影响最小。

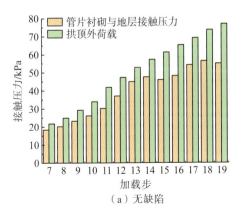

（a）无缺陷

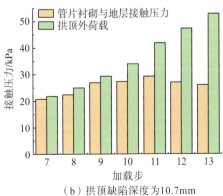

（b）拱顶缺陷深度为10.7mm

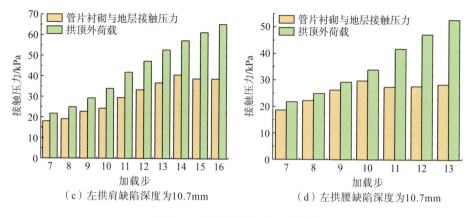

（c）左拱肩缺陷深度为10.7mm　　　　　（d）左拱腰缺陷深度为10.7mm

图8.8　接触压力随加载步变化图

此外，由柱状图的变化趋势可以看出，在双层衬砌结构整体失效之前，随着加载的进行，管片衬砌拱顶的接触压力占拱顶外荷载的比例逐渐降低。究其原因，管片衬砌作为主要的承载结构承担大部分外荷载，二次衬砌施作完成后，作为补强措施与管片衬砌结构共同承受外荷载；随着荷载的持续施加，管片衬砌和二次衬砌的接合越发紧密，这有利于二者接触压力的传递。因此，二次衬砌承担的荷载比例随之增大，管片衬砌承担的荷载比例有减小的趋势。

表8.5为4组试验中双层衬砌结构与地层接触压力的具体变化情况汇总结果。相较于无缺陷存在的情况，当缺陷分别赋存于二次衬砌拱顶、左拱肩及左拱腰时，管片衬砌结构拱顶与地层接触压力的最大值分别减小了26.23kPa、12.89kPa、25.76kPa，即结构拱顶位置的极限承载能力分别下降了49.01%、24.08%、48.13%。存在于二次衬砌拱顶及左拱腰的缺陷，对盾构隧道双层衬砌结构极限承载能力的削弱程度，远大于左拱肩位置处存在缺陷的情况。分析表8.5所示4组试验管片衬砌承受外荷载的比例可知，管片衬砌作为主要承载结构承担了不少于70%的外荷载，当二次衬砌拱顶和左拱肩存在缺陷时，管片衬砌和二次衬砌出现局部分离，衬砌层间接触有效面积减小，影响了二者之间径向接触压力的传递，导致双层衬砌结构整体承载能力有所下降，管片衬砌拱顶承受外荷载的比例随之减小。当缺陷赋存于二次衬砌左拱腰时，缺陷的位置距拱顶较远，其对管片衬砌结构拱顶承载性能的削弱影响相对较小，因此结构承受外荷载的比例无减小的趋势。

表8.5　双层衬砌结构与地层的接触压力及承载特性

试验组号	结构失效荷载步	管片衬砌与地层接触压力最大值/kPa	拱顶理论外荷载/kPa	管片衬砌承受外荷载比例/%	二次衬砌承受外荷载比例/%
1	18	53.52	73.72	72.70	27.30
2	11	27.29	33.96	80.40	19.60

续表

试验组号	结构失效荷载步	管片衬砌与地层接触压力最大值/kPa	拱顶理论外荷载/kPa	管片衬砌承受外荷载比例/%	二次衬砌承受外荷载比例/%
3	14	40.63	57.34	70.90	29.10
4	10	27.76	29.77	93.20	6.80

4. 双层衬砌变形特性

如图 8.9 所示，在管片位移随加载步变化曲线图中，绿色虚线表示在加载过程中二次衬砌的施作时机；红色虚线表示在施作二次衬砌之后，管片衬砌位移随加载进行出现突变的加载步，在二次衬砌无缺陷情况下，加载至第 6 加载步后施作二次衬砌，在一定程度上分担了外部荷载，增加了管片衬砌结构整体刚度。二次衬砌施作后，结构位移变化明显放缓，在加载至第 18 加载步时，管片衬砌结构拱底位置的位移产生突变，拱底位置处于临界失稳状态，其位移达到 18.43mm，与整个盾构隧道半径之比为 3.5%；继续进行加载，拱底位置结构产生失稳破坏，管片衬砌变形整体呈左拱腰、右拱腰内凹，拱顶和拱底外凸的椭圆形。

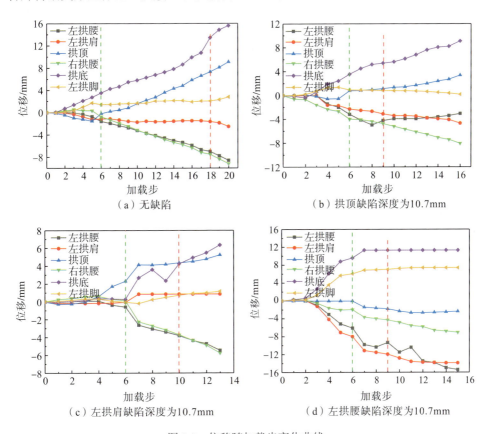

图 8.9　位移随加载步变化曲线

当二次衬砌缺陷位于拱顶时，对应图 8.9（b）。在加载至第 9 加载步情况下，管片衬砌结构位于左拱腰位置位移产生突变，左拱腰位置处于临界失稳状态，其临界失稳位移为 7.38mm，与整个盾构隧道半径之比为 1.4%，继续加载，结构左拱腰位置发生失稳破坏；当二次衬砌缺陷位于左拱肩，加载至第 10 加载步时，管片衬砌拱底位置处于临界失稳状态，失稳位移为 9.00mm，与整个盾构隧道半径之比为 1.7%；当二次衬砌缺陷位于左拱腰，加载至第 9 加载步时，管片衬砌左拱腰处的临界失稳位移为-8.40mm，与整个盾构隧道半径之比为 1.6%。因此，拱顶位置处的缺陷对管片衬砌失稳变形特性影响较左拱腰、左拱肩的影响更大。总体上，二次衬砌缺陷的存在改变了整个双层衬砌结构的综合受力特性，当二次衬砌缺陷尺寸相同时，缺陷位于拱肩时整体结构受影响相对最小，整体结构失稳时对应荷载相对更大，受力情况相对均匀；而缺陷位于拱顶及拱腰时呈现出的受力状态较为不利，主要体现在整体结构失稳状态对应荷载较小，并且结构位移变化表现出明显的不均匀性。

5. 双层衬砌破坏形态分析

对加载破坏后的衬砌结构进行绘制并整理管片衬砌结构宏观破坏形态素描图及结构破坏图，分别如图 8.10 和图 8.11 所示，其中红色实线表示管片衬砌外侧破坏裂纹，绿色虚线表示管片衬砌内侧破坏裂纹，数字序号表示裂纹形成的先后顺序。在二次衬砌无缺陷情况下，裂纹数量整体相对较少，而裂纹的形式主要为沿管片衬砌结构纵向的条纹状裂纹，主要分布于拱顶及左拱腰位置，且管片衬砌破坏形式主要为拉伸破坏与剪切破坏；在拱顶处出现二次衬砌缺陷的情况下，管片衬砌结构呈现出大范围的拉伸破坏、剪切破坏与挤压破坏特征，表现出较为严重的贯通纹、局部掉块等现象，管片衬砌处于较为不利的受力状态；当二次衬砌缺陷位于左拱肩或左拱腰时，管片衬砌全环出现损坏现象，但相比于拱顶位置相同尺寸缺陷，宏观裂纹数量明显更少。

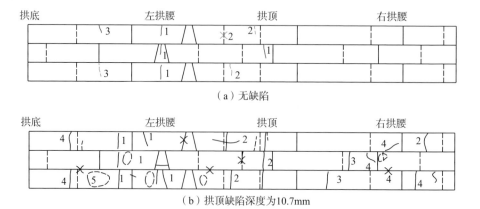

（a）无缺陷

（b）拱顶缺陷深度为10.7mm

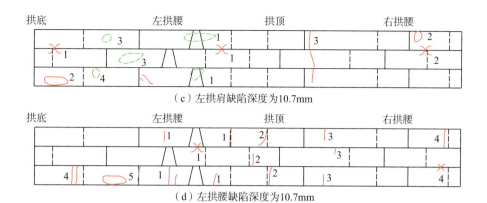

（c）左拱肩缺陷深度为10.7mm

（d）左拱腰缺陷深度为10.7mm

图 8.10 管片衬砌破坏过程素描图

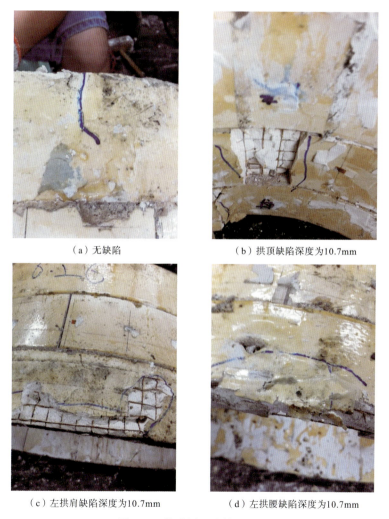

（a）无缺陷　　　　　　　　（b）拱顶缺陷深度为10.7mm

（c）左拱肩缺陷深度为10.7mm　　（d）左拱腰缺陷深度为10.7mm

图 8.11 管片衬砌结构破坏图

根据模型试验破坏过程监测，综合管片衬砌破坏全过程信息，得到管片衬砌破坏过程记录如表 8.6 所示。随着加载进行，管片衬砌结构内侧、外侧破坏主要起始位置为拱顶及左拱腰。通过对上述不同位置二次衬砌缺陷下管片衬砌结构破坏过程进行比较，可知二次衬砌缺陷明显增加了双层衬砌结构破坏风险，在缺陷条件下管片衬砌结构更易呈现出挤压破坏的特征，当二次衬砌拱顶出现缺陷时，管片衬砌结构受力状态明显下降，结构出现宏观裂纹与局部掉块的现象更为普遍，结构破坏特征更为明显。并且，管片衬砌破坏形态随二次衬砌缺陷位置变化而产生变化，当缺陷位于左拱肩与左拱腰时，管片衬砌宏观破坏形态明显优于拱顶位置存在二次衬砌缺陷的情况。

表 8.6 管片衬砌破坏过程记录表

试验序号	衬砌(内/外)	破坏过程
1	内	拱顶→左拱脚
	外	左拱腰→拱顶
2	内	左拱脚→左拱腰→左拱肩→拱顶→右拱肩→右拱腰
	外	左拱腰→左拱肩→拱顶→右拱肩→右拱腰→拱底
3	内	左拱肩→右拱肩
	外	拱底→左拱腰→拱顶
4	内	左拱脚→左拱腰→左拱肩→拱顶→右拱肩→右拱腰
	外	左拱腰

6. 双层衬砌渐进性破坏过程声发射信息分析

图 8.12 为二次衬砌缺陷位于不同位置时结构的声发射信息。随着荷载等级的增大，双层衬砌结构内部逐渐产生微观裂纹，在裂纹产生及扩展过程中，应变能以弹性波形式释放引起声发射现象，能够反映结构内部的损伤情况。由图 8.12 可知，随着加载的进行，结构累计 AE 数总体呈逐渐增大的趋势，对应双层衬砌结构局部损伤并产生微观裂纹直至裂纹扩展结构失稳的过程，但缺陷位于二次衬砌不同位置时结构的累计 AE 数和 AE 率的变化规律及量值存在差异。

结构不存在缺陷时，加载前期，累计 AE 数呈线性增加，AE 率在第 17 加载步出现高峰值点，同时累计 AE 数在该处出现突变，表明衬砌结构的裂纹数量增加并急剧扩展，结构出现显著的内部损伤；二次衬砌结构存在缺陷时，结构累计 AE 数随加载进行呈阶梯性增长，如图 8.12(b)～(d)所示。其中，缺陷位于二次衬砌拱顶时，AE 率在第 7 加载步出现高峰值点，数值为 19.2 次/min，此时累计 AE 数出现突变，达到 39 次；缺陷位于左拱肩时，在第 9 加载步后，

AE 率连续出现多个高峰值点，导致结构的累计 AE 数出现连续性陡增；缺陷位于左拱腰时，累计 AE 数在第 7 加载步出现突变，此处的 AE 率达到 31.2 次/min，累计 AE 数为 66 次。由此可见，存在缺陷的双层衬砌结构间断性地出现内部损伤，结构表现出脆性破坏的特征；相较于无缺陷情况，缺陷的存在加速了双层衬砌结构破坏失稳的进程，尤其以缺陷位于拱腰和拱顶处最为显著，其次是拱肩处。

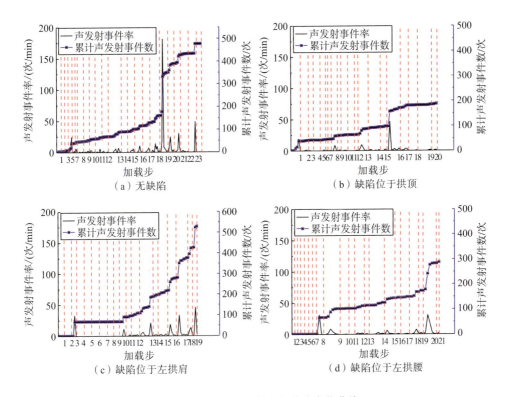

图 8.12　声发射事件数随加载步变化曲线

由此可见，带有二次衬砌缺陷的双层衬砌结构的局部刚度被大大削弱，整体的承载能力大幅降低，结构的变形不协调(图 8.9)，虽然带有缺陷的二次衬砌承载比例增加(表 8.4)，但承载比例的增加也使得带有缺陷的二次衬砌结构局部应力集中、偏心距大大增加，从而加快了二次衬砌的裂缝的发展和整个结构的破坏。更进一步，带有不同二次衬砌缺陷位置的双层衬砌结构的承载能力、变形响应、内力分布均有较大差异。因此，以表 8.5 中双层衬砌结构开裂时对应的荷载等级为主要依据，以表 8.4 中二次衬砌弯矩、轴力占比为辅助依据，可以将二次衬砌缺陷的位置对双层衬砌结构承载特性的影响程度排序为：拱腰＞拱顶＞拱肩。

8.3 二次衬砌缺陷程度对盾构隧道双层衬砌结构 力学特性的影响

8.3.1 试验设计

基于 8.1 节中对不同二次衬砌缺陷位置下盾构隧道双层衬砌结构力学特性的探究结果，二次衬砌缺陷的位置对双层衬砌结构承载特性的影响程度排序为：拱腰＞拱顶＞拱肩。但对比结构内力发现，二次衬砌缺陷位于拱顶与拱腰处时的内力相差不大，因此可以认为位于衬砌拱顶与拱腰处的二次衬砌缺陷对双层衬砌结构的承载性能影响基本一致，同时参考山岭隧道的相关案例，发现二次衬砌缺陷位于拱顶的情况最为常见[8]。基于此，本节对二次衬砌拱顶位置处不同缺陷深度下双层衬砌结构的力学特性及损伤破坏过程展开研究，探讨管片衬砌与二次衬砌共同工作性能随二次衬砌缺陷深度的变化规律。具体试验方案见表 8.7，二次衬砌缺陷深度分别取为二次衬砌厚度的 0%、30%、50%、80%。

表 8.7 试验方案分组

试验组号	中间目标环封顶块位置	侧压力系数	二次衬砌施作时机	缺陷位置	缺陷沿径向深度/mm	缺陷对应原型尺寸/cm	二次衬砌缺陷深度占二次衬砌厚度比例/%
1				无缺陷	0	0	0
2	左拱腰	0.6	100%(对应第6加载步)	拱顶	4	12	30
3				拱顶	6.7	20	50
4				拱顶	10.7	32	80

为保证盾构隧道双层衬砌结构横向力学特性在幅宽方向上的一致性，二次衬砌缺陷的纵断面尺寸取为 30mm×67mm[25]。施作二次衬砌的具体过程同 8.2 节，均是在管片衬砌结构加载至常时设计荷载时，于管片衬砌内侧敷设塑料薄膜模拟防水层，然后浇筑二次衬砌，区别在于每组试验带缺陷二次衬砌模具的缺陷尺寸不同，如图 8.13 所示。

二次衬砌缺陷的存在直接对二次衬砌的承载性能产生影响，从而导致双层衬砌结构整体的变形特征和受力特性有所差异。因此，以下分别从各工况下双层衬砌结构的变形分布、内力特征及结构损伤破坏特性等方面展开分析。

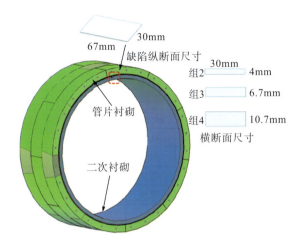

图 8.13　二次衬砌缺陷布置示意图

8.3.2　试验结果分析

在盾构隧道复合双层衬砌结构中，二次衬砌与管片衬砌之间通过传递径向接触压力的方式共同承担外部荷载，二次衬砌缺陷的存在影响二次衬砌受力特性，更进一步影响二次衬砌与管片衬砌间接触压力的传递模式。因此，探明管片衬砌与二次衬砌的内力在不同荷载等级下的变化对于研究不同缺陷深度下的双层衬砌受力有重大意义。

1. 管片衬砌内力分析

图 8.14 和图 8.15 为不同二次衬砌缺陷深度下管片衬砌各关键点弯矩与轴力随加载步的变化曲线。其中施作二次衬砌的加载步（第 6 加载步）以红色虚线标出，管片衬砌结构开始产生失稳破坏所对应的加载步以红色虚线标示。在管片衬砌和二次衬砌承载体系中，认为结构多处内力出现突变时该结构达到承载极限，因此在图 8.14 中以红色虚线标出内力出现突变时对应的加载步。同时，统计其不同缺陷深度下各组管片衬砌内力、弯矩突变信息，如表 8.8 所示。规定结构轴力受压为正，弯矩则是外表面受压、内表面受拉为正值，反之为负值。

在双层衬砌结构中，管片衬砌作为承载的主体结构，管片衬砌结构的内力分布与整体结构受力特征及变化规律密切相关。如图 8.14 与图 8.15 中各组管片衬砌内力变化曲线所示，第 6 加载步前，各组试验管片衬砌的弯矩、轴力随加载步的变化规律基本保持一致；第 6 加载步后，在管片衬砌内侧铺设防水层、浇筑二次衬砌。之后随着荷载等级的持续增加，不同二次衬砌缺陷深度下管片衬砌结构的内力响应逐渐开始出现差异。由图可知，在二次衬砌无缺陷情况下，随加载的进行，在前 10 加载步过程中，加载荷载与管片衬砌所受到的轴力和弯矩呈线性

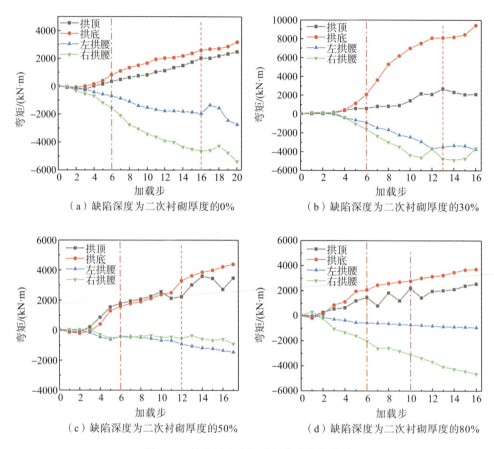

（a）缺陷深度为二次衬砌厚度的0%　　　　（b）缺陷深度为二次衬砌厚度的30%

（c）缺陷深度为二次衬砌厚度的50%　　　　（d）缺陷深度为二次衬砌厚度的80%

图8.14　管片衬砌弯矩随加载步变化曲线

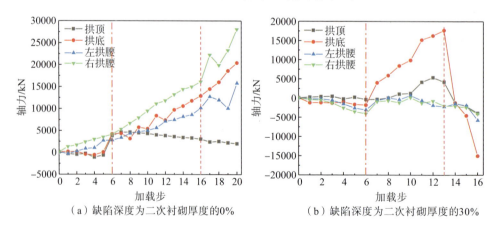

（a）缺陷深度为二次衬砌厚度的0%　　　　（b）缺陷深度为二次衬砌厚度的30%

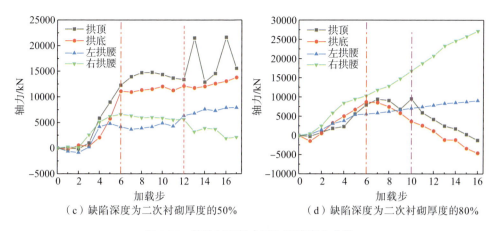

（c）缺陷深度为二次衬砌厚度的50%　　　　（d）缺陷深度为二次衬砌厚度的80%

图 8.15　管片衬砌轴力随加载步变化曲线

关系。因此，在加载前 10 加载步过程中管片衬砌处于弹性状态。随着加载的深入，管片衬砌开始进入弹塑性状态，其内部开始产生微观裂纹，并随着荷载的增大，管片衬砌中微观裂纹增大、发展以至贯通。在加载至第 16 加载步时，管片衬砌右拱腰位置处的内力产生突变，并表现为不收敛状，根据现场试验现象，管片衬砌右拱腰位置已经发生失稳破坏。当二次衬砌缺陷位于拱顶情况下并且缺陷深度为 4mm（设计厚度的 30%）时，在加载前 6 加载步过程中，管片衬砌处于弹性阶段；在第 6～13 加载步加载过程中，管片衬砌处于弹塑性阶段；再继续加载至第 13 加载步，管片衬砌拱底关键点轴力产生突变，结构拱底位置开始产生失稳破坏。缺陷深度为 6.7mm（设计厚度的 50%）时，在加载前 5 加载步过程中，管片衬砌处于弹性阶段；在第 5～12 加载步加载过程中，管片衬砌处于弹塑性阶段；再继续加载至第 12 加载步，管片衬砌轴力产生突变，结构开始产生失稳破坏；缺陷深度为 10.7mm（设计厚度的 80%）时，在加载的前 4 加载步过程中，管片衬砌处于弹性阶段，在第 4～8 加载步加载过程中，管片衬砌处于弹塑性阶段，再继续加载至第 8 加载步，管片衬砌的轴力发生突变。

表 8.8　管片衬砌结构内力突变信息统计

试验组号	管片衬砌内力突变加载步 S_{sf}	突变位置	突变位置内力		最大轴力		最大正弯矩		最大负弯矩	
			弯矩/(kN·m)	轴力/kN	量值/kN	所处位置	量值/(kN·m)	所处位置	量值/(kN·m)	所处位置
1	16	拱底	2557	12797	16044	右拱腰	2557	拱底	−4660	右拱腰
2	13	左拱腰	−3499	−2330	17572	拱底	8082	拱底	−4788	右拱腰
3	12	拱顶	2218	13363	13363	拱顶	3276	拱底	−940	左拱腰
4	10	拱顶	764	5799	11811	右拱腰	2429	拱底	−2630	右拱腰

在无二次衬砌缺陷情况下，双层衬砌结构刚度沿环向分布均匀且整体刚度更大，加载至第 16 加载步之前，管片衬砌的弯矩和轴力呈现出线性增长的趋势，各关键点内力变化曲线无突变点；第 16 加载步之后，管片衬砌的内力出现突变现象，继续加载，内力分布曲线呈现出波动离散的特点。根据表 8.8 中管片衬砌内力突变信息统计结果可知，随着二次衬砌缺陷深度由占二次衬砌厚度的 0%增加至 80%，管片衬砌的内力失稳荷载逐渐减小，失稳位置的内力量值也呈减小趋势，最大轴力、最大正弯矩和最大负弯矩的变化则无明显规律。这是由于二次衬砌缺陷的存在导致管片衬砌与二次衬砌之间径向压力的不协调传递，拱顶的二次衬砌缺陷造成双层衬砌拱顶部位横向刚度较弱，缺陷的存在更进一步导致管片衬砌在拱顶部分区域出现应力集中的现象，随着二次衬砌缺陷深度逐渐增加，双层衬砌的差异变形增大，管片衬砌拱顶应力集中的现象也更显著。

2. 二次衬砌内力分析

图 8.16 和图 8.17 为不同二次衬砌缺陷深度下二次衬砌各关键点弯矩与轴力随加载步的变化曲线。统计不同缺陷深度下各组二次衬砌轴力、弯矩突变信息如表 8.9 所示。

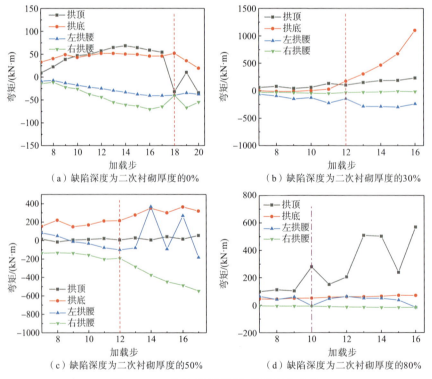

（a）缺陷深度为二次衬砌厚度的0%

（b）缺陷深度为二次衬砌厚度的30%

（c）缺陷深度为二次衬砌厚度的50%

（d）缺陷深度为二次衬砌厚度的80%

图 8.16　二次衬砌弯矩随加载步变化曲线

　　在加载过程中，二次衬砌所受弯矩的形式表现为拱底、拱顶为内侧受拉，左拱腰、右拱腰外侧受拉，并且由上述比较分析可知，二次衬砌开始失稳破坏要晚于管片衬砌失稳破坏。因此，二次衬砌能够在一定程度上分担作用在管片衬砌上的荷载，并且在二次衬砌无缺陷情况下，开始发生失稳破坏的临界荷载等级明显大于二次衬砌存在缺陷的情况。当二次衬砌缺陷位于拱顶并且缺陷深度为 4mm（二次衬砌设计厚度的 30%）时，在加载至第 15 加载步时，二次衬砌结构拱底关键点的弯矩产生突变，结构拱底位置开始产生失稳破坏；缺陷深度为 6.7mm（二次衬砌设计厚度的 50%）时，在加载至第 13 加载步情况下，二次衬砌结构左拱腰位置处弯矩产生突变，结构左拱腰位置开始产生失稳破坏；缺陷深度为 10.7mm（二次衬砌设计厚度的 80%）时，在加载至第 10 加载步情况下，二次衬砌结构拱顶弯矩产生突变，结构拱顶位置开始产生失稳破坏。

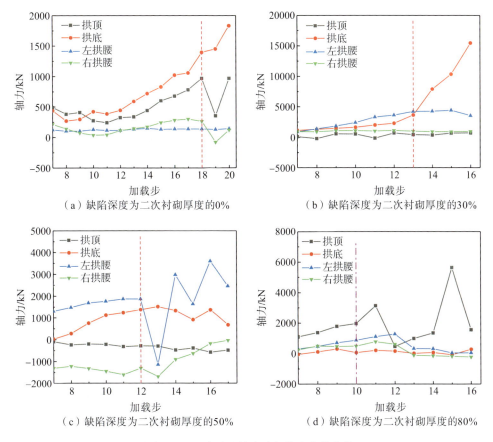

图 8.17　二次衬砌轴力随加载步变化曲线

　　如图 8.17 所示，当二次衬砌缺陷位于拱顶并且缺陷深度为 4mm（二次衬砌设计厚度的 30%）时，在加载至第 15 加载步时，二次衬砌结构拱底关键点的轴力产生突变，结构拱底位置开始产生失稳破坏；缺陷深度为 6.7mm（二次衬砌设计厚度的 50%）时，在加载至第 13 加载步情况下，二次衬砌结构左拱腰位置的轴力产生突变，开始产生失稳破坏；缺陷深度为 10.7mm（二次衬砌设计厚度的 80%）时，在加载至第 11 加载步情况下，二次衬砌结构拱顶的轴力产生突变，结构拱顶位置开始产生失稳破坏。在加载过程中，二次衬砌所受轴力的形式和管片衬砌承受轴力的形式一致，都表现为全环二次衬砌受压。并且，由上述比较分析可知，当二次衬砌缺陷位于拱顶位置时，随着缺陷深度的增加，二次衬砌开始发生失稳破坏的临界荷载等级依次减小。

表 8.9　二次衬砌内力突变信息统计

试验组号	二次衬砌内力突变对应加载步 S_{lf}	突变位置	失稳位置内力		最大轴力		最大正弯矩		最大负弯矩	
			弯矩/(kN·m)	轴力/kN	量值/kN	所处位置	量值/(kN·m)	所处位置	量值/(kN·m)	所处位置
1	18	拱底	52	1391	1391	拱底	52	拱底	-40	右拱腰
2	14	左拱腰	-291	4379	10317	拱底	678	拱底	-291	左拱腰
3	12	拱顶	30	-298	1514	拱底	280	拱底	-280	右拱腰
4	10	拱顶	281	1959	1959	拱顶	281	拱顶	-4	右拱腰

结合表 8.9 中二次衬砌内力突变荷载信息可知，随着二次衬砌缺陷深度的增加，双层衬砌结构整体横向刚度降低，二次衬砌内力突变对应荷载等级逐渐减小，这与管片衬砌的内力变化特性一致。当二次衬砌缺陷深度占二次衬砌设计厚度的 0%和 30%时，其内力突变位置并不位于拱顶，而当二次衬砌缺陷深度占比为 50%和 80%时，其内力突变位置均位于拱顶。研究者认为，当二次衬砌缺陷深度超过二次衬砌厚度的 50%时，加载过程中二次衬砌缺陷将削弱二次衬砌内力传递的连续性，从而造成了拱顶区域大规模的应力集中，降低了双层衬砌结构的承载能力。

3. 管片衬砌与二次衬砌接触压力分析

图 8.18 为在各个加载步下管片衬砌结构拱顶接触压力与理论拱顶外荷载变化关系。在二次衬砌无缺陷情况下，在二次衬砌施作完成加载至第 18 加载步，管片衬砌受到来自土体的接触压力逐渐增大，在第 18 加载步其所受接触压力达到最大值 56.52kPa，此时理论拱顶接触压力为 73.72kPa，管片衬砌承受外荷载比例为 76.7%；继续加载，管片衬砌进一步损伤破坏，结构整体刚度降低，在第 19 加载步其所受拱顶接触压力降低。当二次衬砌拱顶缺陷深度为 4mm 时，在二次衬砌施作完成加载至第 15 加载步，管片衬砌受土体接触压力持续增大，在第 15 加载步其接触压力达到最大值 47.48kPa，理论拱顶接触压力为 61.33kPa，管片衬

砌承受外荷载比例为 77.4%；继续进行加载，管片衬砌由于刚度下降，其所受土体接触压力呈降低趋势。当二次衬砌拱顶缺陷深度为 6.7mm 时，在二次衬砌施作完成加载至第 14 加载步，管片衬砌受到来自土体的接触压力逐渐增大，并在第 14 加载步其接触压力达到最大值 48.08kPa，此时，理论拱顶接触压力为 57.34kPa，管片衬砌承受外荷载比例为 83.9%。二次衬砌拱顶缺陷深度为 10.7mm 时，加载至第 10 加载步，管片衬砌拱顶位置接触压力持续增大，最大值为 27.30kPa，此时，理论拱顶接触压力为 33.96kPa，管片衬砌承受外荷载比例为 80.4%；继续加载至第 13 加载步，由于管片衬砌的损伤，其拱顶位置处所受接触压力逐渐降低。

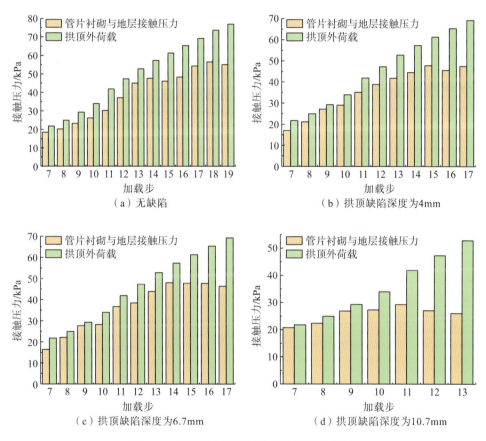

图 8.18　接触压力与拱顶外荷载随加载步变化

对统计试验结果进行对比分析，得到接触压力数据，如表 8.10 所示。在二次衬砌无缺陷到拱顶缺陷深度达 4mm 的过程中，管片衬砌拱顶位置承受最大接触压力由 53.52kPa 降低到 47.84kPa，管片衬砌拱顶位置极限承载能力降低了

10.6%；在二次衬砌拱顶位置处缺陷深度由 4mm 依次增大到 6.7mm、10.7mm 的过程中，管片衬砌拱顶位置处承受最大接触压力由 47.84kPa 依次降低到 39.07kPa、27.29kPa，管片衬砌拱顶位置处的极限承载能力依次降低了 18.3%、43.01%。由此可知，二次衬砌缺陷深度越大，其对整个盾构隧道双层衬砌结构极限承载能力降低幅度越大。总体上，在二次衬砌无缺陷情况下开始发生失稳破坏的临界荷载等级明显大于二次衬砌存在缺陷的情况，随着缺陷深度的增加，二次衬砌开始发生失稳破坏的临界荷载等级依次减小。究其原因，二次衬砌缺陷的存在使得二次衬砌局部区域截面的有效面积减小，直接削弱了局部双层衬砌结构的横向刚度，同时二次衬砌缺陷的存在直接影响了二次衬砌受力的连续性，引起二次衬砌与管片衬砌之间不协调地传递层间作用力和应力集中的现象；内力分布不均和横向刚度的削弱最终造成存在二次衬砌缺陷的双层衬砌结构同一荷载级别下的变形量更大，且在远低于无缺陷结构的承载极限的荷载级别下就发生了压溃破坏。

表 8.10　接触压力信息表

试验序号	缺陷位置	缺陷沿径向深度/mm	临界加载步	管片衬砌与土体接触压力最大值/kPa	理论拱顶压力/kPa	管片衬砌承受外荷载比例/%
12	无缺陷	—	18	53.52	73.72	72.7
13	拱顶	4	15	47.84	61.33	78.0
14	拱顶	6.7	14	39.07	57.34	68.1
15	拱顶	10.7	10	27.29	33.96	80.4

4. 双层衬砌结构变形特性

通过对位移计采集的数据进行处理，得到二次衬砌缺陷深度占二次衬砌厚度的 0%、30%、50%、80%在不同加载步下双层衬砌结构外侧各关键点沿环向变形的位移分布曲线，如图 8.19 所示。图中曲线的位移均为根据几何相似比 $C_L=30$ 换算后得到的原型双层衬砌结构的位移，其中以管片衬砌向隧道外侧位移为正，反之为负。

由图 8.19 可知，随着外荷载等级的增加，各工况下双层衬砌结构由最初的圆形逐渐发展成椭圆形，对于前 6 加载步，由管片衬砌结构单独承受外荷载，各工况管片衬砌沿环向的变形分布差异尚不明显，随着存在不同缺陷二次衬砌的施作，外荷载由管片衬砌和二次衬砌共同承担，各工况双层衬砌结构变形的增长规律则存在较大差异。加载超过常时设计荷载后，在二次衬砌无缺陷条件下，双层衬砌结构整体刚度强于管片衬砌结构，二次衬砌刚度沿环向均匀分布，应力集中

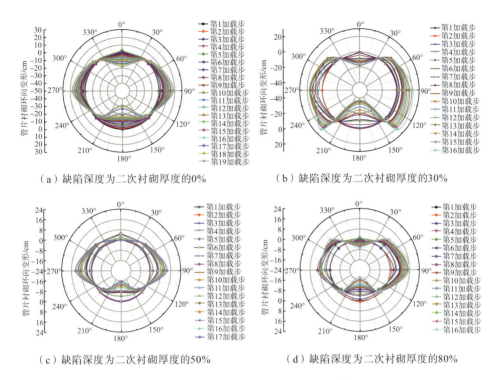

（a）缺陷深度为二次衬砌厚度的0%　　　　　　　　（b）缺陷深度为二次衬砌厚度的30%

（c）缺陷深度为二次衬砌厚度的50%　　　　　　　　（d）缺陷深度为二次衬砌厚度的80%

图 8.19　双层衬砌结构沿环向变形分布曲线图

现象较少；随着荷载的增加，双层衬砌结构开始产生一定塑性变形，径向变形缓慢增加；当加载至第 17 加载步时，结构竖向收敛值、水平收敛值分别达到 20.40cm 和 19.49cm，此后结构收敛值产生突变，呈现出不收敛特点，双层衬砌结构开始产生失稳破坏。相比于二次衬砌无缺陷的情况，拱顶二次衬砌缺陷的存在，削弱了双层衬砌结构整体承载性能，表现为同一荷载级别下，第 2~4 组结构径向收敛值均明显小于第 1 组；随着拱顶二次衬砌缺陷尺寸的增加，双层衬砌结构临界失稳点对应荷载级别逐渐降低，其中拱顶二次衬砌缺陷尺寸分别为 12cm（第 2 组）、20cm（第 3 组）、32cm（第 4 组）对应的荷载级别分别为第 13、11、8 加载步，可见缺陷规模对结构整体承载性能的削弱影响较为显著。

各组试验不同加载步下的椭圆度如图 8.20 所示。相对于二次衬砌无缺陷条件，存在拱顶缺陷的第 2~4 组达到临界失稳点的荷载级别有所降低，收敛变形和椭圆度有所增大。其中，荷载级别分别降低了 23.5%、35.3% 和 52.9%，竖向收敛值分别增大了 32.5%、39.1%、45.5%，水平收敛值分别增大了 11.3%、19.3%、42.8%，椭圆度分别增大了 22.4%、29.6%、44.2%，表明二次衬砌缺陷尺寸的变化对结构整体承载性能削弱较为明显。

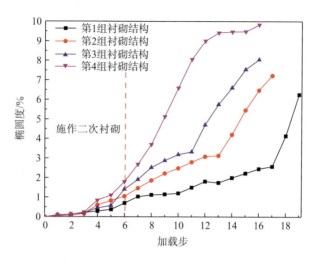

图 8.20　各组衬砌结构椭圆度随加载步变化曲线

　　为了更加清楚地描述各组衬砌结构变形，将各组双层衬砌结构失稳临界点的收敛变形及椭圆扁平率信息汇总于表 8.11。随着位于拱顶的二次衬砌缺陷深度在二次衬砌厚度中的占比由 0%增加至 80%，表现出双层衬砌结构的变形失稳时，对应的荷载等级更小，失稳时对应的竖向收敛值、水平收敛值及椭圆度呈现减小的趋势。这表明随着二次衬砌缺陷深度的增加，双层衬砌结构的连续性被削弱，造成双层衬砌结构整体横向刚度不断减小，结构整体抵抗变形的能力也逐渐减弱，从而加快了双层衬砌结构内部损伤发展速度，在二次衬砌缺陷深度占二次衬砌厚度 80%的双层衬砌结构在极限荷载作用下呈现出脆性破坏的特征。

表 8.11　不同二次衬砌缺陷深度下双层衬砌结构变形失稳信息统计

试验组号	缺陷位置	二次衬砌缺陷深度占二次衬砌厚度比例/%	变形失稳加载步 S_{dis}	原型失稳点位移收敛值/cm		椭圆度/%	失稳位置
				竖向收敛值	水平收敛值		
1	无缺陷	0	18	12.26	−29.06	27.19	拱底
2	拱顶	30	14	17.96	−26.62	29.32	左拱腰
3	拱顶	50	12	12.80	−18.06	20.30	拱顶
4	拱顶	80	10	8.53	−17.87	17.37	左拱腰

5. 双层衬砌结构损伤破坏分析

　　管片衬砌结构宏观破坏素描结果如图 8.21 所示。其中红色实线表示管片衬

砌外侧破坏裂纹，绿色虚线表示管片衬砌内侧破坏裂纹，数字序号表示裂纹形成
先后顺序。在二次衬砌无缺陷情况下，管片衬砌破坏裂纹主要分布于拱顶及左拱
腰位置，且管片衬砌破坏形式主要为拉伸破坏与剪切破坏，其明显特征为宏观可
见的条形裂纹。当二次衬砌缺陷深度占二次衬砌厚度的30%时，管片衬砌裂纹分
布位置主要为拱顶及左拱腰和右拱腰，且裂纹数量呈增加的趋势，管片衬砌破坏
形式以拉伸破坏与剪切破坏为主，并且在右拱腰位置出现局部掉块，表现出挤压
破坏的特征。当拱顶二次衬砌缺陷深度占二次衬砌厚度的比例分别增至 50%及
80%时，管片衬砌从宏观上表现出较为明显的挤压破坏的特点，尤其在拱顶二次
衬砌缺陷深度占二次衬砌厚度的比例为80%的情况下，管片衬砌结构呈现出大范
围的拉伸破坏、剪切破坏与挤压破坏特征，管片衬砌呈现出较为不利的受力状
态，双层衬砌结构在极限荷载的作用下则出现大范围的宏观裂纹和局部掉块，整
体呈现出脆性破坏的特点，如图 8.22 所示。

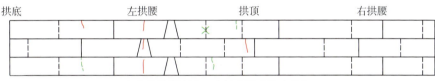

（a）缺陷深度占二次衬砌厚度的比例为0%

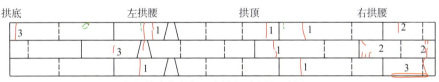

（b）缺陷深度占二次衬砌厚度的比例为30%

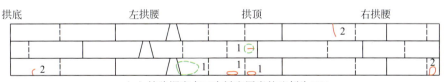

（c）缺陷深度占二次衬砌厚度的比例为50%

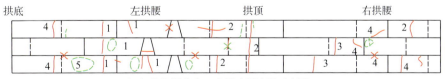

（d）缺陷深度占二次衬砌厚度的比例为80%

图 8.21　双层衬砌结构破坏分布示意图

（a）无缺陷   （b）拱顶缺陷深度为4mm

（c）拱顶缺陷深度为6.7mm   （d）拱顶缺陷深度为10.7mm

图 8.22　管片衬砌结构破坏图

6. 双层衬砌渐进性破坏过程声发射信息分析

如图 8.23 所示，各组结构累计 AE 数随着加载进行呈增大趋势，但在不同二次衬砌缺陷程度下，结构累计 AE 数增长形式及量值有所差异。在常时设计荷载内（第 6 加载步），管片衬砌单独承载过程中，结构累计 AE 数变化缓慢，均不超过 500 次；此后，随着带缺陷的二次衬砌的施作，结构整体受力性能有所改变，AE 率和累计 AE 数有小幅度增加，在加载后期双层衬砌结构累计 AE 数呈逐步增大的特征，对应管片衬砌结构局部损伤并产生微观裂纹直至裂纹扩展，加载至结构临界失稳点时，结构声发射信息进一步发生突变，表明结构内部能量一次性释放，整体结构开始产生失稳破坏。

对比分析各个工况可知，在结构加载过程中，二次衬砌缺陷程度对结构累计 AE 数增长形式及量值有所影响。在二次衬砌无缺陷情况下，随着加载的进行，管片衬砌结构产生微观损伤，结构累计 AE 数表现出渐进性增大的特征，在第 3～4 加载步的加载过程中，累计 AE 数产生突变，结构整体进入弹塑性阶段，并且在后续加载过程中累计 AE 数持续增长，加载至第 17 加载步，AE 率急剧增大达到 598 次/min，累计 AE 数增至 1096 次，双层衬砌结构发生失稳破坏。而当二次衬砌存在缺陷时，结构累计 AE 数虽然也呈逐级递增的特点，但相对无缺陷条件下呈现出不同程度"阶梯状"的特点，表现为加载至某一级荷载条件下结构微观裂纹明显扩展与增加，直至结构产生失稳破坏。当二次衬砌缺陷位于拱顶并且缺陷深度为 4mm 时，在第 4～5 加载步的加载过程中，累计 AE 数产生突变，管片衬砌结构开始发生损伤破坏，并结束弹性阶段进入弹塑性阶段；当加载至第 14 加载步过程中，AE 率及累计 AE 数急剧增大，结构发生失稳破坏；当拱顶二次衬砌缺陷深度分别增至 6.7mm 及 10.7mm 时，整体结构发生失稳破坏的所对应的加载步分别为第 12 加载步和第 7 加载步。其中，二次衬砌拱顶缺陷深度为 10.7mm 时，突变最为显著，AE 率突变至 2905 次/min，累计 AE 数从 367 次突增到 3392 次，增加了 824.25%。通过对比可知，随着二次衬砌拱顶缺陷尺寸的逐渐增加，双层衬砌结构累计 AE 数逐渐由渐进性增长向阶梯性增长发展，内部损伤逐渐发展速度加快，结构临界失稳荷载逐渐降低，在一定程度上结构更易出现脆性破坏。

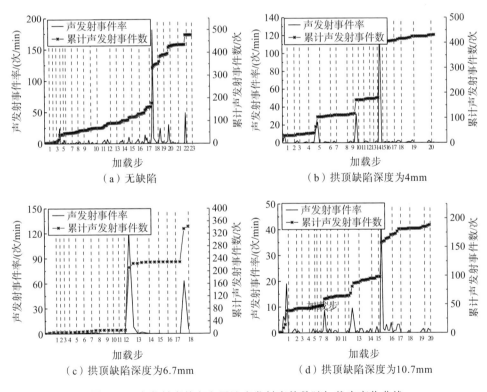

图 8.23　声发射事件率和累计声发射事件数随加载步变化曲线

7. 双层衬砌结构承载性能分析

结合上述表 8.9～表 8.11 中管片衬砌内力、二次衬砌结构内力及双层衬砌结构变形三者所对应突变加载步等级，绘制各组失稳荷载等级曲线，如图 8.24 所示。

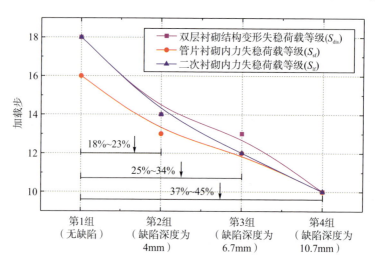

图 8.24　各组试验对应失稳荷载等级

　　由图 8.24 可见，在极限荷载作用下，双层衬砌结构变形、管片衬砌内力和二次衬砌内力突变对应的荷载等级的关系为 $S_{dis} \geqslant S_{lf} \geqslant S_{sf}$。当二次衬砌缺陷深度占其厚度的 0%和 30%时，双层衬砌结构变形突变与二次衬砌内力突变对应的荷载等级保持一致，且均大于管片衬砌内力突变对应的加载步，即 $S_{dis} = S_{lf} > S_{sf}$。表明在管片衬砌达到承载极限时，缺陷深度占比低于 30%的二次衬砌结构能继续承载外荷载，使双层衬砌结构不至于立即破坏。当二次衬砌缺陷深度占其厚度的 50%和 80%时，管片衬砌与二次衬砌内力突变对应的荷载一致，即 $S_{lf} = S_{sf}$。这表明缺陷深度高于 50%的二次衬砌结构在管片衬砌达到承载极限时难以继续承载外荷载，双层衬砌结构被压溃。同时，对比无缺陷的双层衬砌结构所承受的外荷载级别可知，当二次衬砌缺陷深度分别占其厚度的 30%、50%、80%时，二次衬砌整体的承载能力分别下降了 18%~23%、25%~34%、37%~45%。鉴于此，在实际盾构隧道二次衬砌的浇筑过程中，应保证其拱顶二次衬砌缺陷的深度不能超过二次衬砌厚度的 30%，否则二次衬砌难以起到补强作用。

参 考 文 献

[1] 庄锦彬. 水工隧洞衬砌缺陷对其受力影响及应对技术研究[D]. 南昌: 华东交通大学, 2017.

[2] Wang S M, Wang Y, Lin Z Y, et al. Analysis of the influence of the thickness insufficiency in secondary lining on the mechanical properties of double-layer lining of shield tunnel[J]. Engineering Failure Analysis, 2022, 141: 106663.

[3] 何川, 封坤, 杨雄. 南京长江隧道超大断面管片衬砌结构体的相似模型试验研究[J]. 岩石力学与工程学报, 2007, 26(11): 2260-2269.

[4] Peng M, Wang D Y, Liu L, et al. Recent advances in the GPR detection of grouting defects behind shield tunnel segments[J]. Remote Sensing, 2021, 13(22): 4596.

[5] Lai J X, Qiu J L, Pan Y P, et al. Comprehensive monitoring and analysis of segment cracking in shield tunnels[J]. Modern Tunnelling Technology, 2015, 52(2): 186-191.

[6] Ye F, Qin N, Liang X, et al. Analyses of the defects in highway tunnels in China[J]. Tunnelling and Underground Space Technology, 2021, 107: 103658.

[7] Wang D Y, Yuan J X, Zheng Y, et al. Application of WSS in mined tunnel crossing under the existing shield tunnel[J]. Advanced Materials Research, 2014, 838: 1341-1345.

[8] 张素磊. 隧道衬砌结构健康诊断及技术状况评定研究[D]. 北京: 北京交通大学, 2012.

[9] 孙文龙. 毛坪隧道衬砌缺陷致害机理与加固措施研究[D]. 重庆: 重庆交通大学, 2014.

[10] 张森. 公路隧道衬砌缺陷影响机理与承载力研究[D]. 兰州: 兰州大学, 2020.

[11] 陶学红, 赵少鹏, 刘军. 无损检测技术在运营地铁隧道结构病害检测中的应用[J]. 地基处理, 2023, 5(S1): 126-130.

[12] 薛乙彰. 公路黄土隧道衬砌裂缝现场调查与产生机理的数值方法研究[D]. 西安: 西安理工大学, 2018.

[13] Lu P, Qiao D W, Wu C X, et al. Effect of defects and remediation measures on the internal forces caused by a local thickness reduction in the tunnel lining[J]. Underground Space, 2022, 7(1): 94-105.

[14] Ding Z D, Wen J C, Ji X F, et al. Experimental investigation of the mechanical behavior of NC linings in consideration of voids and lining thinning[J]. Advances in Civil Engineering, 2020(1): 8876785.

[15] Zhang X, Su J, Xu Y J, et al. Experimental and numerical investigation the effects of insufficient concrete thickness on the damage behaviour of multi-arch tunnels[J]. Structures, 2021, 33: 2628-2638.

[16] Song W L, Lai H P, Liu Y Y, et al. Field and laboratory study of cracking and safety of secondary lining for an existing highway tunnel in loess ground[J]. Tunnelling and Underground Space Technology, 2019, 88: 35-46.

[17] Xu G W, He C, Chen Z Q, et al. Mechanical behavior of secondary tunnel lining with longitudinal crack[J]. Engineering Failure Analysis, 2020, 113: 104543.

[18] Qin G, Cao S R, Yang F. Effect of deficiencies in the tunnel crown thickness on pressure tunnels with posttensioned concrete linings[J]. Advances in Civil Engineering, 2018(5): 1-14.

[19] 黄敏. 二次衬砌结构拱顶处存在空洞或裂缝时的数值模拟[J]. 公路交通科技(应用技术版), 2011, 7(6): 154-156.

[20] Wang S M, Jian Y Q, Lu X X, et al. Study on load distribution characteristics of secondary lining of shield under different construction time[J]. Tunnelling and Underground Space Technology, 2019, 89: 25-37.

[21] Motoyama H, Wasa Y, Kanai M, et al. A study on lining design of earth tunnels with large diameter under high water pressure[J]. Doboku Gakkai Ronbunshu, 1996(540): 123-133.

[22] Moccichino M, Romualdi P, Perruzza P, et al. Experimental tests on tunnel precast segmental lining with fiber reinforced concrete[C]. 11th International Conference on Underground Construction Prague, Prague, 2010.

[23] Chen K H, Zhang Z, Liao S M, et al. Durability of joint components of shield tunnel under high water pressure in erosion environment[J]. Procedia Engineering, 2016, 165: 282-289.

[24] Murakami H, Koizumi A. Behavior of shield segment ring reinforced by secondary lining[J]. Doboku Gakkai Ronbunshu, 1987(388): 85-94.

[25] 杨效广, 刘书奎, 种玉配, 等. 带缺陷隧道底板结构空气耦合冲击回波响应特性研究[J]. 隧道建设(中英文), 2020, 40(S2): 128-135.